Claus Harms, Johann Hinrich Wichern

Des Christen Glauben und Leben in 28 nachgelassenen Predigten von Dr.

Claus Harms

Claus Harms, Johann Hinrich Wichern

Des Christen Glauben und Leben in 28 nachgelassenen Predigten von Dr. Claus Harms

ISBN/EAN: 9783743349667

Hergestellt in Europa, USA, Kanada, Australien, Japan

Cover: Foto ©Lupo / pixelio.de

Manufactured and distributed by brebook publishing software (www.brebook.com)

Claus Harms, Johann Hinrich Wichern

Des Christen Glauben und Leben in 28 nachgelassenen Predigten von Dr.

Claus Harms

Vorwort.

Der selige Claus Harms, weil. in Kiel, bleibt einer aus dem Kreise derjenigen Jünger, über die unter den Brüdern immer wieder die Rede ausgehen wird: dieser Jünger stirbt nicht. Schon sein Name predigt und der Herr durch ihn. Inmitten der fast allgemeinen kirchlichen Verwirrung und geistlichen Verwüstung unserer Tage liegt wohl die Frage nahe, wie? und gegen wen? ein Mann wie Claus Harms sich stellen würde, wenn er unter uns noch einmal seine Stimme voll Geist und Kraft erheben könnte? Die Antwort geben diese seine hier zum erstenmal erscheinenden Predigten. Viele derselben sind für alle Zeiten und Verhältnisse Erneuerung des Einen immer gleichen Zeugnisses von der Herrlichkeit Christi, des alleinigen Heilandes Aller; aber ein nicht geringer Theil derselben gehört unter die Zeitpredigten, von denen die einen gerichtet sind gegen den alten Rationalismus, die andern gegen die s. g. freien Protestanten. Wiewohl von 1818 bis 1847 gehalten, sind sie doch erfüllt von dem Waffenklang gegen die Schäden und die Beschädiger der Wahrheit in unseren jüngsten Tagen und bieten zugleich einen neuen Beweis, daß der Kampf immer derselbe bleibt, ebenso aber auch der Sieg, der immer gleich göttlich verbürgte und gewisse. Wer könnte zweifeln, daß der greise und doch so jugendliche Held und Führer in diesem Kampfe denen, die mit ihm in gleicher Linie stehen, ein willkommener Kampfgenosse sein wird!

Im Uebrigen ist nur noch hinzuzufügen, daß diese Predigten aus dem Nachlasse des sel. Propsten entnommen und auf ein von vielen Seiten laut gewordenes Begehren hin von dessen Sohn, Herrn Pastor Christian Harms zu Grube bei Cismar (Holstein) unverändert dem Druck übergeben sind, wiewohl sie nicht für den Druck gearbeitet gewesen. Wenn alle, die an diesen Zeugnissen sich erbauen werden, dem Sohne für diese Gabe aus des Vaters noch uneröffneten Schätzen danken werden, so hat die Buchhandlung des Rauhen Hauses zu diesem Dank noch eine besondere Veranlassung, da ihr dieselben als freundliche Liebesgabe für ihren Verlag, also zum Besten des Rauhen Hauses dargeboten worden. Indem diesem Dank hier ein warmer Ausdruck gegeben werden soll und diese Predigten zugleich als Förderer der Arbeit des Rauhen Hauses ausgehen, knüpfen wir daran den herzlichen Wunsch, daß sie als geschriebenes Wort mit demselben Segen, wie einst, als sie der lebendige Mund des theuren Heimgegangenen verkündete, begleitet sein, und das belebende Segensgedächtniß des großen Predigers in der Gemeinde kräftig erneuern mögen!

Rauhes Haus in Horn bei Hamburg.   Dr. Wichern.
Juni 1869.

Am 1. Advent 1845.

Ges. 110. Wir glauben All' an Einen Gott.

Es werden Wenige unter euch sein, meine Geliebten, wenn überhaupt Einer, die nicht wissen, auch nicht gedacht haben daran, daß wir am heutigen Sonntage den ersten Sonntag im neuen Kirchenjahr haben und zugleich den ersten Advent. Hat es aber auch Jemanden befremdet, weder vom Kirchenjahr noch vom Advent einen Gesang bekommen zu haben, sondern: Wir glauben All' an Einen Gott, diesen allgemeinen, fast allsonntäglichen? So werd' es gesagt, was sich gewiß dieser und der schon selbst gesagt hat: Das ist es, warum eben dieser Gesang: den alten guten Glauben gedenken wir auch im neuen Kirchenjahr zu behalten, denselben will der Prediger wie bisher, also fortan auch predigen. Wirklich, so ist's gemeint.

Weiter, und vor unserm Weitergehen wollet euch daran erinnern lassen, was ich sagte vorigen Sonntag: Dieser Sonntag ist der Schluß eines ganzen Jahres, ob wir noch ein Kirchenjahr wieder schließen werden, Gott weiß es; wie Viele treten nicht in einem Jahre

Claus Harms Predigten.

aus! Wir wissen am Schluß des alten ja nicht einmal, ob wir den Anfang des neuen anzufassen bekommen. Liebe Brüder, danken wir Gott, halten fest, mit unserm Christenthum, mit unsrer Seligkeit steht das Kirchenjahr in einer Verbindung, es wird nicht oft genug bedacht, wie genau und innig.

Folge nach diesem Vorworte das Wort. Es werde gefunden und werde den Zuhörern gebracht mit einem Gotteswort, das wir heute Text heißen, epistolischen Text, und gelesen wird

Röm. 14, 17—19: Denn das Reich Gottes ist nicht Essen und Trinken, sondern Gerechtigkeit und Friede und Freude in dem heiligen Geist. Wer darinnen Christo dienet, der ist Gott gefällig, und den Menschen werth. Darum laßt uns dem nachstreben, das zum Frieden dienet und das zur Besserung unter einander dienet.

Eben auch, wie der altübliche apostolische Text dieses Sonntags, ist auch dieser aus dem Briefe an die Römer genommen. Jener steht Röm. 13. Sagen wir: Recht so, daß wir mit dem Wort des Apostelfürsten anfangen; denn das ist allen Evangelischen der Apostel Paulus. Eben auch, mit welcher Vorstellung die letzten Predigten schlossen, ihrer zwei, drei, mit der Lehre vom Reich Gottes in Gleichnissen, eben damit fange die Predigt wieder an: Das Reich Gottes ist nicht — sondern —. Sagen wir dazu: Recht so, daß gleich im Anfang wiederum das Gottesreich es sei, davon auch die Predigt des neuen Kirchenjahrs ausgehet, und eben an dem Sonntage, wenn die Kirche lesen läßt: Gelobet sei, der da kommt, und singen läßt, wie heute gesungen ist: Bereitet euch dem Herrn, eilt willig in sein Reich. Nehmen wir den verlesenen Text hienach und nennen das Thema:

Das Reich Gottes nach diesem Text und Tage — und zwar so

1) Was das Reich Gottes nicht sei,
2) was es aber sei,
3) wozu dasselbe uns macht,
4) und was es verlange von uns.

1) Jeder andere Text lässet uns das Reich Gottes von einer andern Seite sehen, wir haben solcher Texte das letzte Jahr und besonders am Ende des Jahrs mehrere gehabt, aber ich meine, noch keinen solchen, darin wir auf etwas gewiesen werden, das zwar für Gottes Reich auch gehalten würde, doch es nicht sei. Dies geschiehet hier: Das Reich Gottes ist nicht Essen und Trinken. Wem fällt es ein! möchtet ihr wohl sagen zum Theil, Essen und Trinken ist ja das Natur-leben, Speis' und Trank nehmen alle Menschen und das unterscheidet den einen vom andern nicht. Halten wir, meine Lieben, unsern Text an den Tag und zwar an unsern heutigen Tag. Der Apostel schreibt nicht von dem gewöhnlichen alltäglichen Essen, sondern von den Opfermahlzeiten, von den gottes- oder götzendienst-lichen Mahlzeiten der Heiden, wann des Fleisches ein Theil

1*

den Götzen gebracht war und man den andern verspeiste,
und lud Christen dazu, verspeiste oder auch verkaufte,
einerlei ob die Käufer Heiden oder Christen. Seht,
darüber bekommen die Christen in Rom vom Apostel
Lehre. Uns liegt die Sache fern, die Sache in dieser
ihrer Gestalt, solcherlei Fleisch und solcherlei Mahl
kennen wir nicht. Gar nicht? in keinem Verstande?
Ich meine. Wohl kann immer noch gegessen werden
und getrunken und an Mahlzeiten Theil genommen
so, daß es Sünde ist. Kennt ihr nicht das Wort
desselben Apostels, nur an einer andern Stelle, Phil. 3, 19:
welchen der Bauch ihr Gott ist? Da lässet sich viel von
sagen, hier aber sei es das Wort des Textes: Das
Reich Gottes ist nicht Essen und Trinken. Nein, nein,
der ist im Reiche Gottes nicht, welchem Speise und
Getränk so hoch im Werthe sind, daß er seine Seele
darüber vergißt und was die bedarf, ja selbst für des
leiblichen Lebens Erhaltung und für seine Gesundheit
kann jemand in einer Weise und einem Maaß sorgen,
daß es sündlich ist, daß er sich selbst dadurch aus dem
Reich Gottes hinaussetzt, wenn er darin war, oder es
von sich fern hält, wenn es ihm nahe kommt. Meint
ihr nicht selbst, daß manche Predigt, die eine Stätte
bei einem Zuhörer gefunden, wieder weggegessen und
weggetrunken worden beim folgenden Mittagsmahl? Und
unsere Sonntagsmahlzeiten überhaupt, so wie die Sonntagsgesellschaften, auch bei denen es nicht unziemlich
hergeht, was sagt ihr, können sie zwei Worte vertragen,

die unsern Text wie einschließen, B. 15: Lieber, ver-
derbe den nicht mit deiner Speise, sagen wir, mit deinem
Speisen, um welches willen Christus gestorben ist? Ein
starkes Wort! Und das andere, B. 20: Lieber, verstöre
nicht um der Speise willen Gottes Werk. Können
die Sonntagsmahlzeiten und Sonntagsgesellschaften diese
zwei Sprüche vertragen? Wohin ich ziele? Ich möchte
eure Blicke richten auf diejenigen, die wegen Essens
und Gesellschaft in ihrem Hause selten und gar nicht
zur Andacht kommen, sondern müssen in der Arbeit
bleiben, und sind doch Christen, Christinnen sowohl wie
ihre Herrschaft und deren Gäste. Darin besteht und
dabei besteht das Reich Gottes nicht, das mit Christo
gekommen ist und nun wieder ein Jahr wird gepredigt
werden. Aber ziehn wir den Text noch weiter an diesen
Tag. Keinerlei Aeußerliches ist das Reich Gottes.
Der Gründer kommt und er selber sagt: Das Reich
kommt nicht mit äußerlichen Geberden. Luc. 17. Essen
oder nicht essen, sich so oder anders kleiden, in Gesellschaft gehen oder allein bleiben, selbst zur Kirche gehen
regelmäßig oder selten, oder gar nicht, — die Letzten
sind nicht im Gottesreich —: das Aeußerliche ist
das Reich Gottes nicht, darin sollen wir es nach dem
Apostel nicht suchen, darnach allein sollen wir keinen
Bruder beurtheilen und richten, das Aeußerliche kann
in schöner Angemessenheit zum Reich Gottes stehen,
und dieses findet sich doch nicht daselbst, es kann Jemand
alle oder fast alle Predigten hören, die im ganzen Jahr

zu hören sind, und kann einmal oder zweimal im
Jahr zum Abendmahl gehen, so ist er damit allein und
deßhalb noch kein Genosse des Gottesreichs. Wir befassen dies alles in des Textes Wort: Das Reich Gottes
ist nicht Essen und Trinken.

2) Was ist es denn? Das bisher Gesagte, weiß
ich, wird gern gehört von allen denen, welcher in unsrer
Gemeinde leider eine sehr große Zahl ist, die an allem
Aeußerlichen es gar stark fehlen lassen und haben eigentlich gar kein äußerlich christliches Wesen, — ja, wenn
sie es innerlich hätten, nur etwas davon innerlich! So
stehe ich und predige meine Zeit, Gott hat es werden
lassen lange Zeit, und fange mit heute ein neues Jahr
wieder an, allein wird es sonderlich besser? bringt es
an die Wurzeln? hat Gottes Reich Wurzeln in ihren
Seelen? Wend' ich das Wort zur Lehre und schließe
den zweiten Theil an den ersten nach dem Text: Was
ist das Reich Gottes? Die Antwort: Gerechtigkeit und
Friede und Freude in dem heiligen Geist. Nur drei
oder vier Worte und doch wieviel damit gesagt! Bleiben
wir in der Worte Reihe und Ordnung. Gerechtigkeit,
das ist es wieder, was wir schon aus der Bergrede
wissen, darin es heißet: Trachtet am ersten nach dem
Reich Gottes und nach seiner Gerechtigkeit. Nach seiner,
nach der Gerechtigkeit, welche darin ist, aber äußerlich
dieses Reich nicht ist. Wird sich auch Christus dabei
finden? Ja, und so sehr, daß weder Reich noch Gerechtigkeit ohne den ist. Was vor Menschen so heißt und

auch gilt, ist keine, wie sehr sie auch nach Gerechtigkeit aussiehet, ist Farbe, Tünche; Wesen und Wahrheit aber ist's nicht. Die Gerechtigkeit des Gottesreichs ist eine von der Gnade gebotene, vom Glauben angenommene, wie ein Kleid uns angezogene Gerechtigkeit und da sie das ist, sich in Demüthigkeit zeigende. Vergebung der Sünden, um welche Vergebung man weiß, ein Zuspruch der Gnade, den man gehört und nicht wieder vergessen hat, eine Veränderung, die man erfahren hat und ist bis auf den Grund gedrungen, ein gewordenes Gotteswerk, wie sich selbst der Christ ansiehet und lebt darin und stirbt darauf, — das ist die gemeinte Gerechtigkeit. Gehn wir in derselben, mein lieber Zuhörer? oder gehn wir auf dieselbige zu? Sagt: Eines wie das Andere. Und heute sehen wir ein offenes Jahr wieder. Ein Jahr des Friedens wiederum. Nun ist groß' Fried' ohn Unterlaß, singen wir auf Erden, und in der nahen Weihnachtszeit hören wir die Engel singen: Friede auf Erden. Christus ist unser Friede. Ephes. 2. Aller andre ist falsch wie der Schaum auf dem Wasser oder wie ein Eis, unter welchem das Wasser steht, das trägt keine Krähe. In Gottes Reich ist Gottes Friede, ein hoch gerühmter in dem bekannten Apostelwort, Phil. 4, da er genannt wird höher als alle Vernunft, auch daß er Herzen und Sinne bewahrt in Christo Jesu. Der Bringer naht von Neuem. O Jesu, wir haben schon manchen Advent und manche Weihnachten erlebt, auch gefeiert, wenn du das gegenwärtige wolltest zu einem

besonders gnadenreichen machen! Sieh, wir harren dir
entgegen. Sollten wir deinen Frieden allein unter
deinem Kreuze holen, wär' er nicht auch an deiner
Krippe zu finden? — Ich soll zu Diesen sprechen.
Das Reich Gottes ist Freude. Wir verstehn es nur
schwach, wenn Assaph Ps. 73. sagt: Das ist meine
Freude, daß ich mich zu Gott halte. Wie denn überhaupt sich im alten Testament manche Aeußerung findet,
von welcher wir nicht wohl begreifen, wie sie schon da
stehet. Wir aber sind Leser und sind Schüler des neuen
Testaments, und auch, setz ich hinzu, Jünger, haben
die Milch des Evangeliums gesogen, als solche sagen
wir, — ihr sprecht doch mit? — daß es unter dem
Himmel keine größere Freude giebt, im Himmel auch
wohl nicht, als die aus erlangten Frieden hervorgehende,
sprießende, schießende, darin man aufjauchzen möchte:
Keine über die! Wer wirkt sie? Richtiger gefragt:
Was ist sie? Es ist der heilige Geist, der über uns
kommt, und die Kraft des Höchsten, die uns überschattet.
Ihr wißt, wo diese Worte hingehören und versteht mich,
wenn ich sage: So wird der Christ in uns angefangen
und geboren und wir werden des heiligen Geistes theilhaftig. Das ist das Reich Gottes.

3) Hab' ich Geheimnisse gesprochen? Wem es
das ist! Und ein verdecktes Evangelium gepredigt?
Wem es das ist! Ich werde das ganze Jahr so predigen;
denn es giebt nichts andres zu predigen, soll's christlich
heißen, nicht. Wenn aber, was folgt, schwach erscheint

gegen das Gesprochene, nun so ist's doch ein Ausfluß aus demselben und Antwort auf die Frage: Was haben wir davon? Der Text spricht: Wer darin, in diesem Geist, Christo dienet, der ist Gott gefällig und den Menschen werth. Ein Wohlgefallen Gott an uns hat, an wem? An den das Gewordenen, so Gewordenen, in das Reich Gottes Eingetretenen. So heißen die Menschen auch von dem an, daß Christus geboren wurde, Menschen des Wohlgefallens. Ach, sein Wohlgefallen geht dermaßen tief herab, daß er auch die künftigen Christen liebt, die es noch werden sollen. Darum trete Niemand zurück. Du glaubst nicht, du wirst noch ein Gläubiger werden. Ich bin kein Christ. Halte dein Haupt her, dies Wort vom Gottgefälligsein soll dich taufen. Ich lebe in Sünden und bin ganz darin versunken, kein Mensch mag mich mehr, meine Eltern nicht, meine Brüder und Schwestern nicht, ich selber nicht. — Thut nichts, Gott hat immer noch ein Wohlgefallen an dir, will dich zur Gerechtigkeit und zum Frieden und zur Freude im heiligen Geist bringen. Der Vater ziehet dich zum Sohn, das mußt du spüren, und spürst es, hoff' ich, unter diesem Wort. Zwar vor dem Texte bestehst du nicht, nach ihm sollst du schon Christo dienen, im heiligen Geist, allein die Predigt kennt mehr Gotteswort und Evangelium, als den einen kleinen Text und spricht anderweitig, wo sie es denn her hat, du bist doch noch, immer noch, desungeachtet noch und trotzdem nicht unter Gottes Zorn, sondern die Wolke seiner

Barmherzigkeit, ja seines Wohlgefallens schwebet noch
über dir. Mit den Menschen zwar bist du anders
daran. Denen wirst du erst werth, wenn du geworden.
O werde, werde. Du trittst heute ein neues Jahr
der Gnade an, trittst heute ein Jahr neuer Gnaden
Gottes an. O werde, werde, und werde Menschen
werth. Was wirst du ihnen werth sein, wenn du austrittst und wenn du eintrittst, austrittst aus der Obrigkeit der Finsterniß und lässest dich in das Reich des
lieben Sohnes Gottes versetzen? Deine Nächsten und
die Nähern, bis wie weit du von Christenaugen gesehen
wirst, wie werden sie sich freuen, wie sehr wirst du ihnen
werth werden!

4) Es ist ein Anfordern und Auffordern die Rede
geworden. Sie sei das und sei sie das gewesen an recht
Vielen. Ihr vertragts, wenn ich sage: Es ist bei
Keinem von uns überflüssig, eine solche Aufforderung
zu hören und wer auch zum christlichen Leben gelangt
ist, des Leben soll auch ein Streben sein. Der Text
sagt es uns und giebt an des Strebens Ziel, nennt es:
Was zum Frieden dienet und was zur Besserung dienet.
Hier müssen wir mit unserm Text nach seinem Hause
wieder gehen, nach Rom. Da handelte es sich zur Zeit
nur um Essen und Trinken, ob das frei stände oder
einem Christen verboten sei, und da er es thäte, sich kein
Gewissen machte wegen des Opferfleisches, auch den
Schwachen damit keinen Anstoß, kein Aergerniß geben,
lieber als das thun, sich seiner Freiheit begeben und

Frieden in der Gemeinde erhalten solle. Hierum handelte es sich nach dem Text, ich setze hinzu, hierum nur. Ihr wißt aber, wie es sich jetzt um ganz andre Dinge handelt und unser Einige haben die Hand mit darin, ist bekannt auch, Viele sehen dem Streit zu. Es handelt sich, aus der Nähe genommen, um Weihnachten, ob wir eins behalten oder verlieren sollen. Nämlich, Weihnacht ist das Fest der Menschwerdung des Sohnes Gottes, und ob Christus der eingeborne Sohn Gottes sei oder ein Mensch, wie wir alle, darum handelt sich's in unsern Tagen. Hier verlange das niemand und fordere es nach unserm Text. So hat's der Apostel wahrlich nicht gemeint. Der eine Zeit kommen sah, wann man die heilsame Lehre nicht leiden würde und sich zu den Fabeln kehren, bestellt, selbst schon geopfert, 2. Tim. 4. den Timotheus, daß er solle nach ihm strafen und dräuen. Merke man auch doch darauf, wenn es in unserm Text heißet: und zur Besserung dienet. Dies Wort weist dem Friedehalten ein Maaß an. Darum, falsche Lehre bessert ja nicht, sie kann es nicht, es ist kein Glauben in ihr, und wie am Ende des Capitels steht: Was nicht aus dem Glauben geht, das ist Sünde. Darum, falsche Lehre bauet nicht, sondern sie bricht, ja sie bricht alles entzwei, das Gesetz wie das Evangelium, den Altar, den Beichtstuhl, den Taufstein, den ganzen Tempel Christi, nur die Kanzel läßt sie bleiben, aber für sich versteht sich, allein. Ach, Lieben, daß ihr Alle die Sache recht

verständet und gäbet den Irrthum auf, daß die Wahrheit von selber siege. Wann hätte sie das gethan und
keines Menschen bedurft? Zu keiner Zeit, wie denn auch
ja die Kirche einen ihrer Namen deshalb, den Namen
„streitende“, führet. Wohlan, ein neues Jahr fängt an,
es sind nicht entstandene Zänkereien, ein großer Streit
hat sich erhoben, ein Kampf um Sein oder Nichtsein.
O Jesu, zum andern Male rufest du mich in den
Kampf, hier bin ich und will nicht weichen. Das
schicke ich hinauf, um mich her aber werde die Ermahnung vernommen, aus dem Text genommen: Kein
Friede auf Kosten der Besserung. Johannes schließt
seinen ersten Brief: Kindlein, hütet euch vor den Ab-
göttern; ich will meine Predigt schließen mit der Warnung: Laßt euch nicht beliebeln und befriedeln! Amen.

Am dritten Advent 1846.

Ges. 209. Mit Ernst, o Menschenkinder.

Der Gesang ist in seinem letzten Vers ein Gebet gewesen, der Prediger kann auch beten, wisset ihr wohl, doch zunächst und an dieser Stätte, zu dieser Stunde soll er eben nicht beten, sondern predigen. Wollt' euch sagen lassen einmal, Geliebte, was es heißt, predigen! Es heißt nicht, was immer es ist vortragen und in beliebiger Weise, sondern Botschaft Gottes bestellen an die Hörenden, Empfangenes wiedergeben, da, wo es niedergelegt ist, in diesem Buche, es hervorholen und was bei frommer Betrachtung desselben von oben herabkommt und durch des Predigers Seele zieht, jeweilen die Seele durchglüht, das vortragen, vorstellen, nicht beweisen oder darthun, es glaublich und beifallswerth zu machen versuchen. Nein, nicht so. Wie denn? Das vom heiligen Geiste Empfangene aussprechen, verkündigen. Das ist es, man glaub' es oder glaub' es nicht, der Hörer Unglaube hebt Gottes Glauben nicht auf, Röm. 3. Dies heißet predigen. So geht vornehmlich in unsern Tagen die Predigt in der Christenheit umher. Sie stößt an, begreiflich; denn so Viele in unsrer Zeit wollen das Evangelium geprebigt haben, das eben ihres ist, ihren Glauben, ihr Christenthum, ihre Religion, und meinen im Recht zu sein, wenn sie das verlangen, wie's zuweilen aus einer Gemeinde herausschallt, daß die Gemeinde es so verlange. Wend' es Gott ab, daß ihnen ein Prediger darin zu Willen sei! Thuts einer, so mag er ein Redner sein, er ist aber kein Prediger, wie ihn Christus begehrt und wie es seine Sache fordert, die er unter den Menschen hat. Wolle er mich als einen gelten lassen und meinen Fleiß mit gnädigen Blicken ansehn. Wieder ist ein neues Kirchenjahr angefangen, ich hab' angefangen so und werde auf dieser Bahn bleiben, nicht Einen Schritt seitwärts thun. Herr, stärke mich!

Wie das jetzt gesprochene Wort zu der Predigt gehöre, die nun gehalten werden soll, das wird der Text zeigen, der nun verlesen wird.

Luc. 3. 2—18. Da Hannas und Caiphas Hohepriester waren, da geschah der Befehl Gottes zu Johannes, Zacharias Sohn, in der Wüsten. Und er kam in alle Gegenden um den Jordan, und predigte die Taufe der Buße zur Vergebung der Sünden. Wie geschrieben stehet in dem Buch der Rede Jesaias, des Propheten, der da sagt: Es ist eine Stimme eines Predigers in der Wüsten: Bereitet den Weg des Herrn, und machet seine Steige richtig. Alle Thale sollen voll werden, und alle Berge und Hügel sollen erniedrigt werden, und was krumm ist, soll richtig werden, und was uneben ist, soll schlechter Weg werden; Und alles Fleisch wird den Heiland Gottes sehen. Da sprach er zu dem Volk, das hinaus ging, daß es sich von ihm taufen ließe: Ihr Otterngezüchte, wer hat denn euch gewiesen, daß ihr dem zukünftigen Zorn entrinnen werdet? Sehet zu, thut rechtschaffene Früchte der Buße; und nehmet euch nicht vor zu sagen: Wir haben Abraham zum Vater. Denn ich sage euch: Gott kann dem Abraham aus diesen Steinen Kinder erwecken. Es ist schon die Art den

Bäumen an die Wurzel gelegt. Welcher Baum nicht gute Früchte bringet, wird abgehauen und in das Feuer geworfen. Und das Volk fragte ihn und sprach: Was sollen wir denn thun? Er antwortete und sprach zu ihnen: Wer zween Röcke hat, der gebe dem, der keinen hat; und wer Speise hat, thue auch also. Es kamen auch die Zöllner, daß sie sich taufen ließen, und sprachen zu ihm: Meister, was sollen wir denn thun? Er sprach zu ihnen: Fordert nicht mehr, denn gesetzet ist. Da fragten ihn auch die Kriegsleute: Was sollen denn wir thun. Er sprach zu ihnen: Thut niemand Gewalt noch Unrecht, und lasset euch begnügen an eurem Solde. Als aber das Volk im Wahn war, und dachten alle in ihrem Herzen von Johanne, ob er vielleicht Christus wäre, antwortete Johannes und sprach zu Allen: Ich taufe euch mit Wasser; es kommt aber ein Stärkerer nach mir, dem ich nicht genugsam bin, daß ich die Riemen seiner Schuhe auflöse; der wird euch mit dem heiligen Geiste und mit Feuer taufen. In desselbigen Hand ist die Worfschaufel, und er wird seine Tenne fegen, und wird den Weizen in seine Scheure sammeln, und die Spreu wird er mit ewigem Feuer verbrennen.

Ein langer Text melde eine lange Predigt an? Das nicht allemal, er kann auch auf eine kurze deuten. Die Lust geht mir nicht zu, mich messen zu wollen mit diesem Prädicanten. Kehr' ich besser meine Worte so, als wenn ichs gar nicht bin, sondern daß er, Johannes der Täufer es ist. Lassen wir ihn uns zeigen, euch und mir:

Eine wie ernsthafte Sache das Christenthum sei, ob es angenommen und bewahrt, oder ob es abgelehnt und Preis gegeben werde.

1) Sehn wir auf den Mann, der die Botschaft von Christo bringt;

2) Hören wir seine Forderungen, die er Christo wegen macht;

3) Ueberhören wir sein Wort nicht, wenn er sich mit Christo vergleicht,

4) Und unser Herz bebe in uns, wie er von Christi einstigem Thun spricht. Das eine, wie das zweite, dritte, vierte zeigt, eine wie ernsthafte Sache das Christenthum sei.

1) Ja, sie sind abgetreten, Petrus, Paulus, Jacobus, Johannes, alle zwölf, dreizehn, die mit ihrem Wort vortraten, auch der Täufer Johannes ist abgetreten, ihm wurde bei Christi Lebzeiten das Haupt abgeschlagen, allein mit ihrem Worte stehn sie noch vor uns, besonders kenntlich und wie leibhaftig dieser Johannes, Christi Herold, wie ihn der Gesang nennet. Sein eigener Herold ist er nicht, sondern Christi, den er ankündigt, als er nun gekommen, das Lamm Gottes zu sein, das der Welt Sünde trägt, oder wie Johannis Vater, der Priester Zacharias, weissagend von Christo gesprochen hatte: Christus eine Erscheinung derer, die in Finsterniß sitzen und Todesschatten, richtend derer Füße auf den Friedensweg, Luc. 1. Um auch in dieser Predigt etwas zu sagen, was Christus und Christenthum sei, und die Frage hinterher: Habt ihr das Christenthum angenommen so und bewahret? oder bisher abgelehnt und es Preis gegeben, was ungläubige Prediger und ihre Gemeinden, was Schriftsteller und ihre Leser mit dem Christenthum, aus dem Christenthum machten? Es ist eine ernsthafte Sache mit dem Christenthum. Hier steht ein Mann vor uns, läßt seine Predigt

etwas gelten! ermahne ich euch, um des Mannes willen,
der uns Botschaft von Christo bringt. Hier berichtet
der Evangelist: Zur Zeit, da Hannas und Caiphas
Hohepriester waren — die Namen kennen wir aus der
Passion —, geschah der Befehl Gottes zu Johannes,
Zachariä Sohn, in der Wüste. Der Befehl Gottes;
das Wort lesen wir im alten Testamente so oft,
da die Propheten es von sich sagen; Johannes ist
auch ein Prophet, der nicht redet, wann er will und
was er will, sondern was und wann es ihm von Gott
befohlen ist. Lügt Johannes? trügt dieser Johannes?
Ich meine, darnach ist er uns nicht bekannt, wie er
denn auch lügenhafter, trügerischer Eltern Kind nicht war.
Leset, was Cap. 1. von Zacharias und Elisabeth stehet.
Derselbige spricht auf Befehl Gottes. Nun, was auf
Gottes Befehl gesprochen wird, das muß auf Gottes
Befehl geglaubt, angenommen werden, da sträube sich
auch in uns noch so viel davor. Seht nur den Mann,
der uns die Botschaft von Christo bringet, ist der Mann
nicht selbst mit seiner Person ein Gottesbefehl? Eine
unfruchtbare Mutter hat ihn geboren. Er ist mit
seinem Namen ein Befehl Gottes. Seid an die Engel-
erscheinung im Tempel und an das Täflein bei seiner
Beschneidung und Namengebung erinnert. O, dies
Täflein ist mir ein sehr kostbares Stücklein in der
evangelischen Geschichte. Ich wollte, daß ich es vor-
zeigen könnte: Das ist es. Oder seht ihrs doch in
meiner Hand? Allerdings, der Mann selbst dieses

Namens, den sein Vater schrieb und sprach zugleich, der bis zu diesem Augenblick stumm war: Johannes selbst mit seinem Wort und Wandel gilt mir noch mehr, und was er sagt von Christo, das macht mir das Christenthum zu einer ernsthaften Sache.

2) Sei das Christenthum von Inhalt, was es sei, an andern Tagen ergehe die Predigt sich in dem Inhalt, heute sehen wir von dem ab und betrachten das Christenthum bloß als eine ernsthafte Sache, die es ist, zweitens, und uns so erscheinen muß, wenn wir auf die Forderungen hören, die Johannes macht Christi wegen. Was muß das Christenthum doch sein, wenn, um dessen theilhaft zu werden, solche Dinge müssen vorgenommen werden? Was fordert er? Sehet zu, thut rechtschaffene Früchte der Buße. Die ist in ihrem Anfang Sündenerkenntniß, Sündenbekenntniß und ein ernstliches Suchen der Sündenvergebung. Nicht wahr, das ist doch merkwürdig? Was sonst vorgehalten wird zum Glauben und gläubigen Annehmen, dabei kommts ja nimmer auf die Gesinnung des Menschen sonderlich an, wenn er nur Gehör giebt und Verstand braucht. Letztern begehrt Johannes nicht, er will das Herz haben und nicht ist er mit jedwelcher Herzensbeschaffenheit zufrieden, sondern es soll rein sein, gewaschen sein, das bedeutet die Taufe, die er vornimmt. Sie kommen zu ihm in Haufen und fragen: was sollen wir thun? Da mögen doch wohl in dem Haufen gewesen sein, die mildthätig waren und einen Rock abgaben, die nicht mehr forderten, als ge-

ſetzt war, die ſich an ihrem Solde begnügen ließen; ja, ſie mögen wohl darunter geweſen ſein, aber der Täufer kehrt ſich daran nicht, ſondern, was er fordert, das fordert er von Allen. Wollen wir uns hierauf anſehen, welche wir ſind? Denn der Herr iſt nahe, wie es in einer Adventsepiſtel heißt, ſein Kommen iſt ein fort- währendes. Stehts mit uns alſo, daß wir hoffen dür- fen, er komme auch zu uns, mit des Täufers Ausdruck: daß wir den Herrn zu ſehen bekommen? Ein offenbares Stück Schlechtigkeit, ein heimliches Stück, wie es Eli- phas Hiob ins Gewiſſen ſchob, Cap. 15., ihr Beſſern, ſeht auch nach dem heimlichen Stück bei euch, daß ihr es noch vor Weihnachten entfernt. Das behaltend könnt ihr nicht Chriſtum erhalten, ihr lehnt das Chriſten- thum damit von euch ab und gebt es Preis, was man mit demſelben machen will. Es ſind genug zu unſrer Zeit, die es gern in Stücke zerriſſen und es zunichte, zu Nichts machten. Gebet auch nichts gut auf euer etwaiges Gute, das ihr zugleich an euch habet, ſolche Meinungen von euch ſind Höhen, die tragt ab und werft ſie in eure Thäler, die ſich ebenfalls in euch fin- den und macht den Weg zu euch eben; denn auf anderm kommt der Heiland nicht zu euch.

3) Wir laſſen heute den Täufer Johannes uns predigen, wie er zeigt, welch' eine ernſte Sache es mit dem Chriſtenthum ſei. Wir hören ſeine Forderungen, die er Chriſti wegen macht, überhören wir auch ſein Wort nicht, in welchem er ſich mit Chriſto vergleicht.

2*

So thut er, weil das Volk im Wahne stand, er möchte Christus sein, der verheißne Messias. Aber Johannes Sache ist es nicht, Jemanden in einem Wahn zu lassen, wenn es auch der Vierfürst Herodes ist, der seines Bruders Weib hatte und auch sonst Uebles that. Das rügte er und ließ es sich seinen Kopf kosten. Dieser Mann konnte das Volk auch nicht über seine eigne Person in einem Wahn lassen und sagte frei heraus: Ich bin nicht Christus. Wer ist es denn? Dermalen lebte Christus noch verborgen, aber Johannes sagt: Er kommt nach mir. Nach des Evangelisten Johannes Bericht hat der Täufer noch gesagt: Welcher vor mir gewesen ist. Das Nach ihm kommen ist verständlich, Jesus sollte noch das erste Zeichen thun, war Johannes auch um sechs Monate älter, — dagegen: der vor mir gewesen ist, was will das sagen? Damit winkt, damit weist er aus dieser Zeit hinaus in die Vorwelt, in die Welt vor der Welt, in die Ewigkeit hinein, auf Christi ewiges Sein bei dem Vater, auf das Gottsein Christi. „Und das Wort war bei Gott und Gott war das Wort“ spricht der Evangelist Johannes wie zur Erklärung, was der Täufer mit dem Vor ihm gewesen sein gemeint habe. Der Eine ist Christus also und der Andere ist Johannes nur. Versteht hieraus, alle Gegenwärtigen, was es mit Christo auf sich habe, wer abgewiesen wird, wenn wir Christum abweisen. Thust du es? oder du? oder du? Ich weiß unter euch, die es thun, und ich will noch ein Wort aus ihnen selbst

herausholen, das heißt: Ihr stellt bei euch Johannes
den Täufer höher, als Christum. Bei eurem schlechten
Glauben von Christo müßtet ihr das wenigstens thun.
O, thut es nicht! ihr urtheilt und redet wider den
Sohn Gottes. Johannes vergleicht sich mit Christo
und spricht: Des ich nicht werth bin, daß ich seine
Schuhriemen auflöse. Das Wort ist sprichwörtlich geworden. Erwägen wir's. Der Mann, seiner Herkunft
nach aus priesterlichem Geschlecht, seiner Berufung nach
ein von Gott befehligter Prophet, seiner Lebensart nach
in Kleidern nicht weich, in Speisen nicht delicat, nach
seinem Werk und Wort der unerschrockene Mann vor
Volk und Fürst — der war ein andrer Volksredner,
als die sich in unsern Tagen hören lassen —, aber
der stellt sich so tief unter Christum. Das muß uns
doch Christi Sache auf Erden zu einer sehr ernsthaften
machen bei den Ungläubigen: wen verwerfen sie! und
bei den Gläubigen: Ach, wir ehren Christum viel zu
schwach! lassen ihn gar zu wenig bei uns gelten. Wer
jagt denn eine Schlechtigkeit um Christi willen aus sich
hinaus? Wer steht denn wohl mit aufgethaner Herzens-
thür in diesen Tagen und spricht: Zeuch in mein Herz
herein? Gesungen ist das Wort; es soll eben so gethan
werden.

4) Und viertens noch: unser Herz sollte beben in
uns bei dem, was Johannes von dem einstigen Thun
Christi zeuget. In zweierlei Zuständen bebt das Herz,
in großer Freud' und in großer Angst. Daß sei unsre

Freude, daß Christus, wenn er kommt, mit dem heiligen Geist und mit Feuer taufe. Ist uns denn nicht, als wären wir bisher nur mit Wasser getauft worden und auch das kaum? Wasser erweicht doch, wir aber sind an Stellen noch steinhart. Alle Stellen werden auch nicht vom Wasser weich, freun wir uns, daß Christus mit einer andern Taufe, mit der Geistestaufe und ihrem Feuer kommt. Ich meine nicht zu irren, wenn ich annehme, da sind hier auch unter euch, welche sagen: Wie ists doch einmal mit mir! Diese Predigt nun, die ich gehört habe, sie ist bald zu Ende, sie läuft von mir wie ein Regen vom Stein ab, ich komme wohl nie zu einem Christenthum! Warum nicht? Lege dich nur hinaus, Christus tauft dich mit dem heiligen Geist und mit Feuer, er kommt, davor wirst auch du, Stein, der du bist und dich auch dafür hältst, ganz gewiß aufweichen, o du schon nicht Stein mehr, wenn ein Begehren in dir ist und du dich hinauslegest, wirst vielleicht noch ein Christ werden, daß Tausende sagen: Wär ich auch so einer! Bebe dein Herz darob.

Hören aber das Letzte noch, die sonst nichts hören und die alles überhören, auch die heutige Predigt: Es geht nicht gut mit euch. Der Johannistaufe schon weigert ihr euch und vor der Taufe Christi lauft ihr weg. Wohin wollt ihr laufen? Den Ausdruck Johannis vertragt ihr von mir nicht, wenn ich ihn in den Mund nehme; so laß ich ihn weg und frage bloß, wie er fragt: Wer hat euch geweiset, daß ihr dem zukünftigen Zorn entrinnen

werdet? Wahrlich, ihr wisset noch nicht, wie noch in
der Zukunft hier, bei eurer Lebzeit, der Zorn Gottes
euch fressen werde. Nun singet ihr noch mit Andern,
und eure Seelen gleiten darüber hin, 209: Mit Ernst,
o Menschenkinder, bereitet euch dem Herrn; ihr werdet
noch, nicht singen, aber seufzen, schreien, 436: Mächtig
faßt mich Angst vom Herrn, daß sein Zorn verdamme.
Doch ihr mögt, wie über 209, obschon auch ernste
Sachen darin stehn, und über diese Predigt nach dem
Wort des ernsten Täufers ruhig und sanft hinschreiten,
hingleiten, auf diesen Fall sag' ich euch: Kommen wird
er, die Tenne wird er fegen. Die Christenheit ist seine
Tenne. Da liegen wir alle, Waizen und Spreu in
einander. Die Wurfschaufel hat Christus in seiner Hand.
Städter und ihr jüngern Leute vom Lande, kennt ihr
die ehemals einzige Art, wie man das Korn reinigte?
Da steckt man die Schaufel in den Haufen und wirft,
dann fliegen Spreu und Waizen auseinander. Dann
wird Mancher sehen, der sich Waizen gedünkt hat, daß
er nur Spreu gewesen ist und wird mit ihm geschehen,
wie hier geschrieben steht. Hätt' ich denn eine Scheu,
Johannes Wort zu brauchen oder eine Scham, wie
er's nicht hatte? Nein, ich habe heute dieses Predigers
Prediger sein wollen, bin es gewesen, meine ich, und
will es denn am Schlusse noch sein: Die Spreu wird
er mit ewigen Feuer verbrennen; und auch will ich
das andere Gleichniß nicht ungesprochen lassen: Es ist

schon die Art den Bäumen an die Wurzel gelegt,
welcher Baum nicht gute Früchte bringt, wird abge-
hauen und ins Feuer geworfen. Soll aber noch eignes
Wort das letzte sein, so werd' es dieses: Sehen wir
Alle Christum zweimal; mit der Art in der Hand und
mit der Schaufel in der Hand, und nehmen wir das
Christenthum, was es ist, für eine gar ernsthafte
Sache. Amen.

Am ersten Weihnachtstage 1835.

Gef. 598. Herr Gott, dich loben wir.

Höre, du theure Christenversammlung an diesem Fest, höre einen Theil dieses Gesangs nun auch noch sprechen. Das Wort hat also, wie der Sprechende meint, keinen schwächern Eingang, als da es gesungen ist.

Du König der Ehren, Jesu Christ! Gott Vaters ew'ger Sohn du bist. Der Jungfrauen Leib nicht hast verschmäht Zu erlösen das menschliche Geschlecht. Du hast dem Tod zerstört sein' Macht Und all' Christen zum Himmel bracht. Du sitzest zur Rechten Gottes gleich Mit aller Ehr' in's Vaters Reich. Ein Richter du zukünftig bist Alles, was todt und lebend ist.

Lassen wir es genug sein an dieser Wiederholung. Ja, es hat meine Seele sich mit diesem Wort als auf Flügeln zu dem erhoben, bei welchem ich wollte zuvor noch einmal gewesen sein in seiner Höhe, eh' ich von ihm predigte, um aus recht voller Seele von ihm in dieser Stunde predigen zu können. Von meinem Glauben an ihn, Gemeinde, weißt du, und daß er eben als todte Kohle nicht bei mir lieget; aber heute begehrst auch du

ihn mehr als in einiger Wärme nur, begehrst ihn in
Gluth, ja in Flammen des Predigers Glauben an
Jesum Christ zu sehn, — nicht mit einem unbilligen
Begehren. Es ist das Weihnachtsfest, der erste Tag, der
erste Gottesdienst an diesem Fest und wie vielmal ich
auch schon an diesem Feste die Andacht der Gläubigen
geleitet habe, so werde ich doch heute zum ersten Mal
als Prediger am ersten Tage Vormittags gesehn.
Freilich ist das eine Aeußerlichkeit, auf die nur mäßig
zu geben ist, wie ihr auch thut, aber wahr ist es doch,
etwas liegt darin und etwas mehr erwartet ihr daraus,
sollt es denn auch haben nach dem vollen Maaß, als
ich selbst es habe bekommen innerlich und äußerlich.

Wird auch mein Wort ja, das Freudenwort dieser
Stunde, ja bei euch antreffen Hörer, die in der Freude
schon sind. Wie ist gestern euer Abend gewesen und
wie heute euer Morgen? Nicht wahr, ihr seid am
Abend, seid am frühen Morgen schon dagewesen, wohin
der Prediger euch zu führen beabsichtiget, und es mögen
sich wohl finden unter euch, die gern an meiner Stätte
hier ständen und redeten in dieser Versammlung gern
ihre eigne Seele aus. Fromme, sehet, ich kann nicht
sagen: Steigt zu mir herauf, ich selbst möchte euch
hören und wir wollen in unsern Bezeugungen einander
ablösen. Es geht nicht an. So macht euch Luft,
wie ihr könnt und wo; nichts ist leichter gebaut als eine
Kirche, wenn es nur an dem Prediger nicht fehlt.
Aber der Frohe nimmt doch gern die Freude eines

Andern in sich auf, die seinige mit ihr zu mehren. So
werdet ihr thun. Eurer der andre Theil — ists der größere vielleicht? — mag wohl hereingekommen sein, ohne
sonderlich etwas empfunden zu haben. Nein, so laßt uns
nicht sprechen, — sondern die vor Trübsal, vor Gedrückt-
heit und Zerknicktheit ihres Gemüths nicht haben zur
Freude kommen können und haben es wollen versuchen
hier, ob sie hier nicht einmal was sie lange nicht gewesen, frohes Gemüthes würden. Ihr traurigen Brüder
und Schwestern, ich sage euch, daß ihr wohlgethan
habet. Ja, das Weihnachtsfest ist eine Verkündigung
großer Freude, die allem Volk, also auch euch, widerfahren soll. Ich stehe mit diesem Wort auf dem
Boden des heutigen Evangeliums schon, daher nichts
weiter zur Einleitung, zur Hinführung geredet. Wollen
wir etwa zuvor noch einmal uns im Gesang gemein-
schaftlich erheben? Ich nenne Vers 6 in 231:

Mein Glaube sei mein Dankaltar: Hier bring' ich
mich zum Opfer dar Dir, der Verlass'nen Tröster.
Ich bete dich in Demuth an; Wer ist, der mich verdammen kann? Ich bin ja dein Erlöser. Von dir
strömt mir Gnadenfülle, Ruh' und Stille; Licht und
Segen Find ich, Herr, auf deinen Wegen.

Ev. Luc. 2, 1—14. Es begab sich aber zu der Zeit, daß ein Gebot
vom Kaiser Augusto ausging, daß alle Welt geschätzet würde. Und diese
Schatzung war die allererste, und geschah zur Zeit, da Cyrenius Landpfleger in Syrien war. Und Jedermann ging, daß er sich schätzen ließe,
ein Jeglicher in seine Stadt. Da machte sich auch auf Joseph aus Galiläa, aus der Stadt Nazareth, in das Jüdische Land zur Stadt David, die

da heißt Bethlehem, darum, daß er von dem Hause und Geschlechte Davids war, auf daß er sich schätzen ließe mit Maria, seinem vertrauten Weibe, die war schwanger. Und als sie daselbst waren, kam die Zeit, daß sie gebären sollte. Und sie gebar ihren ersten Sohn und wickelte ihn in Windeln und legte ihn in eine Krippe; denn sie hatten sonst keinen Raum in der Herberge. Und es waren Hirten in derselbigen Gegend auf dem Felde bei den Hürden, die hüteten des Nachts ihrer Heerde. Und siehe, des Herrn Engel trat zu ihnen, und die Klarheit des Herrn leuchtete um sie, und sie fürchteten sich sehr. Und der Engel sprach zu ihnen: Fürchtet euch nicht; siehe, ich verkündige euch große Freude die allem Volk widerfahren wird; Denn euch ist heute der Heiland geboren, welcher ist Christus der Herr in der Stadt Davids. Und das habt zum Zeichen, ihr werdet finden das Kind in Windeln gewickelt, und in einer Krippe liegend. Und alsobald war da bei dem Engel die Menge der himmlischen Heerschaaren, die lobten Gott und sprachen: Ehre sei Gott in der Höhe, und Friede auf Erden, und den Menschen ein Wohlgefallen.

Die Engel fuhren wieder gen Himmel, sagt das folgende Wort; und wenn auch dann einer, dann zwei derselben später gesehen worden sind, bei Christi Auferstehung, bei seiner Himmelfahrt, bei mehrern Vorgängen, die in der Apostelgeschichte erzählt werden, so haben wir doch nur diesen einen Gesang von ihnen: Ehre sei Gott in der Höh', und auf Erden Friede den Menschen des Wohlgefallens, wie von Einigen dies Wort gelesen und in unsre Sprache übersetzt wird nicht ohne Gründe. Vor den Hirten sangen sie das, nimmer allein um der Hirten willen, daß die nur es hören sollten; und zu den Hirten sprach der Engel einer: Euch ist heute der Heiland geboren, nimmer allein, sie sollten ja nicht allein, die Hirten, den Heiland haben, wie auch ja von dem Engel erklärt worden eine Freude, die allem Volk widerfahren sollte. Davon heißt es nachher: Die Hirten breiteten das Wort aus, das zu ihnen von diesem Kinde gesagt war. Solch' Ausbreiten dieses Worts acht' ich für die Absicht der Weihnachtsfeier, halt' ich für das Geschäft der Weihnachtspredigt, will es thun, nachdem ich's kann, dem Worte Breite geben, nach dem gegebenen Ausdruck, ob ich es nicht über die ganze Versammlung als einen Himmel ausbreiten könne und über jeden Einzelnen, der hier steht.

Uns ist der Heiland geboren, eine Nachricht, die zu bringen ist:

1) als Evangelium allen Armen am Geist,
2) als Heilmittel allen zerstoßenen Herzen, ,
3) allen Gefangenen als ihre Erlösung,
4) und den Blinden als gegebenes Gesicht,
5) und den Zerschlagenen als ihre Befreiung;
6) allen aber und jedem als ein angenehmes Jahr des Herrn.

Ich lasse hiermit wie ein Brett auf den Wellen die Theile meiner Predigt treiben auf Aussprüchen Christi, wenn er in der Schule zu Nazareth, ein Prediger selber dort, Luc. 4. von sich sagt nach einem Prophetenwort: Der Geist des Herrn ist bei mir, derhalben er mich gesalbet hat und gesandt: zu verkündigen das Evangelium den Armen, zu heilen die zerstoßenen Herzen, zu predigen den Gefangenen, daß sie los sein sollen, und den Blinden das Gesicht, und den Zer-

schlagenen, daß sie frei und ledig sein sollen, und zu
predigen das angenehme Jahr des Herrn. Hierüber hat
Jesus selbst geprediget in der genannten Schule in hold-
sel'gen Worten seines Mundes, berichtet Lucas, eine
wahre Weihnachtspredigt. — O, hätte der Evangelist
uns diese selbst doch dazu gegeben! Er hat es nicht
gethan. Versuchen wir es denn am heutigen Fest, auf
Christi Predigt in Nazareth zu lauschen. O Jesu, es ist
wohl ein starkes Unterwinden zu heißen, wolle du mit uns
sein, einen Tropfen Salböls fallen lassen auf den Redenden.

1) Stehen hier auch gleichwie in der Bergpredigt
die Armen voran, einmal von dem Propheten Jesaias
schon und zweimal von Christo vorangestellt, wie sollten
wir sie denn nicht an dieser Stelle lassen! Rufe ich sie
her, mit so viel mehr Liebe in den Ton des Rufes
gelegt, als ich selbst vor Jahren bin ihrer einer gewesen
und habe noch manchmal Stunden, Tage, da ich recht
geistlich arm bin, Nächte kann ich auch nennen. Kommt
ihr Armen im Geist und hört es, daß euch der Heiland
geboren ist. Eure Armuth, worin besteht sie? Ihr sollt
es merken, ein Kundiger redet zu euch. Das ist eure
Armuth, daß ihr den Glauben an Christum, ja sogar
den Glauben an Gott so wenig klar, so wenig kräftig
in eurem Geiste tragt, und zugleich alles in eurem Geist,
deß And're sich freun und sind fröhlich dabei, so trübe,
schwach, unfest euch erscheint, und macht euch fast
untüchtig zu dem Werk, das euch befohlen ist, zu dem
Lauf und Kampf, der euch verordnet ist. Was die

Sprache Leben nennt, Gefühl der Kraft, auch wenn sie
zur Stunde nicht gebraucht wird, mit Freude verbunden
und mit Muth, das ist, was euch fehlet und in diesem
Verstande seid ihr arm. Ach, die Armuth im Geist ist
aber noch etwas mehr, als was wir nicht haben, sie
ist ein wirklich Vorhandenes, gleichwie, wenn das Licht
fehlet, die Finsterniß da ist. Bei euch so, ihr habt
keinen Glauben d. h. ihr kämpft mit dem Unglauben,
kein Vertrauen d, h. ihr geht in Verzagtheit, in Verzweiflung, keine Freudigkeit, keinen Muth d. h. von
Unmuth und Trübsinn ist euer Geist erfüllt und neben
dem Kummer, dem Schmerz bei Manchen, daß es doch
einmal besser gewesen sei, woran ihr nicht leicht denken
mögt und müßt doch daran denken. Das ist eben, als
wie der Verarmte gegen den jederzeit Armgewesenen
seinen Zustand doppelt empfindet und vierfach. Habe
ich euch durchschauet? rede ich nicht aus euch? Aber
jetzt zu euch und dies Wort: Euch ist der Heiland geboren, der Herausreißer aus der geistlichen Armuth,
der sein eigner Verkündiger in Nazareth war, der sich
in dieser Stunde hier verkündigen läßt und als Evangelium der Armen. So wahr Johannes der Täufer
von ihm gezeuget, daß er Gottes Sohn sei, so wahr
bei seiner Geburt der Himmel seine Heerschaaren herab-
ließ, so wahr er von sich gezeuget in Worten und
Werken, in Werken, die niemand thut, es sei denn
Gott mit ihm, und hat auf sich gewiesen Joh. 14,
daß er der Weg, die Wahrheit und das Leben sei und

ein Geber der vollen Genüge Joh. 10, so wahr eine
ungezählte Menge Menschen an ihrem Geist es erfahren
und bis in den Tod hinein es bezeugt haben, daß
Jesus ihnen Alles geworden sei, geblieben, und der sie
habe vergessen machen alle leibliche Noth, so wahr das, —
hört es! — so wahr ist es, daß er heute geboren wird
euch Armen im Geist, in dieser evangelischen Festfeier,
in dieser evangelischen Festpredigt, in diesen Aufathmungen,
die bei euch, Hörer dieses Evangeliums, Statt finden.
Oder täusch' ich mich? Geschehen keine Aufathmungen?
Ja, ja, sie geschehn und machen Weihnachten hier, hier
zu Weihnachten, da Christus geboren worden ist.

2) Wir tragen das Evangelium unter den Gekommenen umher und soweit in dem Gefäß der Predigt
allen gebracht, die geistlich arm sind, halten wir es
zweitens, allen zerstoßenen Herzen vor, auf daß sie im
Weihnacht ein Weihnachten bekommen, Christum bekommen, der die zerstoßenen Herzen heilt. Es ist Fortschreiten im Ausdruck. Die Armen im Geist beklagen
wir, aber des Herz zerstoßen ist, dem noch dies und
das zugestoßen ist, in einem Maaß, von der Art, so
dicht hinter einander, daß sein Herz wund davon geworden ist, der ist noch beklagenswerther. Ob deren
auch unter uns sind? Es möchte nicht befremden, wenn
Keiner, indem ja der Kummer die Einsamkeit liebet
und das Herzleid von frohen Menschen entfernt hält;
allein es ist doch einmal ein Zug in der Christenheit,
am Weihnachtsfest Theil zu nehmen und sich mit seinem

Schmerz hinzubegeben, wo der Ort und das Wort eine so große Verheißung haben; es möchte daselbst eine Erquickung sein. O, wenn ich sie rufen könnte, die heute andre Wege gehn oder die sitzen bleiben mit ihrem kranken Herzen. Welches die Wunden eures Herzens denn sein mögen: kommt doch, so kommt doch hieher! Allein sie finden sich hier, möge an diesen denn geschehen, was sie als eine Heilung ihrer Wunden zu preisen bekommen. Meine Brüder, meine Schwestern, welcherlei ist es, davon euer Herz ein zerstoßnes geworden? Ach, geht ihr unter den Schrecken Gottes, die auf euch fallen und ihr wißt nicht, woher? Oder sind es traurige Erlebungen, welche ihr auslegt: Das muß ich dafür leiden als wohlverdiente Strafe für die That und die That? Erlebt ihr solches in eurem Hausstande, Unglück auf Unglück — in eurer Familie, Sterben, Verderben und eurer süßesten Freuden Verwandlungen in den herbesten Schmerz? Wie, wenn nun das Herz müßte abgestoßen werden und könnte sich nicht länger halten auf seiner Stelle? Ich will's nicht näher beschreiben, wende das Wort und sage: Euch ist heute der Heiland geboren, und ihr hört ihn selbst zeugen, da er spricht, wie in Nazareth einst: Heute ist die Schrift erfüllt vor euren Ohren, damit daß er da ist, von Gott gesandt, der die zerstoßenen Herzen heilet. Ihr fragt: Auch mein Herz? Ich antworte: Er hat noch keins für unheilbar erklärt. Ihr sprecht: Wie geschieht das? Da muß ich sagen: Das Wie weiß ich

nicht, von dem Daß kann ich nur Zeugniß geben, heißt:
Jesus hat so Vielen sich bewiesen als heilender Arzt,
die ihn anriefen und begehrten seiner; die sagen: Wie
es zuging, das wissen wir nicht, aber ein Wort fiel in
unsre Ohren, ein Gedanke kam in unser Herz, davor
der Schmerz nachließ in dem Augenblick und uns verließ in derselben Stunde und uns stehen ließ in der
Verwunderung: so krank und jetzt so gesund! so gedrückt,
gepreßt und auf einmal leicht! Herr, dein Wunderthun
hat noch nicht aufgehört und Heiland der Menschen zu
sein vergissest du auch zur Rechten des himmlischen
Vaters nicht, kommst noch herab wie einst! und die
nicht Kraut und Pflaster heilte, denen hilfst du mit
deinem Wort, mit dir!

3) Alles rechte, ächte Christenthum ist Erfahrung,
Erlebung und wenn solches erfahren, erlebet wird, dann
iſt's in der Seele Weihnacht. Möchte es in diesem
Sinne Weihnachten werden für alle zerstoßenen Herzen
und — drittens, als eine Erlösung erscheinen allen
Gefangenen! Ja, ich fahre fort, theure Christen, obgleich
ich weiß, daß ich für Manchen ein verdecktes Evangelium
predige, 2. Cor. 4, Geheimnisse predige, die es aber
nicht sind in dem Verstande, wie in einer neulichen
Epistel, über welche die Prediger als Haushalter gesetzt
sind, aber Geheimnisse doch für alle, die des Erfahrungs-
christenthums ermangeln der Zeit nach, dieweil sie noch
nicht genug kommen, um Erfahrungen dieser Art zu machen.
Weswegen kommen sie nicht? Mit dieser Frage sind wir

wieder in des Vortrages Spur. Sie können nicht, weil sie gehalten werden, von Banden gehalten werden, Gefangene, die es wohl wissen, daß sie es sind. und Andre, die es gar nicht wissen. O, was ist es anders, kraft dessen der Unglaube sich noch so bei Kräften erhält in unsern Tagen? und bietet dem Glauben noch die Spitze, — was ist es anders, wenn die Gläubigen immer noch wie eine Secte erscheinen, Act. 28, der an allen Enden widersprochen wird, Christus ein Zeichen, Luc. 2, dem widersprochen wird, — und was liegt zum Grunde, daß so viel Menschen sich behelfen mit einer Religion, die wider alle Vernunft läuft, ob sie gleich sich bereden, daß ihre Religion die Vernunft selbst sei, die Wahrheit selber? Dieses liegt zum Grunde, daß sie wohl merken: Wenn ich ein Christ werden will, so muß ich ein anderer Mensch werden, kann ich in der Lebensart, bei den Freuden, unter den Menschen, in dem Besitz nicht bleiben. So werden die Menschen gefangen gehalten in Banden, und Jahre gehen hin, ach, sie werden nur immer fester in ihrem verkehrten Sinn. Legt alle, die ihr dies Wort höret, die Hand auf's Herz, daß sich scheiden die Gläubigen und die Ungläubigen. Ihr letztern, o möchtet ihr doch nicht lieber an Christum glauben? O singt nur ernst und anhaltend die erste Zeile von Vers 4 in 208: Mich halten schwere Bande — mich halten schwere Bande — so bei Tage und bei Nacht, wo ihr gehet und steht. Der Erlöser wird euch hören und die zweite Zeile auch singen lassen: Du kommst und machst mich los. Unser Text und dritter Theil: zu predigen den Gefangenen, daß sie los sein sollen.

4) Und den Blinden das Gesicht. Wir unterschieden vorhin unter den Gefangenen, die es wohl wüßten, daß sie es seien, und die es nicht wüßten. Letztere werden hier gemeint. Ob ihrer auch Einige zur Festfeier gekommen sein sollten? Ja; denn Weihnachten zieht ja alle Menschen an, das Fest, welches Jedermann etwas bringet bis zu dem Kinde, das noch auf dem Arm getragen wird. Und wie durch leibliche Gaben, fahr' ich fort, in den Kindern das Verlangen nach höheren Gaben aufzuwecken gesucht wird, so bei denen, die, obwohl alt, doch von Christo nichts wissen. Christus wird ihnen vorgestellt, ob nicht in Wirkung dieser Vorstellung ihnen die Augen für Christum aufgehen und die Blinden das Gesicht bekommen. Christus ist Gesang, ist Predigt zu Weihnacht. Die Bezeugung durch den Täufer Johannes am Sonntag vorher: Ein Wort aus meiner Predigt vom vorigen Sonntag: diesen Johannes achtet man hoch, den rechtschaffenen Mann, den ernsten und furchtlosen Mann, der anstatt eines Widerrufs in einem Schreiben sein abgeschlagenes Haupt auf der Schüssel dem schwachen und daher grausamen Herodes geschickt. Ja, den Zeugen achtet man, hingegen das Zeugniß verachtet man. Es achten oder verachten, doch heißt es Weihnacht: Euch ist heute der Heiland geboren, der Himmel hat sich über Bethlehems Feldern aufgethan

und Engel herabgelassen mit dieser frohen Botschaft.
Die Klarheit des Herrn hat die Hirten umleuchtet, daß
sie sich fürchteten. Möchte die Klarheit auch euch um-
leuchten und in des Lichtes Kraft euch das Gesicht gegeben werden. Ihr begehrt ein anderes Licht, wie es
aus Gründen aufleuchtet? Nein, heute nicht von unten
Licht, sondern von oben; ihr begehrt ein Licht aus Beweisen? Nein, wir können nur weisen: Christi ist die
Erde voll, Christi sind die Kirchen voll, Christi sind
die Häuser voll, Christi auch so viele tausend Herzen,
— und der mit dieser Verkündigung eben vor euch
steht, der möchte sein Herz euch zeigen können und
sagen: Mein Herz ist seiner so voll, daß daneben zur
Stunde auch nichts anderes Raum hat als, meine
lieben Gemeindeglieder, als das Verlangen brennend und
hell: Ach, daß ihr sähet, den ich sehe: Jesum, mitten unter
uns getreten, und kennetet ihn, daß er es ist, Jesus
der Christ, von den erbarmenden Gott uns zu Allem
gemacht; der auch die Blinde sehend macht. Herr, wenn
du selbst ein Zeichen darin wolltest thun! Ich weiß
nicht besser von ihm zu zeugen, versteh's nicht, ihn
klarer zu zeigen.

5) Aber das Wort soll auf andern Pfad noch
treten. Die Freude, die allem Volk widerfahren soll,
besteht nach Christi eigner Erklärung ferner darin, daß
die Zerschlagenen frei und ledig sein sollen. Wieder zu den
Zerstoßenen, zu den Gebeugten und Geknickten und Ge-
drückten will die Botschaft gehen. Hier sind die Zerschla-

genen genennet. Sollen wir Unterschied setzen, so möcht' es
dieser sein: ein größeres Schmerzmaaß, ein schneidenderes
Gefühl, wie wenn ein Starker festhält, daß der Unglückliche sich unter seinen Händen nicht rühren kann, und
ein anderer Starke theilt Schläge aus. Wem ist so
zu Muth? und bei wem gehet das so zu? Heißet ihr
es Schicksal? heißet ihr es nicht richtiger eure Sünden,
die euch so festhalten, und eure Sünden, die euch so
schlagen? Ich suche, welchen so ist, unter denen, die vor
der Ewigkeit stehen ihren Jahren nach und möchten
heute zum letzten Mal Weihnacht halten: o macht euch
die Ewigkeit nicht bange? Ich suche, welchen so ist,
unter denen, die noch vor dem Leben in der Zeit stehen,
da sollen sie noch erst hinein, da sollen sie noch erst
hindurch: o werdet ihr nicht bange, daß es nimmer
gut geht, da ihr solchen Anfang gemacht habt? Die
ihr vor jenem Leben und die ihr vor diesem Leben
bange seid und eure Vorstellungen sind Bloßstellungen
zarter Stellen an euch, auf welche Peitschen und Scor-
pionen hauen, — wann soll das enden? Weihnachten
kann es enden? Allem Volk und jedem Volk soll die
Freude widerfahren, daß der Heiland geboren ist. Das
Wort geht durch alle Zeiten; und wenn es zur Weihnachtsfeier wieder in unsern Kirchen dahertönt, so ist's
ein Geborenwerden des Heilands von Neuem. Die ihn
noch nicht haben, die sollen ihn jetzt erhalten und ihn
erhält, wer ihn haben will. Der Glaub' an ihn, daß
er es sei, ist beides in Einem, die Bedingung und die

Gewährung; er kommt, wenn wir glauben und schon mit dem Glauben ist er da und verrichtet, was sein Heilandswerk ist: dies, daß er die Zerschlagenen frei und ledig macht. Ja, du und du, zerschlagen über und über, und weißt dich zu kehren, kehre zu ihm dich auf diesen meinen Rath, ein Erfahrner spricht's; dann hast du ein freies, lediges, fröhliches Weihnachtsfest,

6) und eine neue angenehme Zeit gehet bei dir an. Der Predigt letzter kurzer Theil und letzter Bestandtheil der Weihnachtsfreude, wie wir sie auslegen nach Christi eignem Wort ist: das angenehme Jahr des Herrn. Wenn alle Armen am Geist Evangelium hören, alle zerstoßenen Herzen geheilt werden, alle Gefangenen erlöst werden, alle Blinden das Gesicht bekommen, alle Zerschlagenen frei und ledig werden, da ist ja eigentlich der Predigt nichts mehr übrig, als nach dieser Aufzählung die Summen zu nennen, welche ist: das angenehme Jahr des Herrn. Es sind keine Veränderungen, bei welchen Derjenige davon schweigt, in welchem sie vorgehn; es sind keine Erfahrungen, mit welchen er an sich hält, der sie macht; sondern der Mund spricht's, das Angesicht thut es kund, das neue Leben legt's zu Tage, daß das alte Leben mit seinen Sünden und Nächten jetzt vergangen und der Tag Christi angebrochen sei. Seht zu Hause im Kalender zu, der Thomastag ist Dienstag gewesen, der kürzeste Tag, benannt mit dem Namen eines lange ungläubig gebliebenen Jüngers; Weihnachten, drei Tage darnach, wehrt der langen Nacht

und läßt das Licht höher aufgehn. Seht noch einmal zu: der gestrige Tag heißt Adam, Eva. Warum sind sie so nah vor Weihnachten gerückt? Das bedeutet: Als Kinder der Menschen durch Adam hören wir auf, als Kinder Gottes durch Christum fangen wir neu zu leben an. Christus in uns geboren, wir in Christo geboren, so kommt wieder, was Adam verloren und von dem an hat Gott ein Wohlgefallen an uns Allen. Ehre sei Gott in der Höh', und auf Erden Friede den Menschen des Wohlgefallens! Tön' es fort, ich mache Ende, tön' es in unsern Herzen ewig fort. Amen.

Am ersten Weihnachtstage 1844.

Gef. 221. Lobt Gott, ihr Christen allzugleich.

Hat denn auch Mancher — haben Alle, wird nicht gefragt — hat denn auch Mancher eine Vorstellung davon, wie einem Prediger zu Muthe sei, wenn er nun vor der Gemeinde steht und soll eine Predigt halten, zumal am Weihnachtstage und in großer Versammlung? Welch' eine Aufgabe ist das! Wer seid ihr Lieben alle? Mehr noch als an den Sonntagen seid ihr heute gemischt, Menschen aller Stände, alles Alters, auch mehr Kinder gewiß wie sonst! Und innerlich, was Glauben und Gemüth betrifft, da ist die Verschiedenheit noch eine größere; ihr bekommt aber alle dasselbe Wort zu hören. Hab' ich es für euch Alle? und wenn ich's meine zu haben, bin ich auch im Irrthum? Und darnach gehet ihr wieder weg, befriedigt oder vielleicht unbefriedigt; welche unbefriedigt, ungewonnen und ungenommen, unangefasset von dem Wort, das sie gehört, die kommen sobald nicht wieder. O, das ist keine gleichgültige Sache, wahrlich nicht. Ob ich ihretwegen meine Hände in Unschuld waschen könne? Sie gehen fort und bleiben weg auf

ihre Gefahr, sind aber Seelen, die Jesus Christus doch
erlöset hat und ist auch um ihrer Seligkeit willen ein
Mensch geworden, heute gesprochen so, ist auch für sie in
der Krippe gelegen, der Sohn Gottes. Vor dem steht der
Prediger mit der Sache und vor dem soll er wegen
des geredeten Worts Rede stehen an jenem Tage einer
zweiten Erscheinung Christi auf Erden, der Prediger ebensowohl, wie die ihn gehört haben. Darum gefragt, theure
Christen, wie gefragt ist; ob auch Mancher eine Vorstellung davon habe, wie einem Prediger wohl zu Muthe
sei, wenn er am Weihnachtstag, vornehmlich dann, seinen
Vortrag halten soll. Sie ist gemacht jetzt, diese Vorstellung, — von andern Predigern weiß ich es nicht so,
aber von mir, und sage: nach der Wahrheit.

Lasset mich gegangen sein diesen dunklen Gang,
eingegangen durch diese enge Pforte. Jetzt will ich
auch sagen: Ich bin hindurch. Sei's eine Wolke gewesen, so ist sie jetzt vorüber gezogen und wir stehen
in der Klarheit des Herrn. Wo kommt sie her? Vom
Feste, von dem Verbot, das unser Fest spricht: Du
sollst nicht traurig dastehn und ängstlich predigen. Vom
Feste kommt die Klarheit her und von dem Gebot
desselben: Du sollst fröhlich mit den Fröhlichen sein und
die etwaigen Traurigen vor dir, die sollst du anderen
Sinnes machen, sie sind aus keiner Freude gekommen,
so sollen sie in Freude weggehn, wie die andern. Dein
Text lautet darnach; da muß es auch die Predigt.

Wohlan denn, hört unsern Text, das Evangelium des ersten Weihnachtstages:

Ev. Luc. 2, 1—14. Es begab sich aber zu der Zeit, daß ein Gebot vom Kaiser Augusto ausging, daß alle Welt geschätzet würde. Und diese Schätzung war die allererste, und geschah zur Zeit, da Cyrenius Landpfleger in Syrien war. Und Jedermann ging, daß er sich schätzen ließe, ein Jeglicher in seine Stadt. Da machte sich auch auf Joseph aus Galiläa, aus der Stadt Nazareth, in das Jüdische Land zur Stadt Davids, die da heißt Bethlehem, darum, daß er von dem Hause und Geschlechte Davids war, auf daß er sich schätzen ließe mit Maria, seinem vertrauten Weibe, die war schwanger. Und als sie daselbst waren, kam die Zeit, daß sie gebären sollte. Und sie gebar ihren ersten Sohn und wickelte ihn in Windeln und legte ihn in eine Krippe; denn sie hatten sonst keinen Raum in der Herberge. Und es waren Hirten in derselbigen Gegend auf dem Felde bei den Hürden, die hüteten des Nachts ihrer Heerde. Und siehe, des Herrn Engel trat zu ihnen, und die Klarheit des Herrn leuchtete um sie, und sie fürchteten sich sehr. Und der Engel sprach zu ihnen: Fürchtet euch nicht; siehe, ich verkündige euch große Freude die allem Volk widerfahren wird; Denn euch ist heute der Heiland geboren, welcher ist Christus der Herr in der Stadt Davids. Und das habt zum Zeichen, ihr werdet finden das Kind in Windeln gewickelt, und in einer Krippe liegend. Und alsobald war da bei dem Engel die Menge der himmlischen Heerschaaren, die lobten Gott und sprachen: Ehre sei Gott in der Höhe, und Friede auf Erden, und den Menschen ein Wohlgefallen.

Die singen, wir können's auch; die Worte der Engel, diese hier, sind uns weder unbekannt, noch für uns unaussprechlich. Laß sie hören, dich hören, ganze Versammlung:

Allein Gott in der Höh' sei Ehr' Und Dank für seine Gnade Darum, daß nun und nimmermehr Uns rühren kann kein Schade! Ein Wohlgefall'n Gott an

uns hat. Nun ist groß Fried' ohn' Unterlaß; All' Fehd'
hat nun ein Ende.

Geprebigt aber werde dies:

Das fröhliche Vortreten der Weihnachtsfeier unter
dem Wort ihres Evangelii: Das habet zum Zeichen.
— Nämlich, wenn man sich so bückt über dem Wort
des Tertes, dann tritt bald das eine, bald das andre
hervor und will die Predigt sein. Für heute hat es
wollen das Wort sein:

Und das habt zum Zeichen:

1) Ihr sehet eine Menge gläubigfroher Christen
   beisammen,
2) Ihr hört das gläubigfrohe Zeugniß eines
   Predigers,
3) Das eine wie das andere schon eine lange
   Zeit. Habt zum Zeichen:
4) Ihr fühlt glücklich euch nicht ohne Christum,
   und ihr Andern,
5) Ihr findet mit ihm euch auch im Unglücke
   glücklich.

1) Das erste ist das Nächste, habet zum Zeichen
dies: Ihr seht eine Menge gläubiger Christen beisammen.
Es ist ein Zeichen sowohl, wie das eines war, welches
den Hirten gegeben wurde, auf welches sie gingen und
fanden's so, wie von dem Engel gesagt worden: Ihr
werdet finden das Kind in Windeln gewickelt und in
einer Krippe liegend. Im Glauben gingen sie und
fanden im Glauben; was es auch gewesen, das sie ge-

leitet und an die rechte Stelle gebracht hat, geschrieben
steht das nicht, aber Unglaube ist's gewiß nicht gewesen.
Sei angeredet hierauf du ganze Christenversammlung:
du weißt, was geschehen ist einmal und was unsere
Feier für einen Ursprung hat, weißt auch, daß die
Geburt dieses Kindes nicht irgend welch' eine ist, wie die
Geburt eines Menschenkindes, das zu einem großen
Mann geworden und sich ausgezeichnet hat vor vielen
Hunderttausenden, sich ein solches Gedächtniß seiner
Geburt gegründet hat durch irgend welch' großes Verdienst
um einen großen Theil der Menschheit: sondern, wer
Lehre empfangen hat in seiner Kindheit, und kaum das,
Jedermann weiß es: dem Weihnachtsfest liegt zum
Grunde: Gott wird Mensch, ich will es lieber mit dem
Engelwort sagen, wie es hieß bei der Ankündigung:
Der heilige Geist wird über dich kommen und die
Kraft des Höchsten wird dich überschatten, darum auch
das Heilige, das von dir geboren wird, wird Gottes
Sohn genennet werden. Der ist geboren, sagt die
Weihnachtsfeier und tritt einem Engel gleich mit dieser
Botschaft vor, spricht auch wie der Engel sprach: Und
das habt zum Zeichen. Merken wir das Wort. Wir
sind gewohnt Zeichen und Wunder für fast gleichbedeutend
zu halten, hier ist's nicht so, das Zeichen, auf daß die
Hirten gewiesen wurden, war kein Wunder, heißt aber
Zeichen, weil es, im Glauben angenommen, zu einem
Wunder hinführte, das auch dann gläubig von ihnen
angenommen wurde. Unsre Weihnachtsfeier auch scheidet

Wunder und Zeichen. Das Wunder ist die Menschwerdung des Sohnes Gottes, das Zeichen aber ist dies:
Ihr seht eine Menge gläubigfroher Christen beisammen.
So tritt unsere Feier vor. Denn sehet, was immer
auch sonst mitgewirkt, getrieben haben mag, wenn
kein Glaube bei dieser Menge wäre, so würde sie nicht
in dieser Zahl, nicht zu der Feier gekommen sein.
Thue niemand dieser Versammlung ein Unrecht, etwa
aus seinem eignen Unglauben an das Geschehene. Ich
sage: Der Wind hat sie nicht zusammen geweht, ein
Schauspiel zu sehen oder ein Tonspiel zu hören sind
sie nicht gekommen, was denn? Ihr Glaube an Christum
und daß sie ihm eine schuldige Ehr' erzeigen, gleich dem
Vater, der ihn gesendet hat, wie sie auch gesungen
haben mit dem Engelwort: Ein Wohlgefallen Gott an
uns hat. An den Ungläubigen hat er kein Wohlgefallen,
die bei sich diese seine größte Liebes- und Barmherzigkeits-
erweisung verwerfen, dagegen die sie annehmen und
freuen sich derselben, die gefallen Gott. Dies ist ihrer
Herzen Zug gewesen, davon sie her- und beisammen-
gebracht sind. Freue sich auch Einer über den Andern,
der auch gegenwärtig zu dieser gemeinschaftlichen Freude!
Habet zum Zeichen dies, was ihr sehet.

2) Ob es einen schönern, erhebendern Anblick
geben könne, ich meine nicht, als diesen: eine gläubigfrohe Menge bei einander. Aber nicht wird gesprochen
davon im Allgemeinen, sondern im Besondern so: Was
sich so mittheilet von allen Innerlichkeiten eines Menschen,

als der Glaube, wenn er in Andacht durch eine An-
dachtsübung sich äußerlich macht, wie er es hier thut,
das kann wohl nach der Benennung im Evangelium ein
Zeichen heißen. Indeß, liebe Feiernde und jetzt im
Hören Begriffene, — was wird euch zu hören gegeben?
Das auch habet zum Zeichen, das gläubigfrohe Zeugniß eines Predigers. Laßt es bei euch als das zweite
gelten. Freilich, er ist kein Engel, zu den himmlischen
Heerschaaren gehört er nicht, er ist vielmehr von den
Hirten einer — Predigtamt ist Hirtenamt — und
stehet hier, das Wort auszubreiten, wie auch weiter
unten von jenen Hirten gesagt wird, daß sie das Wort
ausgebreitet hätten. Das ist das Wort: Gott ist
Mensch geworden; wie die Kinder Fleisch und Blut
sind, so hat der Sohn es auch angenommen. Heute
nichts mehr als dieses: die Zeit kommt, da wir aus
der Fülle dieses Einen Worts nehmen werden; das
ganze Christenthum ist darin, wie der Mann im Kindlein. Das sagt nun ein Prediger und ihr bekommt
es zu hören. Woher hat der es? Ich spreche heute
so: Von dem Engel, von den Engeln; will jedoch nicht
verstanden sein, als wäre einer vom Himmel erschienen
bei Tage oder bei Nacht, sondern ich will verstanden
werden so: Mein Glaube, daß dort zu Bethlehem in der
Krippe der Sohn Gottes lag, eben wie derselbe drei und
dreißig Jahre später auf Golgatha am Kreuze hing, dieser
Glaube ist nicht mein Werk und Bau, und in einen von
ihr selbst aufgeführten Bau ist meine Seele nicht ein-

gezogen, sondern den Glauben hat Gott in mir aufgeführt und meine, ich weiß, wie ungeneigte Seele ist
eingezogen auf Zeichen, ja auf Zeichen, zwischen ihm,
der sie gab, und mir bekannt. Und ist bei meinem
Zeugniß kein Hinterhalt z. B. dieser: ich stehe im
Kirchendienst, darum kann ich einmal nicht anders zeugen,
oder eine Verdrehung des Wortes „Sohn Gottes", als
hielte ich Christum nur für einen ganz besonders ausge-
zeichneten Menschen; sage im Gegentheil oder im Widerspruch, ob es jemand auch für Ketzerei erklärt: Als
Mensch, als bloßer Mensch betrachtet, wird Christus
übertroffen von Vielen, aber als Gottmensch ist er
mein Glaube, als der vom Himmel aus des Vaters
Schooß Gekommene, der eine ewige Herrlichkeit verlassen hat auf eine Zeitlang und hier gelebt hat,
äußerlich als unsers Gleichen, geboren von der Jungfrau Maria, welche heilige Geburt unsre Feier ist, die
heute vortritt und giebt dieses Zeichen: das gläubigfrohe
Zeugniß eines Predigers: Gilt es? wirkt es? Ich
weiß nicht, doch mein' ich, so es dahin fahren lassen,
wie des Wortes Laut dahin fährt, das könnt ihr auch
nicht. Der Eine wird es hören zu einer Erschütterung
in sich und ein Anderer mit einem süßen Beben. Oder
wäre mein Licht ein solches, bei welchem noch Keiner
seines hätte angezündet? Ist's das? Davon müßt ihr
wissen. Oder das Niemand, wenn mein Licht auf
diesem Leuchter brennet, je da gesehen hätte? Sieh um
dich, sag' ich, sieh über dir, wohin du willst, aber sieh

auch in dich, ob da nicht eine dunkle Stelle in dir
helle wird in Wirkung dieses meines Zeugnisses? Und
das habe zu einem Zeichen.

3) War nicht geredet, wie zu Anfang. Nein,
Lieben, ich habe die enge Pforte hinter mir und steh'
in freiem Raume, gebe zu zwei Zeichen das dritte und
sage: Was ihr jetzt sehet und höret, das ist zu sehen
und zu hören gewesen eine lange Zeit. Allerdings ist
die Feier der Geburt Christi nicht die älteste in der
Christenheit; Ostern und Pfingsten ist gefeiert von Anfang her, unser Weihnachtsfest erst im vierten, fünften
Jahrhundert; allein, so berichtet ein Gleichzeitiger, einmal da und dort angefangen, breitete es sich über die
ganze Christenheit aus. Ist dies zum Verwundern,
oder das so lange Unterlassen? Ich denke, letzteres;
denn daß Christus geboren ist, das ist wahrlich nicht
eine Bedingung bloß, sonst hätte er nicht leiden und
sterben können, nein, es ist ja in der That die anfangende Erlösung selber. Der Grund lieget anderswo.
Daß eben der Tod Christi unsre Erlösung heißet, wird
auch geprebigt zu seiner Zeit, aber das nicht von
Christi Leiden und Sterben getrennt gedacht, daß Gott
Mensch geworden. Es ist beides eine Herablassung Gottes,
eine Gnade Gottes, die unter ihren Flügeln Heil, ja
wahrlich auch die Vergebung unserer Sünden trägt.
Sprecht darum mit mir: Ebensowohl ergreifen wir dieses
Heil, wenn wir an der Krippe knieen, als wenn wir sein
Kreuz umfassen. Ist gewiß auch ein Grund, warum

die Weihnachtsfeier so schnell und so tief Wurzeln geschlagen hat in dem Boden der christlichen Kirche. Ja,
sehen wir auch unsre Advents- und Weihnachtsgesänge
darauf an, so lesen wir ebenfalls in ihrer einigen, wie
auch in Christi Geburt eine belebende und erhebende
Kraft liege; beide heut gebrauchte Gesänge führen uns
die Menschwerdung des Sohnes Gottes allein vor.
Wie alt sind sie? 216 (Dies ist der Tag, den Gott
gemacht) ist von Gellert, 221 (Lobt Gott, ihr Christen
All' zugleich) von Nikolaus Herrmann, der noch lebt, ob er
gleich 1561 gestorben ist. Nehmen wir dies als Zeichen
an, das unsre Feier uns giebt. Was wir singen, hat man
vor drei hundert Jahren gesungen, gewiß in ebensoviel
Glauben und Andacht, und Weihnachtspredigten, o,
man hat vor Zeiten ja nicht gewußt davon, daß auch
Weihnachtspredigten könnten gehalten werden ohne ab-
gelegtes freudiges Zeugniß: Gott wird ein Mensch!
Unser Beisammensein also und was wir thun, das hat
die Neuheit und die Verdächtigkeit und Bedenklichkeit
seiner Neuheit längst abgelegt und stehet in alterthüm-
licher Bewährung da. Was immer sich auch mit dem
Menschen verändert und worin ein späteres Geschlecht
es einem frühern zuvor thut, ich nenne: Irrthümer
ablegen, in unserer Sache ist kein Irrthum abzulegen
gewesen, Licht ist Licht, Wahrheit ist Wahrheit geblieben,
was sich aber zu einer Zeit wie ein Dieb an's Licht
setzen wollte, man hat es wahrgenommen und hat es
abgeschnäuzt. Verachte Keiner diesen Beweis des Alter-

thums, es ist ein Beweis auch, wie der manchmal in seinen Glauben Schwache auch diesen Beweis wohl brauchen kann. Nehm' ich eine kurze Strecke von der Vergangenheit, nehm' ich den Glauben, mit welchem unsre Eltern und Großeltern am Weihnachtsfest in die Kirche gegangen sind, wie den Glauben und die Andacht in ihren Häusern am heiligen Abend, sie hielten ja im Hause Kirche mit Gesang und Predigt: weht's nicht herüber zu uns aus ihren Häusern, wo die stehen, meines da, deines dort, oder auch nicht mehr stehen, dann von der Stätte her eine laue Luft, o, die wir gern athmen und ist uns die rechte Lebensluft einer christgläubigen Seele! Wohl dem, dessen Kindheit sie empfunden hat! Die aber nicht, wissen so viel doch, daß die Weihnachtsfeier von jeher gläubige Theilnehmer gefunden hat in allen christlichen Ländern; und kein inniger, sinniger Christ verschmäht dies dritte Zeichen.

4) Das vierte Zeichen, woher nimmt unsre Feier das? Sie tritt hervor und spricht: Das habet zum Zeichen, ihr fühlt euch glücklich ohne Christum doch nicht. Sind denn `hier, denen dies als Zeichen gegeben werden kann? Heute eher wie an andern Tagen; denn es sind hier wohl, von denen man sagen kann nach eines Evangelii Wort: nach Gewohnheit des Festes. Allein es steht zu vermuthen, daß diese das angegebene Zeichen bereits bekommen haben, wenigstens derjenige Theil ihrer, der bisher gut gesehen und gehört hat. Wir wissen, was Alles gethan wird, um einen frohen

Tag, zwei frohe Tage zu haben, und es glückt auch. Ja, es glückt, wenn sie sich fern halten, allein wenn sie uns nahe kommen, wenn sie unter uns treten, dann glückt's ihnen nicht, glücklich an einem Weihnachten zu sein und bei einer Feier, wenn sie nicht an den menschgewordenen Gott glauben. Ich will's ihnen nicht sagen, sie sollen's sich selbst sagen: Arme Menschen im Reichthum, die wir doch sind! Die sehen den Himmel offen, der uns verschlossen ist! Kleine Menschen in großen Ehren, die wir doch sind! Die wissen sich von Gott angeblickt und aus den Augen des Kindleins Jesu; und wir wissen von keinem Blick als den aus Menschenaugen und werden es nicht inne, in keiner Seelenbewegung, daß wir einen gnädigen Gott haben. Enge Herzen, die wir doch sind, bei alle dem, was an Freuden dieser Erde hineinströmt! Die bekommen andre, reinere, schönere, genießen den Vorschmack himmlischer Freuden in ihrer Festfreude. Das Fest kommt zu uns, aber wie ordinair, wie ungeweiht! und die Freude bleibt draußen, was wir so nennen; wir fühlen es gut, daß sie den Namen nicht mit Recht führe. Und das, so tritt wieder euer Prediger vor, und das habt zum Zeichen, wenn ihr es so findet. Ach, diene es euch, daß ihr, von diesem Zeichen geführt, den menschgewordenen Gott zu Bethlehem in der Krippe findet.

5) Da wir ihn finden und haben zu einem Zeichen dies, daß wir mit Christo selbst im Unglücke glücklich sind. Es hat sein Aussprechen schon gehabt oben, doch

das ging anderswo hin, jetzt dasselbe Wort zu gläubigen
Christen hingewendet und insonderheit zu den Unglück-
lichen, Leidenden unter ihnen. Was ihr gethan habet
bereits und was auch geschehen ist vor unserm Zusammen-
kommen hier, diesen Morgen, gestern Morgen in der
Hausandacht oder spät, früh auf eurem stillen Bett,
es mag wohl sein, daß euer Mehrere schon mehr erfahren
haben, als hier von den Gläubigsten und Andächtigsten
erfahren wird, — saht ihr in den offenen Himmel
hinein, eine befreundete Seele dort bei Jesu in der
Herrlichkeit, eines lieben Kindes Seele und troff es
dabei in eure Herzen Balsam, oder was anders schon
eure Christbescheerung gewesen ist: O, kommt nur etwas
näher, ich habe auch ein Wort zu sagen, dies: Das
habet zu einem Zeichen. Nicht wahr, so habet ihr es
auch? Ihr andern Lieben, Leidende auch, die ihrer
Traurigkeit noch nicht mächtig geworden sind bis zum
Vergessen, aus eurem Glauben sprech' ich mit euch:
Nein, ihr könnt nicht traurig sein und diesen Glauben
haben. Ist's Armuth, darin tröstet er! ist's Verlassen-
heit, darin ist er euer Freund! ist's euer Sündengefühl,
die Sünden vergiebt er! ist's eure jetztzeitige Schläfrig-
keit im heiligen Leben, so wacht er; kommt euer Glaube
euch schwach vor, er behütet ihn, und eure Liebe wie
erloschen, so bewahrt er doch die Gluth unter der Asche,
und was euch fehlt, leiblich oder geistlich, nur das Eine
festgehalten: Christus ist geboren für mich auch, und
mir auch soll seine Menschwerdung zu Gute kommen;

laß schwinden, fahren, weichen, was nicht bleiben will,
nur dies halte fest, so bist du in allem Unglück glücklich.
Spürst du davon, so habe dies als Zeichen. Oder nicht,
noch nicht? Es wird bald kommen; habe bis dahin zu
einem Zeichen dies, daß Andre, wohl so unglücklich wie du
es bist, im Besitz Christi, — aller Glaub' ist ein Besitz —
so fröhlich gewesen, wie der Glücklichsten einer, eben so
sehr, wo nicht noch mehr, da Freude wie Farbe auf
dunklem Grund beide stärker hervortreten. Das ist das
fünfte Zeichen. O Jesu, der du einst mit Augen wie
unsre sind, in diese Welt hineingesehen, und schauest nun
von der Höh' herab, Gott und Mensch auch in der
Herrlichkeit, gieb offne Augen dem, der ihrer noch bedarf,
und dem deine Barmherzigkeit sie geöffnet hat, daß sie
mehr Zeichen sehen, als von denen heute gepredigt
worden ist, denen halte deine Gnade sie offen. Die
Gnade unsers Herrn Jesu Christi sei mit uns Allen!
Amen.

Am Sonntag nach Neujahr 1845.

Ges. 230. B. 1—6. Frohlockt, lobsinget Gott.

Das „einst", wenn Gottes Kinder sich mit Christo freuen sollen, ist in der zukünftigen Statt Gottes, die sie suchen; in der nicht bleibenden sind sie mehrentheils die Leidenden, gleichwie er selbst, als von ihm geschrieben stehet, an dem, das er litt, Gehorsam gelernt hat, vollkommen geworden und erhöhet worden und eine Ursach' unsrer Seligkeit geworden ist.

Einiges Maaßes hat die Neujahrsfeier unsern Weihnachtsgang aufgehalten, indeß Christi geschwiegen haben wir doch auch am Neujahrstage nicht; heute und fortan ist die Bahn des Zeugnisses von Christo wiederum ganz frei. Seid willige Folger, meine Lieben, wenn ich vorangehe. Es ist im Grunde nichts anders zu predigen, als von Christo; wer's anders meint, hat in der Sache den richtigen Verstand nicht, und wer es anders begehret, der kennt sein wahres Seelenheil nicht. Darum vorwärts gegangen, wo wir Weihnachten gestanden sind, am ersten und auch am andern Festtage, ja an andern auch, da das Wort hier erwogen ist:

Wer aus der Wahrheit ist, der höret meine Stimme. Was spricht er denn? Sagen wir: Einerlei, was er spricht. Wir bekommen es aber zu hören, das Was, doch ohne es noch gehört zu haben, das Was, müssen wir sagen: Das kann uns niemand sagen, als er allein, das hat bis zu ihm kein Mensch noch gesagt, wird auch Keiner nach ihm kommen, welcher spricht: Nicht so, sondern so. Weiter, was er sagt, das dürfen wir nicht ungehört lassen; thun wir's, so ist's ganz gewiß zu unserm Schaden, hören wir aber, was er sagt, das kann nicht anders als zu unserm zeitlichen und ewigen Heile sein, wenn — das müssen wir sagen im Voraus — wenn — welches Wenn! — wenn nach der Weihnachtsverkündigung der da, das da zu Bethlehem geborne Kind der eingeborene vom Himmel gekommene Sohn Gottes ist, als in welchem Glauben allein wir Weihnachten halten, singen und predigen können, wie wir gethan haben, nicht wahr? wir Alle gethan haben, wenn auch eben nicht in diesem Gotteshause. Allein wir sollen hören keine Stimme, die nur einen Ton hat, aber kein Wort giebt; sie giebt Wort und das gelegt worden ist in Vieler Mund, die es ausbreiten, wie von den Hirten gelesen, daß die es gethan, und mit demselben in den Gemeinden, groß und klein, stehen, wie zur Stunde ich, derselben Einer, hier. Der Text:

Joh. 12, 44—50. Jesus aber rief und sprach: Wer an mich glaubet, der glaubet nicht an mich, sondern an den, der mich gesandt hat. Und wer mich siehet, der siehet den, der mich gesandt hat. Ich bin gekommen in die Welt ein Licht, auf daß, wer an mich glaubet, nicht in der Finsterniß bleibe. Und wer meine Worte höret, und glaubet nicht, den werde ich nicht richten; denn ich bin nicht gekommen, daß ich die Welt richte, sondern daß ich die Welt selig mache. Wer mich verachtet, und nimmt meine Worte nicht auf, der hat schon, der ihn richtet: das Wort, welches ich geredet habe, das wird ihn richten am jüngsten Tage. Denn ich habe nicht von mir selber geredet, sondern der Vater, der mich gesandt hat, der hat mir ein Gebot gegeben, was ich thun und reden soll. Und ich weiß, daß sein Gebot ist das ewige Leben. Darum, das ich rede, das rede ich also, wie mir der Vater gesagt hat.

Wie schon Advent angezeigt worden, wir gehn dies Jahr, so Gott will, den frei gelassenen Gang frei gewählter Texte; gewählt, genommen sind von mir die für die Kirchen eines andern lutherischen Landes ausgeschriebenen. Für heute sind es die eben verlesenen Worte, die das Thema zu einer Predigt geben sollen. Dies ist aber das Thema:

Wie alles Zeugniß von Christo nach Christi eignen Worten auftrete; daß es auftrete

1) mit entschiedener Erklärung über Christi Person,

2) mit lautem Widerspruch, daß der einen Gott habe, der keinen Christus hat,

3) mit unverholener Darlegung der Zukunft derer, die Christus und sein Wort verwerfen,

4) mit gern ausgesprochener Verheißung an die, von welchen Christus angenommen wird.

1) Was freilich auch Andre von Christo gezeugt haben von Johannes dem Täufer an, dem ersten, der Christum in Person sah, oder wollen wir Simeon den ersten nennen? dann die Jünger des Herrn, unter

ihnen Petrum und Thomas zu nennen, darnach Stephanus,
der ihn im offenen Himmel sah zur Rechten Gottes,
und Paulus, der ihn vom Himmel herab hörte: Ich
bin Jesus, — das hat Werth für uns, kann uns
rühren, erschüttern, und anzunehmen ist, daß Viele allein
auf diese Zeugnisse zum Glauben an Christum als an
den Sohn des lebendigen Gottes gebracht worden seien.
Indessen doch, liebe Christen, was uns doch über alles
geht und unsern Glauben trägt, wie derselbe auch seinen
Hervorgang meistens daraus hat, das ist Christi Zeugniß, wie er es selbst giebt von sich. Unter rechten Christen
ist's bekannt, wie oft und unter welchen Umständen,
mit welchen Worten, wie er ein solches Zeugniß von
sich auch in unserm heutigen Texte giebt. So spricht
er, ruft's aus: Wer an mich glaubt, der glaubt nicht
an mich — den vor ihm stehenden Menschen, — er
geht weiter: er glaubt an den, der mich gesandt hat;
und wer mich siehet, der siehet — nicht so wohl den Menschen, wie er vor ihm steht, einen Menschen wie andre,
— sondern er sieht den, der mich gesandt hat. Die
Sehenden sind wir nicht, doch sind wir die Glaubenden.
Thut's auch wahrlich das äußerliche Sehen nicht, als
wären wir im Nachtheil gegen die, welche ihn sahen.
Wenn es das wär, hätte ja das ganze Volk an ihn
geglaubt, dagegen das Hören, wie wir es ebensowohl
haben wie jene, vor welchen er stand, dasselbe thut seinen
Dienst, hat zu allen Zeiten den Dienst gethan, den
zwiefachen, daß es den Glauben weckt und den Glauben

ſtärket. Mit dieſem Wort, mit Chriſti Zeugniß von
ſich ſelber, ſtehn bis dieſen Tag, welche vor Andern hin-
geſtellt ſind, vor die Verſammlungen, treten vor und
geben ihre entſchiedene Erklärung über die Perſon Chriſti
ab. Wie lautet ihre Erklärung denn? Wir machen
nicht dies und jenes aus Chriſto, ihn hebend und
ſchmückend, was irgend die menſchliche Natur und Weſen
Großes, Herrliches, Außerordentliches gewieſen hat, das
zuſammentragend und es auf ihn legend; ſo thun wir
nicht, ſondern mit dem alten Kirchenbekenntniß: Gott
von Gott, Licht von Licht, wahrhaftiger Gott vom
wahrhaftigen Gott, nicht geſchaffen, mit dem Vater in
einerlei Weſen, leibhaftig geworden durch den heiligen
Geiſt, von der Jungfrau Maria. Chriſten und nicht
Nichtchriſten, wenn deren ſind unter den heute hier Gegenwärtigen, wer nicht an die Gottheit Chriſti glaubet, was er
ſonſt auch iſt, ein Chriſt iſt er nicht — darum Chriſten
und Nichtchriſten, hört die eben beſtimmt gegebene Erklärung, begründet auf Chriſti eignes Zeugniß von ihm
ſelber. Wenn daneben auch ſonſt noch in den Gläubigen
vorgeht, welches nicht überall und nicht allezeit eben
mit dem Wort verbunden iſt, welches Chriſtus zu hören
giebt, ſo tritt dieſes doch nicht ſo in die Rede und
läßt ſich nicht wohl ausſprechen. Darum das Wort, wie
er's geredet und das Zeugniß, welches er von ſich abgelegt, hier über die Menſchen, die um ihn waren,
hingerufen hat, daſſelbige Wort geben ſeine Zeugen
wieder und fragen dann die Ungläubigen: Habt ihr eine

Stelle für Christum, wenn er nicht ist, den er sich
nennet? In's Irrenhaus müßt ihr ihn weisen, wenn
er nicht Gottes Sohn ist. Und wenn ihr gleichwohl
Redens macht von eurer Hochachtung seiner und von
eurer Verehrung seiner, wo hinein gehört ihr selber denn?
In das genennete Haus. Wär's aber, daß ihr von
dieser Hochachtung und Verehrung nur so sprächet, meinetet
es indessen nicht so, dann gebt euch selber den rechten
Namen. Wir mögen ihn nicht aussprechen. So heißt
unser Zeugniß von Christo, das gilt sein Wort, und
wie er spricht, auch hier spricht, und alles Zeugniß
von seiner Person tritt mit dieser entschiedenen Erklärung auf.

2) Würde auf dieses Zeugniß eingeredet, was denn
aber viel ankomme darauf, daß jemand so von Christo
denke, er könne doch ja Gott fürchten, lieben und ehren
und in dieser Religion leben, so ist unser lauter Widerspruch da, welcher heißt: Wer keinen Christus hat, der
hat auch keinen Gott. Es ist viel gesagt, stark gesagt,
nicht wahr? Aber es ist nicht zu viel und nicht zu
stark gesagt. Wollet hören. Nicht soll wiederholt
werden nach seiner Länge, was Weihnachten gesagt
ward aus dem Wort: Und das habt zum Zeichen; aber
auf dies Eine Zeichen wollen wir doch hinweisen:
Sehet da, hier sitzen bei einander, die in derselben
Stunde aufhörten an Gott zu glauben, wenn sie den
Glauben an Christum nicht bei sich fest halten könnten;
der eine steht und fällt mit dem andern bei ihnen.

Sprech' ich nicht recht also, wenn ich dies hier von eurer Einigen zeuge? Ich bin von eurer Zahl, habe die Rede und fahre fort. Unterschied ist zu machen allerdings. Wer in einer andern als in der christlichen Religion geboren, unterrichtet, erzogen ist, fern geblieben oder sich gehalten hat von allen dem, was Christenthum oder Evangelium heißt, daß er es nicht zu hören bekommen und so wenig mit uns an der Krippe zu Bethlehem als unter dem Kreuz auf Golgatha gestanden hat, wer sich nimmer gemischt hat unter die Zahl der Gläubigen, daß er verspüret hätte, wovon diese bewegt werden in ihren Gemüthern und in ihrem Geist gehoben, in ihrer Seel' erquickt werden, — wo das nicht ist, nicht Wort noch Wahrnehmung hingekommen ist, kein christlicher Saame gestreut worden ist, da mag wohl Gottesfurcht ohne Christenthum sein. Aber wir reden von Solchen nicht, sondern von denjenigen, die mitten in der Christenheit leben, von Jugend auf Christum gelernt haben, Bibel gelesen, gläubige Gesänge mitgesungen, gläubiger Prediger Zeugniß gehört haben, ja an heiligen Handlungen Theil genommen haben. Gottesleugner sind sie vielleicht nicht, aber Gottesfurcht und Gottesliebe, welcher Art mag die doch bei ihnen sein! wenn überhaupt in einer Art! Den Gottgesandten nicht achten und doch Gott, den Sender verehren? für das Brod, das aus der Erde wächst, ihm danken, und das Brod, das vom Himmel gekommen ist, verschmähn? den Geber preisen, von dem Vater aber nichts wissen wollen? sich des Lichts des natürlichen Verstandes freuen und das menschliche Erhabensein über die Creaturen dem Schöpfer hoch anrechnen, aber nicht hinblicken, wenn Gott ein solches Licht, wie Christus ist, in die Welt stellt, oder wenn wie unversehens von dieser Gottesliebe in die Seele ein Strahl fällt, sofort einen Schirm setzen oder einen Schieber an die offene Stelle schieben, — die so thun, nein, die haben in der That keinen Gott, der ihr Gott ist. Christi Wort ist's: Wer den Sohn nicht ehrt, der ehrt auch den Vater nicht, und Joh. 14, 1 steht es: Glaubet ihr an Gott, so glaubet ihr auch an mich. Wir wenden frei sein Wort und sagen: Wer nicht an Christum glaubt, der glaubt nicht an Gott.

3) Den dritten Theil angefangen wie den zweiten: Was kommt es denn viel darauf an, ob ein Mensch Gott fürchtet und an Christum glaubt? Wenn ein Mensch nur rechtschaffen handelt! Alles Zeugniß von Christo nach Christi eignen Worten tritt auf mit unverholener Darlegung der Zukunft derer, welche Christum und sein Wort verwerfen. Hier in der Welt gehn wir so nebeneinander her und es giebt tausend Gründe, zu sein, was man rechtschaffen nennt, ja noch mehr, als nur rechtschaffen d. h. nach dem Sprachgebrauch von groben Sünden frei und dies und jenes Gute, das so heißt, daneben, wobei jedoch ein Gedanke an Gott niemals vorkommt, geschweige daß Gott vom Schlechten abhält, zum Guten antreibt. Sehe jeder, welcher dies höret,

nur bei sich selber zu, ob er es nicht so finde. Die
Ehre bei den Menschen, davon eben vor unserm Texte
steht, was thut allein die? und noch zu nennen das
irdische Fortkommen und noch zu nennen die leibliche
Gesundheit und noch zu nennen der Friede mit Menschen, was thun diese vier! wie ziehen sie allein den
Wagen der sogenannten Rechtschaffenheit! Aber uns ist
ein Licht angesteckt, welches die Zukunft heller macht,
wie werden in der diejenigen fahren, die Christum und
sein Wort verwerfen? Ich bin kommen in die Welt
ein Licht, spricht Christus, auf daß, wer an mich glaubet,
nicht in Finsterniß bleibe. Gedrehet das Wort Finsterniß auf den Seelenzustand: helle wird es und wie eine
neue Welt öffnet es sich vor dem, der ein Christ wird,
und eine schönere Verbindung, darein er tritt auf Erden
und im Himmel. Halten wir aber das Licht in die
Zukunft: Wer mich verachtet und nimmt mein Wort
nicht auf, der hat, der ihn richtet, das Wort, das ich
geredet habe, das wird ihn richten am jüngsten Tage.
Welches Wort? Das sind die zehn Gebote nicht; denn
die hat Christus nie eben sein Wort genennet. Welches
Wort denn? Christi, Christi, wie er ja selber spricht,
das er geredet hat und Keiner vor ihm. Das ist das
Wort, lediglich das von dem Glauben an ihn, das
wir den haben sollen, Christi Wort lediglich das, von
der Liebe Gottes, die Gott bewiesen habe in der Sen-
dung seiner, Christi Wort lediglich das von seinem
Leben in uns und von unserm Leben in ihm, verglichen

Joh. 15. mit dem Leben der Rebe an und aus dem Weinstock. Ich bin der Weinstock, spricht er. Wer dies Leben nicht in sich aufgenommen, wer dies aufzunehmen verachtet hat und zugleich Gott verachtet hat, was der zu sehen bekommt: im Texte eben steht es nicht, doch reichlich anderswo; hier steht nur, und ist genug: der wird gerichtet werden. Gerichtet werden, gleichbedeutend hier mit „verdammet" werden. Das eine wie das andere Wort ist Christi Wort. Wer das Wort nicht gelten läßt, der läßt auch ihn, den Sprecher, nicht gelten, sondern verwirft ihn. Ist's zu schwer gestraft, wenn er einst wieder verworfen wird? So tritt das Zeugniß von Christo auf nach Christi eignen Worten und bittet nicht um Erlaubniß oder Entschuldigung.

4) Wehe mir, so spricht ein Zeuge, der Apostel Paulus spricht so 1. Cor. 9., wenn ich das Evangelium nicht predigte. Aber das Evangelium würde wenig Evangelium, fröhliche Botschaft sein, wenn es für die Empfänger eine gleichgültige Sache wäre, ob sie sie anhören und annehmen wollten oder sie von sich weisen und verwerfen. Sein Gebot ist die Botschaft; davon sagt Christus, es sei das ewige Leben. Dies ist die Zusage, die Verheißung, die gerne ausgesprochen, mit welcher das Zeugniß von Christo auftritt. Anderes hat es nicht zu bieten, Silber und Gold, Wohlergehen und langes Leben wird nicht in Aussicht gestellt. So thut das neue Testament nicht, das alte thut es: auf daß dir's wohlgehe und du lange lebest auf Erden.

Christus dagegen: Selig sind, die geistlich arm sind;
denn das Himmelreich ist ihr, und: Selig sind die Leid-
tragenden; denn sie sollen getröstet werden. Das ist
die Verheißung. Kein Einschluß ohne Ausschluß, das
Ausschlußwort lautet im mildern Ausdruck: Ich sage
euch, daß der Männer keiner, die geladen sind, mein
Abendmahl schmecken wird. Wir können indeß auch
andere Ausschlußformeln preisen —. Amen.

Am Sonntag nach Neujahr 1846.

Gef. 680. Wie Gott mich führet, will ich gehn.

Stärke, Gott, diesen Glauben in Allen, da er schwach ist, und befestige, Gott, ihn, da er schwankt. Wer von uns ist ganz zufrieden mit dem Glauben, den er hat?

Es ist ein Neujahrsgesang gewesen, den wir gesungen haben, wenn er auch unter denen nicht steht, welche die Ueberschrift führen. Da wir heute zum ersten Male nach der Neujahrsfeier uns wiedersehen; da unter uns heute sein mögen, die mit ihrer Neujahrsandacht in einem andern Gotteshause gewesen sind; da sich auch leicht einer hier finden kann heute, dem es am Festtage nicht thunlich gewesen, an der öffentlichen Andacht Theil zu nehmen; und dies noch, es sind erst so wenige Tage her, es ist heute der dritte Tag erst nach dem Feste: unter diesen Umständen, mein' ich, hat ein Gesang vom Vertrauen auf Gott, von der Ergebung an Gott ganz seine Zeit noch heute.

Uebrigens, meine lieben Zuhörer, ist Maaß zu halten in Gewährungen und so zu sagen, Willfahrungen

dieser Art. Das christliche Alterthum hat wenig von
der Neujahrsfeier gewußt, das älteste christliche Alterthum hat gar nichts davon gewußt. Die Heiden hielten
Neujahrstag mit allerlei Spielen und Ergötzungen,
für die Christen zur Theilnahme daran lockend, ver-
lockend; da ordneten die derzeitigen Ordner in der christlichen Kirche für den ersten Januar eine christliche Feier
an: die Beschneidung des Kindes Jesu und die Namengebung. Sehet zu, wie ihr es noch findet in älteren Angaben der Evangelien, über welche geprebigt wurde,
und ja noch zu unserer Zeit nimmt mancher Prediger
dies: Und da acht Tage um waren, daß das Kind be-
schnitten wurde — zum Text seiner Neujahrsbetrachtung.
Ein Zeugniß vom fortgeschrittenem Christenthum ist es
nicht, wenn in spätern Zeiten gesungen ist, geprebigt
ist zu Neujahr und an wie vielen Sonntagen, daß ich
nicht sage, an den meisten, als wenn Vertrauen auf
Gott, Ergebung darein, wie der himmlische Vater führt,
die Religion ganz, die einzige Religion wäre. Wenn
ein Christus darin ist, so doch kein Christus, der Weg, die
Wahrheit und das Leben; kein Christus, der Mittler
und Versöhner; kein Christus, der Richter und Selig-
macher. Dahin ist es gediehen, geglitten, allmählich
und ungebührlich, daß unbulbsam es gefunden wird,
wenn man den Inhabern dieser Religion den Namen
Christen nicht zugesteht; ihnen ist religiös und christlich
einerlei. Diese möchten das ganze Jahr und an allen
Festen nichts als die Liebe und Güte Gottes und

5*

von der Gotteskindschaft aller Menschen auf Erden singen und hören. Aber, Christen hier und ihr fleißigen Theilnehmer an unsern Gottesdiensten, ihr wisset wohl, daß diese weichere, wollene Religion hier die Canzel und das Nummerbrett eben nicht hat, wie denn heute selbst, als um Mißverstand abzuwehren, auch 110? mit allen drei Versen angeschrieben steht. Auch die Text=sammlung, welcher wir dies Jahr folgen, ließ Neujahr selbst Christum nicht aus den Augen: „Die Gnade unsers Herrn Jesu Christi," eben wie sie für heute einen Text giebt, der ihn nennet in seinen rechten Ehren, Werken und Gaben.

1. Thess. 5, 5—10. Ihr seid allzumal Kinder des Lichts und Kinder des Tages; wir sind nicht von der Nacht, noch von der Finsterniß. So lasset uns nun nicht schlafen, wie die andern; sondern lasset uns wachen und nüchtern sein. Denn die da schlafen, die schlafen des Nachts, und die da trunken sind, die sind des Nachts trunken. Wir aber, die wir des Tages sind, sollen nüchtern sein, angethan mit dem Krebs des Glaubens und der Liebe, und mit dem Helm der Hoffnung zur Seligkeit. Denn Gott hat uns nicht gesetzt zum Zorn, sondern die Seligkeit zu besitzen, durch unsern Herrn Jesum Christum. Der für uns gestorben ist, auf daß wir, wir wachen oder schlafen, zugleich mit ihm leben sollen.

Johannes sagt im Anfang seines Evangeliums von Christo: In ihm war das Leben, und das Leben war das Licht der Menschen. Hier der Apostel verheißt ein Leben zugleich mit Christo denjenigen, welche er anredet: Ihr seid allzumal Kinder des Lichts. Eine Anrede ist das, liebe Brüder, welche bei mir eine Rede, eine Predigt hat werden wollen, geworden ist und die

ihr euch wollet in dieser Stunde jetzt halten laſſen.
Hören wir den Apoſtel zu uns ſagen: Ihr ſeid allzumal Kinder des Lichts, nehmen und vernehmen wir
dieſes Wort:

1) als eine Frag' an uns, ob wir dieſes Wort
auch verſtehen,

2) als eine Beſchämung unſer, daß an dem „allzumal" noch vieles fehlet,

3) als eine Ermahnung: Sind wir Kinder des
Lichts, dann ſollen wir auch wie ſolche wandeln und angethan ſein.

1) Das Licht in ſeiner figürlichen Bedeutung iſt
bekannt und ebenfalls der Ausdruck: Kinder des Lichts
iſt nicht unbekannt, aber wir wiſſens, daß nicht alles,
was bekannt iſt, auch verſtanden wird. So hat auch
wieder das Verſtehen ſeine Grade, niedre und höhere
Grade, und noch dieſes werde hinzugeſetzt: es giebt auch
ein irriges und bloß vermeintliches, eingebildetes Verſtehen.
Hören wir dieſem nach die Anrede des Apoſtels als
eine an uns gerichtete, aber als eine Frag' an uns:
„verſteht ihr das Wort auch?"

Indeſſen, was wollen wir? Es heißt ja, und da,
wo wir ſchon eben geweſen ſind, Joh. 1: Die Finſterniß habe es nicht, habe das Licht nicht begriffen, —
wird denn unſer Vorhaben nicht ein vergebliches ſein,
wenn Kinder der Finſterniß unter uns ſind, die können
es doch ja nicht begreifen, wie geſagt iſt? Thut nichts,
ſagen wir, iſt's bei ihnen vergeblich, ſo iſt's bei den

Andern doch nicht vergeblich, sondern für sie, die das
Licht kennen, ist's ein Vergnügen, davon zu hören und
im Hören hinzuzutragen aus sich, da es hell ist, die
Bestätigung: Ja, das ist das Licht. Allein auch für
die Ersteren dürfte unser Vorhaben kein allgemein vergebliches heißen. Die finster sind, können ja ein Licht
werden, wie die Andern es ja geworden sind; denn einmal, weiland, heißt es Ephes. 5., waren wir alle in
Finsterniß. Wann waren wir das? Antwort: Bevor
wir Christen wurden, bevor das Licht die Finsterniß,
der Tag die Nacht vertrieb. Da haben wir die zwei verschiedenen Zustände und aufgedeckt soweit in jedem Menschen, aufgedeckt, spreche ich, für Jeden, der nur sehen
kann. Der Christ siehet zwei; wer keiner ist, der höret allerdings von zweien, sieht indeß nur Einen? nur Einen?
er sieht keinen; denn er hat den Unterschied zwischen
Licht und Finsterniß nicht begriffen. So hör' er nun
weiter davon sprechen und wir wollen mit ihm hören
davon. Vorauf gehe gegebenes, geschriebenes Wort von
der Sache. Wie reichlich findet sich dieses Wort!
Christus nennt sich das Licht, und zwar nicht des einen
und andern Volkes oder gar dieses und des einzelnen
Menschen, sondern er nennt sich das Licht der Welt,
wer ihm nachfolge, der könne nicht in Finsterniß wandeln. Geweissagt ist es von ihm, daß er werde ein
Licht sein, zu erleuchten die Heiden. Des Apostels
Beruf ist, sagen wir, seine Vocation: Aufzuthun ihre
Augen, daß sie sich bekehren von der Finsterniß zum

Licht, und als gleichbedeutend: von der Gewalt des
Satans zu Gott. An einer andern Stelle: Gott, der
da hieß das Licht hervorleuchten aus der Finsterniß, hat
einen hellen Schein gegeben in unsre Herzen, daß da
entstände die Erleuchtung der Erkenntniß von der Klarheit Gottes im Angesicht, in der Person Christi. Was
ist's hienach mit dem Licht? Ja, eine Offenbarung,
nichts anders, und die Allen zu Theil wird, welche, ich
will es auf's stärkste ausdrücken, welche Offenbarung
allen denen zu Theil wird, welche sie nur zulassen. Ich
habe Bibelworte vorangestellt, spreche darnach gemachte
Erfahrungen vom Christwerden. Der Christ spricht: Nein,
ich habe keinen besseren Namen dafür als Licht, und
begriff erst, da ich ein Christ ward, was Licht und
Finsterniß sei; wie am ersten Schöpfungstage wurde in
mir Licht und Finsterniß geschieden, die erste Schöpfung
in mir auch. Ich sah mein Ich, dies andere, neue,
oder war's nur ein bedecktes, verdecktes Ich, gewesen?
das sah ich bei diesem Licht. Und ich sah Gott, von
welchem ich wußte zwar, allein es bestand keine Gemeinschaft zwischen ihm und mir, wir waren geschieden;
jetzt erfuhr ich seine Freundlichkeit und daß ich ihm
etwas werth sei, ich ließ los und faßte an, faßte an
den, der mich zuerst anfaßte, ergriff den, der mich
ergriff. Lassen wir dieses genug Zeugniß der Erfahrung
genug sein von dem Licht an dem geschriebenen Worte,
das ich vorhin anführte. Wir hören die Anrede des
Apostels als eine an uns und hören sie als eine Frag'

an uns: Versteht ihr das auch? Wir haben uns erklärt,
wie wir das Licht verstehn, und sagen jetzt weiter von
Kindern des Lichts also: Kinder des Lichts sind keine
Väter des Lichts, keine Hervorbringer desselben, sondern
Hervorgebrachte, welche das, was sie sind, durch das
Licht, in Wirkung des Lichts, geworden sind, andere
Menschen, neue Menschen, Kinder des Lichts sind nicht
Ernährer und Bewahrer des Lichts, sondern die selbst
von dem Lichte ernährt und bewahrt werden. Nur
Einen Tag ohne dasselbe, ohne das Einströmen dieses
Lichts gelebt: spüren sie's am Abend desselbigen Tages,
wie sie einen Abgang ihrer geistlichen Kraft erfahren,
und verspüren eine Verdunkelung hie und da in ihrem
inwendigen Menschen und sehn ihr geistliches Vermögen
gemindert, nämlich daß sie nicht mehr so sprechen können
vor Gott oder daß ihr Gebet nicht steigen will. Kinder
des Lichts sind nicht, die dem Licht entwachsen und
etabliren sich mit eigenem, den Zugang des himmlischen
Lichts abschließend, nein: ob auch Männer geworden,
bleiben sie doch Kinder des Lichts, leben darin und
daraus und haben keine größere Freude, als die Freude
daran, so oft es in ihre Seel' hineinleuchtet. Das sind
Kinder des Lichts.

2) Ihr seid allzumal Kinder des Lichts, schreibt
der Apostel an die Thessalonicher. Wir lesen das Wort
als uns geschrieben, wir hören es, als rede er uns so
an. Können wir das? können wir uns so anreden
lassen ohne Beschämung, ohne die Beschämung, daß

unter uns an dem gebrauchten Wort „allzumal" so gar
Vieles fehlt. In welchem Maaß so von jener Gemeinde
gesprochen werden konnte und in welcher sprachlichen Be-
schränkung des Ausdrucks, das ist eine Sache zwischen
dem Apostel und den Thessalonichern gewesen, aber das
Lob der Gemeinde spricht er nicht an dieser Stelle
allein. Lest im ersten Capitel dieses Briefes von derselben, da steht, wie bei ihnen das Evangelium nicht
gewesen sei im Wort, sondern beides, in der Kraft
und im heiligen Geist und in großer Gewißheit; von
da sei das Wort des Herrn aus erschollen durch Ma-
cedonien und Achaja und weiter; ihr Glaube an Gott
sei ausgebrochen, wie· sie Gott dienten und auf den
Sohn vom Himmel warteten, den Gott auferwecket hat
von den Todten, Jesum, der uns von dem zukünftigen
Zorn erlöset hat. Solche Rede führt der Apostel von
der Gemeinde, und von ihren Mitgliedern sagt er, daß
sie allzumal Kinder des Lichts seien. Sagen wir, bei
uns steht es nicht also. Es könnte aber doch wohl
eben so gut bei uns, wie dort stehen. Könnt' es das
nicht? Wir hören freilich keinen Apostel und an uns
schreibt kein Apostel. Ja doch, ja doch, Paulus hat
an die ganze Christenheit geschrieben und an jede Christen-
gemeinde und an jeden einzelnen Christen, der eine
Bibel hat. Die Thessalonicher hatten seiner Briefe
zwei, ob mehr, wissen wir nicht, ob sie auch Briefe
des Apostels hatten, die er an andere Gemeinden geschrieben und an einzelne Personen, wir wissen es nicht,

es ist kaum glaublich. Dagegen wir haben die ganze
Sammlung von ihm, dazu was die andern Apostel geschrieben, Petrus, Johannes, Jakobus, Judas, die vier
Evangelien und die Apostelgeschichte, voll der Lehre und
des Lichts, und die Offenbarung Johannes, welche das
Licht so weit in die andere Welt hineinsendet. Das
hatten die zu Thessalonich nicht und waren doch Kinder
des Licht. Bald nach unserer leiblichen Geburt sind
wir mit dem Segen der Taufe gesegnet; in früher
Kindheit schon sind wir mit den Lehren des Christenthums bekannt gemacht; als unsre Kindheit in die
Jugend trat, sind wir angefaßt, ein Jeder weiß, wie;
verschieden, ja, doch für wen hätte nicht ein Gläubiger
gekniet und gebetet, den heiligen Geist herab gebetet auch
auf ihn? Dann die evangelische Predigt, Festtag und
alle Sonntag die Verkündigung eines Gehörten und
Gesehenen, — was dem äußern Sinn gebricht, fehlt
dem Glaubesauge nicht — das wird verkündigt aus
Glauben in Glauben, und manche Predigt kostet dem,
der sie hält, mehr Gebet noch als Studium, verschieden,
ja, doch, du Gemeinde Kiels, laß mich treten vor dich
und zu dir sprechen von meiner vieljährigen Arbeit in
und an dir. Gott weiß, ich will mich nicht rühmen,
allein mit welchem Wort ich hier meine Zeit gestanden,
dessen ist er mein Zeuge; du bist es aber auch. Nun,
wie steht es bei uns denn und um das „allzumal"?
Fehlet nicht viel daran? Die Hunderte, die Tausende,
die sind es. Tausende, auf die kein Lichtstrahl von

hier fällt, im langen Jahr nicht und geben kein Zeugniß, daß sie Gemeinschaft haben mit dem Licht. Und
unter denen selbst, von welchen sogar ein Versprechen,
daß sie würden den Andern mit einem guten Beispiel
vorangehn, „vorleuchten“ ist der Ausdruck in dem bekannten
Versprechen, unter diesen giebt es so Manchen, der es
wenigstens zweifelhaft läßt, ob er an einen Gott glaube,
zu Christo aber, der vor den Menschen bekannt sein will,
Matth. 10, zu dessen Bekenntniß geht er keinen Schritt.
So steht bei uns es, wenn wir uns als Gemeinde
betrachten. Da müssen wir uns wohl schämen als Gemeinde, wenn wir die Anrede des Apostels: Ihr seid
allzumal Kinder des Lichts, als eine Anrede an uns
hören.

3) Wir wollen aber das Wort auch noch als
eine Ermahnung hören. Hiezu haben wir das Geleit
des ferneren Textwortes selbst, nämlich daß wir, Kindes Lichts, wenn wir das sind, auch als solche wandeln
und angethan sein sollen. Bei der Beschreibung des
Lichts haben wir der Sünde geschwiegen, und es mag
Einigen befremdlich gewesen sein. Hier folgt's, wo noch
mehr die Stelle dazu ist. Allwo das Licht in Jemandem
aufgeht, da macht es die Sünde und die Sündlichkeit
offenbar, Werke der Finsterniß, die man bedeckt hat mit
dieser Finsterniß und hat sie bald auch selber nicht mehr
gesehn, als Sünde nicht, welche es denn gewesen sind:
Fleischessünden, der Apostel nennt Eine, die Trunkenheit,
oder Geistessünden in schlechten Gedanken und Begierden,

ob sie auch Thaten nicht wurden, darin man saß, daran
man sich ergötzte, damit man sich wie umspann und
machte sich ein seidenes Kleid daraus. Was es auch gewesen, der Nacht hat es angehört und nicht dem Tage,
der Finsterniß, und dem Lichte nicht. Allein da springen
wir nicht auf einmal heraus, die Schrift redet Hebr. 12
von einer uns allezeit anklebenden Sünde. Die soll
aber abgelegt werden mehr und mehr, im Vorsatz auf
einmal, in der Ausführung ist's unsre tägliche Arbeit,
darin wir stehen, ob auch von Menschen nicht eben
wahrgenommen darin, das sollen wir Gott zu sehen
geben und dem, der in uns das Licht hat aufgehen
lassen, selber das Licht in uns, Jesu Christo. Unterlassen wir diese Arbeit, schlafen wir, dann kommt die
frühere Nacht wieder. Sein wir gewarnt und zum
Wandel im Licht ermahnt. Jeder geht seinen Weg,
aber alle den Einen wieder, geheißen heute den Weg
des Lichts. Es ist aber ein Weg, den wir nimmer
können frei gehen. Der Bekehrte, Erleuchtete hat gesagt: Es ist genug; allein das haben die Unbekehrten
nicht mitgesagt, und 1. Petr. 4 befremdet sie: daß ihr
nicht mit ihnen laufet in dasselbige wüste unordent-
liche Wesen, und lästern dann. Kehren wir uns nicht
daran, setzen wir den Helm auf, legen wir den Krebs,
den Brustharnisch, an. Indessen, was weit mehr
als ein rechtschaffener Wandel Lästerung erfährt in
unsrer Zeit, das ist ja unser christliche Glaube. Das
weiß auch die Finsterniß und ihr Fürst wohl, wer ein

freies Leben führen will, daß der zuvor einen freien Glauben d. h. einen freien Unglauben annehmen müsse, und da alles Leben doch einmal das Licht liebet, daß man die Finsterniß müsse für Licht ausgeben. So geschicht's in unsrer Zeit, und mit großer Breitredigkeit. Das thun die Lichtfreunde unsrer Tage, wie sie sich nennen. Sie glauben nichts. Nein, ihr Glaube ist kein Glaube, sondern ein Wissen. Wie man andre Dinge weiß theils durch die äußeren Sinne, theils durch den natürlichen Verstand, so ist auch ihre Religion, als eine von ihnen und aus ihnen entwickelte, ein Wissen und kein Glauben, sagen wir, eine Philosophie und keine Religion. Und von Gott selbst lassen sie sich nichts sagen; er sagt gar nichts nach ihrer Behauptung, und hat nimmer etwas gesagt; Christus hat etwas gesagt, aber was unserer Zeit nicht mehr genügt. Alle Feier Christi ist Weihnachten ein Tannenbaum und sonst nichts als ein Tannenbaum. Das heißt in unsern Tagen das Licht. Dawider sollen wir angethan sein, sind wir's? Der Apostel ermahnt, mit Harnisch und Helm, daß wir uns decken und Ephes. 6, nennt der Apostel auch ein Schwerdt, welches ist das Wort Gottes. Wohlan! ziehen wir das, ein Jeder, wie er's in seiner Scheide zur Seite hat, und führe es wider die Lichtfreunde, bei unserm Licht angesehn, die Finsterlinge. Sie treten wie jene Unbeschnittenen mit Spott auf und aus ihrem Lager höhnen sie den Zeug Christi, und rufen dessen Sache als eine verlorne aus; treten wir ihnen entgegen im Namen Gottes und achten es als einen Verlust unsrer Seligkeit, wenn jemand die Lichtfreunde gewähren läßt; der auch nur einen glatten Stein am Bache gefunden hat und ihn schleudern kann, der thue dieß. An den Bächen, die in der Bibel fließen, da liegen die Steine bei einander. Das ist einer: Wer den Sohn leugnet, der hat auch den Vater nicht. Das ist einer: Christus ist uns von Gott gemacht zur Weisheit und zur Gerechtigkeit, zur Heiligung und zur Erlösung. Das ist einer: Dazu ist erschienen der Sohn Gottes, daß er die Werke des Teufels zerstöre. Noch einer, im Briefe Judä: Was sie natürlich erkennen, darin verderben sie, wie die unvernünftigen Thiere und lästern, da sie nichts von wissen. Sollen's fünf sein? Dieser noch aus unserm Text: Gott hat uns nicht gesetzet zum Zorn, sondern die Seligkeit zu besitzen durch unsern Herrn Jesum Christum, der für uns gestorben ist, daß wir, entschlafen oder noch wachend, zugleich mit ihm leben. Amen.

Am vierten Sonntag nach Epiphanias 1835.

Ges. 758, 1—7. So jemand spricht: ich liebe Gott.

Damit es auch nicht Einem hier als eine Umkehr eben vor dem christlichen Ausdruck erscheine, wenn wir an dieser Stelle den Gesang abbrechen, so werde der achte Vers und auch der neunte von der Canzel herab gesagt, ich meine, in dieser Weise gar nicht schwächer:

Gott hat durch seinen eignen Sohn Uns alle retten lassen, Nun sollten wir, dem Fluch entflohn, Uns selbst einander hassen? Einander martern, ach aus Neid, Aus Habsucht, Stolz und Eitelkeit?

Du, Gott, vergiebst mir jede Schuld, Schenkst mir so viele Gaben, Und ich, ich sollte nicht Geduld Mit meinem Bruder haben? Ihm nicht verzeihn, wie du vergiebst, Und ihn nicht lieben, wie du liebst?

Wie Gott liebet. Das Wie geht auf die Weise; daß wir eben sowohl lieben sollen, geht aber auf das Maaß nicht; denn des Menschen Herz ist nicht das Herz Gottes, welcher in seinem nicht allein Raum für alle seine Werke hat, — Gott ist die Liebe — sondern der in seinem auch nichts zu bekämpfen

hat, die wir dessen so viel in unserm haben. Gott ist
eben die Liebe! 1. Joh. 4. Wenn es bei uns natürlich
wäre, von selbst käme und hörte niemals wieder auf,
daß wir den Nächsten liebten, dann würde es nimmer
ein Gebot geworden sein, so wenig wie Essen und
Trinken, dann würde dies Gebot nicht so vielmal
wiederholt worden sein und eingeschärft, dann würden
nach Anordnungen von Altersher nicht so vielen Predigten
zu ihrem Text Bibelstellen, darin von der Liebe steht,
gegeben worden sein, noch würden wir so viele Gesänge
dieses Inhalts bekommen haben. Es geht hieraus
manches Andere auch hervor, aber dies am klarsten:
Bei uns, in unsern Herzen, muß es, was die Nächstenliebe betrifft, nicht gefunden werden, wie es sein sollte,
und muß die Liebe den Raum nicht haben, der ihr
zukommt und die Wirksamkeit nicht zeigen, die begehret
wird. Ob diejenigen auch Recht haben, die von dem
gegenwärtigen Menschengeschlecht behaupten, es stehe den
frühern Geschlechtern in der Menschenliebe nach, weit
nach, ja, wenn es mit der Abnahme so fortginge, so
würde mit dem nächstfolgenden Geschlecht alles, was
Liebe heißen kann, völlig erloschen sein? Lassen wir es,
theure Zuhörer, so trübe vor unserm Blick nicht werden.
Den Augenschein stellen wir nicht in Abrede, ja, es
läßt sich in der That darnach an; doch so lange
Christenthum noch vorhanden sein wird, wird auch die
Liebe uns so gänzlich nicht verlassen, wie von der Gerechtigkeit ein heidnischer Dichter zu seiner Zeit gesagt

hat, daß sie die Erde verlaffen hätte und in den Himmel geflogen sei. Nein, Brüder, das wollen wir von
der Liebe nicht fürchten, vielmehr, da das Christenthum
augenscheinlich mehr Leben wieder gewinnt zu unserer
Zeit, wollen wir der Hoffnung Raum geben, daß mit
der christlichen Religion zugleich die christliche Liebe
wachse, und wollen unsre Predigten über sie halten,
hören, wie sie die jedesmalige Sonntagsepistel begehret.

Röm. 13, 8—10. Seid Niemand nichts schuldig, denn daß ihr euch
unter einander liebet; denn wer den Andern liebet, der hat das Gesetz
erfüllet. Denn das da gesagt ist: Du sollst nicht ehebrechen; du sollst nicht
tödten; du sollst nicht stehlen; du sollst nicht falsch Zeugniß geben; dich
soll nichts gelüsten; und so ein ander Gebot mehr ist, das wird in diesem
Wort verfasset: Du sollst deinen Nächsten lieben, als dich selbst. Die Liebe
thut dem Nächsten nichts Böses. So ist nun die Liebe des Gesetzes
Erfüllung.

Das ist die Epistel dieses Sonntags, des vierten
nach der Erscheinung Christi; vom ersten an sind die
Episteln gewählt aus Röm. 12 in einer Reihe fort bis
zu des Capitels Ende. Darnach sind von dem folgenden 13. Capitel die ersten sieben Verse übergangen
worden, dann fängt die heutige Epistel an. Was mag
der Grund von diesem Uebergehen gewesen sein? Gewiß
nicht, weil das Uebergangene sich zu einem Predigttert
nicht eigne. O, wohl thut es das! Was Christen von
der Obrigkeit zu halten haben und wie Christen sich
gegen sie zu verhalten haben, das ist heilsam zu
vernehmen und besonders in unsrer Zeit; es wird auch
schon seine Predigt im Lauf des Jahres bekommen. Aber

das wird es gewesen sein, daß diese Verse übergangen
sind, weil der Gegenstand der Liebe seine Fortsetzung
hat haben sollen, am vorigen Sonntag die Feindesliebe,
heute die allgemeine. Und da werde von uns aufge-
fasset, was so besonders in dem verlesenen Worte hervortritt, das seinen Ausdruck zweimal hat, leicht zu
fassen nicht ist, aber unsre Aufmerksamkeit stark an sich
ziehet. Das Wort machen wir zu unsrer heutigen Predigt:

Die Liebe ist des Gesetzes Erfüllung. Hört mich
dieses Wort so auslegen:

1) Sie schreibet eben soviel als das Gesetz vor und
   noch mehr,

2) sie hilft thun, was das Gesetz vorschreibt und
   ihr Thun ist ein edleres,

3) sie bessert am Gesetz, wenn dieses über die
   Gebühr hinausgehen will,

4) sie dämpft das Gesetz, wenn es den Menschen,
   der es hält, stolz machen will,

5) sie deckt den Menschen, wenn ihn das unerfüllte
   Gesetz verdammen will.

In diesem mehrfachen Verstande ist die Liebe des
Gesetzes Erfüllung.

1) Was obenauf liegt, nehmen wir zuerst ab.
Hier erinnert der Apostel an die Gebote, davon er
fünfe nennt. Zurückblickend in sein Schreiben an die
Römer sehen wir, wie er eine Vorschrift an die andre
reihet; es mögen an fünfzig sein, die er allein in dem
12. und 13. Capitel giebt. Und insonderheit auf den

Anfang unsrer Epistel gesehen, den verglichen mit dem
Vorhergehenden, läßt es sich in der That nicht anders an,
als habe der Apostel wollen ein Ende machen, weil er
zu Ende doch nicht komme, alles verzeichnen und vorschreiben doch nicht könne. Er macht dann ein Ende
mit dem Wort: Seid Niemand nichts schuldig, denn
daß ihr euch unter einander liebet; denn wer den Andern
liebet, der hat das Gesetz erfüllet. Was finden wir
darin, wenn nicht diese Erklärung: Was soll ich euch
weiter sagen, vorschreiben, gebieten? Ich habe schon so
viele und doch nicht alle eure Verhältnisse berühren,
alle Lebensfülle befassen können unter besondere Gebote.
Wir hören damit auf; nur laßt euch auf das Eine Gebot noch weisen; das enthält alle anderen, wenn ihr
dies Eine nur wisset: Liebet euch unter einander. So
Paulus, so die anderen Apostel und von ihnen, wie
bekannt ist, vornehmlich Johannes, aus dessen Feder ja
kaum eine andre Vorschrift geflossen ist. Und Christus
selbst, einmal eigends gefragt, Matth. 22., welches das
größte Gebot sei, giebt die Antwort aus Mose, diese:
Gott über alles zu lieben und den Nächsten als sich
selbst; woran, wie er spricht, das ganze Gesetz und die
Propheten hangen. Darum, wer Liebe in seinem Herzen
trägt, der trägt alle Gebote mit sich herum, wie wenn er
in seinem Gedächtnisse oder über seiner Thüre oder, wie
die Pharisäer, auf Zetteln an die Kleider geheftet dieselben
trüge; das ganze Gesetz trägt er bei sich, in sich, wo er
geht und steht, und braucht keine weitere Lehr' über

6*

seine Pflichten. Die Liebe sagt ihm alles, was davon geschrieben steht. Die Schriftkenntniß, hört man, man spürt's
auch, hat abgenommen in unsrer Zeit; es soll geben,
die es ehemals nicht gab, eine Menge Menschen, die
nicht einmal die zehn Gebote kennen, weder die erste
Tafel, noch die andre, darauf der Finger Gottes geschrieben hat, was wir an unsern Nebenmenschen nicht
thun dürfen; es ist zu bedauern, doch wäre es wenig
oder gar nicht zu bedauern, wenn nur auf der Tafel
des Herzens von der Hand der Liebe geschrieben stände,
was wir den Nächsten schuldig sind. Ist dem auch
also? Wir sehen ein gut geartet Kind seiner Eltern
an; zwar hat es gehört, das mußt du thun, das darfst
du nicht thun, thätest du das, so würdest du deinen
Vater und deine Mutter dadurch betrüben. Hat das Kind
aber Liebe, wahrlich, so hat es damit eine Vorschrift,
die weiter reicht, einen Antrieb zu noch ungebotenen Dingen und eine Warnung vor verbotenen. Ja, wir selbst,
Theure, wenn wir auf unsre eignen Handlungen sehen,
so finden wir, daß nicht sowohl ein geschriebenes Gebot, in Moses oder in den Propheten stehend, von Christo
gesprochen oder von den Aposteln geschrieben, die Richt-
schnur unsers Handelns gegen den Nächsten ist; —
aber was denn? Ein Etwas in uns, Menschlichkeit, Mit-
gefühl, Freude am Hülfeleisten und Freude am Erfreuen,
Furcht vor dem Wehethun, Besorgniß, man möchte
wehe gethan haben, Schonung in den Fällen, da wehe
gethan werden muß, mit Einem Wort, die Liebe

ist es, die uns gesagt hat, was wir zu thun und zu lassen hätten. O, ich denke, da ist kein einziger Mensch so liebeleer, so liebeschwach, so liebestumm, der nicht aus seinen Handlungen ihrer viele herausgreifen könnte und sagen, wenn befragt, warum er das gethan habe: Ich weiß in Wahrheit nichts andres anzugeben, kann mich weder auf ein Gottesgebot, noch auf ein Menschengebot besinnen, dem ich mit dieser Handlung gefolgt wäre, ich weiß nicht anders als: die Nächstenliebe hat mir also geheißen, wie ich gethan. So, Freunde, erfüllt die Liebe das Gesetz, wem dies auch nicht bekannt wäre und wer sich auf ein geschriebenes auch nicht besänne und worüber in allen Schriften beide des alten und des neuen Testaments auch wirklich kein bestimmtes Wort stände; die Liebe, wer die hat, schreibt eben soviel als das Gesetz vor und noch mehr. Wenn wir nur fleißiger läsen, was sie schreibt!

2) Oder will Jemand gesagt haben: wenn wir nur das thäten, was das Gesetz schreibt! Zum Zweiten, die Liebe hilft thun, was das Gesetz fordert und ihr Thun ist ein edleres. Nein, sage ich und will mich eurer Aller Zustimmung versichert halten, es ist wahrlich an dem nicht genug, was das Gesetz vorschreibt, und keine zwei Menschen gehn nur Einen Tag mit einander um, da nicht etwas vorfällt, worüber das Gesetz völlig schweiget. Wie wird es vollends bei denen zugehen, die mit Vielen zu thun haben und mit Menschen allerlei Standes, Alters und Gemüthsart. Es

würde ein Streit Aller wieder Alle sich erheben; unser
ganzes Geschlecht, wie unter einigen Stämmen der Wilden geschehen ist, würde sich aufreiben; die Welt würde
untergehn. Was die Welt erhält und die Menschen
bei einander, das ist das Gesetz nicht, sondern die bei
ihnen und zwischen ihnen waltende Liebe. Freilich,
wenn das, was vom Gesetz geboten ist, auch nur immer
gethan würde! Ob ihm eine Kraft innewohne? Ob es
dem, der es halten soll, das Vermögen gebe, einflöße,
es zu halten? Wir wollen ihm alle Kraft nicht absprechen. Gesetze, in Stein gegraben, in Holz geschnitten,
auf Papier geschrieben, haben Völker entwildert, haben
Länder beherrscht, haben Manchen zu Leistungen gestärkt,
die unsrer Bewunderung würdig sind. Doch, ob wirklich
das Gesetz und allein das Gesetz dies gethan habe?
Israel hat das beste gehabt. Wo ist ein so herrliches
Volk, das so gerechte Sitten und Gebote hat, als alle
dies Gesetz, so ich euch heutiges Tages vorlege!
spricht, 5. Mos. 4, der Mann, durch den es Gott
der Herr hatte Israel vorlegen lassen. Aber wenn
das Gebot der Liebe darunter gefehlt hätte, so hätte
wahrlich nicht nur Eins gefehlt, sondern dann würden alle andern umsonst gegeben sein, wie sich's auch
vielfältig gezeigt hat, wenn der Herr nicht mehr die
Liebe des Volkes war, sondern das Volk, es ist pro-
phetischer Ausdruck, andern Göttern nachhurete. Mit
dem Gebot der Liebe zu Gott aber ist das Gebot der
Liebe zu den Brüdern so dicht und fest verbunden,

verschmolzen, daß, wer das Eine zerbröckelt, damit auch
das Andere zerbricht. Was nehmen wir daraus ab?
Dieses, daß die Liebe thun hilft, was das Gesetz vorschreibt, und daß ohne die Liebe es ungethan bleibt. Doch
brauchen wir Exempel dazu nicht aus solcher Ferne zu
holen, Jedermann hat sie bei sich zu Hause. Was
können wir, wenn nicht die Liebe stärkt? wann haben
wir Zeit? wann fällt uns nicht ein vermeintlich Drin-
genderes ein? wann glauben wir nicht berechtigt zu sein,
dies Werk, das Werk von uns auf Andere zu schieben?
und fassen wir es an, wie lang? wie träg' und wie
bald lassen wir ab davon? während die Liebe nimmer
abläßt, munter dabei ist, zu ihrem Wahlspruch hat:
Selbst ist der Mann, und, wenn die Zeit fehlt, Zeit zu
machen geschickt ist. Wer? Die Liebe. Ohne ihre Hülfe
wird dem Menschen auch das leichteste Werk zu schwer.
Aber wenn auch gethan wird, was das Gesetz vorschreibt,
um des Gesetzes willen, weil das dahinter her ist: einen
wie geringen Werth müssen wir doch auf ein solches
Thun legen, wenn überhaupt einen Werth! Ja, einen
geringen legt der darauf, an welchem das Gute gethan wird.
Nur einem Menschen von niederträchtiger Seele ist es
einerlei, mit welcher Gesinnung, ob mit oder ohne Liebe
etwas für ihn gethan wird. Jeder nur einigermaaßen
Gehobene will neben der Wohlthat, worin auch immer sie
besteht, des Wohlthäters Herz und Liebe sehn, wodurch
erst die erwiesene Wohlthat einen Werth erhält. Auf
den aber gesehen, der das Gute thut, den Dienst leistet,

so sprechen wir seiner Handlung für ihn schlechterdings allen Werth ab. Hat er sie aus dem Gesetz gethan, so hat er sie nicht gethan; das Herz ist unser Selbst, was da heraus kommt, was davon begleitet wird, das thun wir selbst, das machen wir zu einer freien, würdigen Menschenthat, heißen es edel, wovon ein Loth mehr werth ist, als von dem durch Gesetz erzwungenen Knechtsdienst ein Schiffpfund. Es giebt freilich Antriebe, die noch schlechter als die blos gesetzlichen, von der Liebe unbegleiteten sind, aber hier ist die Rede bloß von dem Gesetz und von der Liebe, und da sagen wir: die Liebe hilft thun, was das Gesetz vorschreibt und ihr Thun ist ein edleres. Darum sagen wir mit dem Apostel: die Liebe ist des Gesetzes Erfüllung. Jetzt müssen wir in unsrer Rede vorwärts gehen, ich kann darum bloß rathen: Nehmt's mit, was eben gesagt ist, und schätzet darnach, was ihr zum Besten Anderer thut. Ich will's wünschen, daß ein Jeder in diesem Abschätzen seiner Werke ziemlich bestehen möge.

3) Wir gehn weiter zu einem Falle, der ja nicht selten vorkommt, nämlich da in uns die Frage aufkommt: soll ich so oder so? Hierfür spricht ein Gebot, aber dafür spricht ein Gebot eben sowohl. Nicht häufiger möchte dieser Fall eintreten, als eben kann, wenn wir für Jemanden etwas thun sollen und finden es unvereinbar mit dem, was wir gewissen Andern schuldig sind oder uns selbst. Das Gesetz ist vorhanden, allein es will nicht ein entscheidend Wort sagen, das Gesetz;

ja es spricht, doch in uns, und zwar in unserm bessern
Selbst, wird ihm widersprochen, die Liebe weist einen
andern Weg, heißt ein andres Werk. Das Gesetz, es
ist ein geschriebenes, wir lesen es, so lautet es, doch
wie habe ich es zu nehmen und zu verstehn? Sie haben
nicht alle die Klarheit und Bestimmtheit der zehn Gebote, und selbst diese, z. B. das dritte: was darf ich
mir an dem Tage des Herrn verstatten von dem, was
dem Buchstaben nach dawider läuft? so das neunte und
zehnte: wann fängt das Begehren an, ein verbotenes,
sträfliches zu sein? Gebet, einen fröhlichen Geber hat
Gott lieb. Herberget gerne. Weinet mit den Weinenden,
wieweit, und wieweit doch nur, ist darin zu gehen?
Ziehet nicht am fremden Joche mit den Ungläubigen,
sondert euch ab von ihnen, 2. Cor. 6. Wie sind wir mit
diesem Gebote daran? Und mit andren, die eben geschrieben
nicht sind, die wir als Sitte und guten Brauch über-
kommen haben, oder die von gewissen Menschen, die ein
Recht allerdings haben, uns Vorschriften zu machen
und ein bestimmtes Gebot uns aufzulegen, wieweit geht
es doch nur damit? denn es kann doch auch über alle
Gebühr hinausgehn. Was ist in solchen Fällen zu
thun? Werthe Zuhörer, ich bin der Mann nicht und
will es nicht sein, der hierin alles zu richten und zu
schlichten wüßte, allein eine Meisterin aller Gebote weiß
ich zu nennen, die lassen wir hinzutreten, diese Besserin,
und wehren dem Gesetz, wenn es sollte zu einer Ungebühr treiben, und das ist die Liebe, welche wir aus

diesem Grunde des Gesetzes Erfüllung nennen. Ja,
wir unterscheiden die Fälle, wo die Liebe spricht und
wo sie schweiget, die Fälle, wo sie laut spricht und wo
leise, wo sie den Kreis dicht schließet und wo sie ihn
öffnet, daß die auch und die auch hereingelassen werden.
Und ich achte, daß ihrer Stimme Gehör zu geben sei.
Hat sie sich doch sogar Gehör erworben bei denen, die
verordnet sind, daß sie über das Gesetz wachen und
die strenge Gerechtigkeit handhaben sollen, unter dem
Namen der Billigkeit; in der Gestalt der Begnadigung
steht sie neben allen Gerichtsstühlen auf der Erde, steht
sie neben dem Thron des gerechten Gottes selbst. Da
sollte ihre Stimme für uns, in unsern Verhältnissen zu
unsern Mitmenschen, Mitbrüdern eine abzuweisende sein,
die gegen das Gesetz nicht laut werden dürfte? O nein,
nein, das soll sie nicht, und das Gesetz selbst hat sie in
sich aufgenommen, hat als in einem Widerspruch mit
sich die Liebe auch zu einem Gesetze gemacht und will
sich an ihr prüfen, will von ihr sich anhalten lassen,
will von seiner Forderung abstehn um ihretwillen, in
seinen Vorschriften sich bedeuten und berichtigen lassen
von ihr. Das will das Gesetz selber thun, so gewiß,
als es ein Gesetz ist: Liebet euch unter einander. So
ist denn auch aus diesem Grund die Liebe des Gesetzes
Erfüllung zu heißen.

4) Erfüllt will das Gesetz werden, gethan soll
werden, was es vorschreibt, dazu ist es und führt in
unserer deutschen Sprache treffender wie in mehrern

andern den Namen Gesetz: so ist es gesetzt, so steht es, so
soll es bleiben unumgestoßen.   Da finden sich nun, welche
sagen mit jenem Jünglinge, Matth. 19: Das habe ich
alles gehalten von meiner Jugend auf, was fehlt mir
noch? Es finden sich, bei denen das Gesetz anstatt Zorn
anzurichten, wie es pfleget, Röm. 3: Sintemal das
Gesetz richtet nur Zorn an —, so nicht thut, sondern
Friede macht, zur Ruhe bringt, den Menschen bei sich
selbst gerecht macht, der sich, weil er es auch vor Menschen
und Gott sein will, auf das von ihm erfüllete Gesetz
beruft.   Ist es wahr? fragen wir näher und sehen zu.
Was sehen wir? Nicht zu leugnen, da ist die völlige
Gesetzmäßigkeit ihres Wandels und die Unsträflichkeit
ihrer Thaten, sogar nicht in demjenigen allein, wessen
sie sich enthalten haben gegen ihre Mitmenschen sorg-
fältigst, sondern auch in dem, was das Gesetz vorschreibt,
daß sie ihnen es leisten sollen.   Einige sind selbst über das
Gesetz hinausgegangen, die Welt bekennt und rühmt
es.   Wie kommt man Solchen bei? Ich sage, ihrer
sind viel.   Noch einmal, wie kommt man Solchen bei?
Ich sage, sie sind wohl verwahrt.   Das, womit wir
sie antasten wollen, mit dem Gesetz, das haben sie wie
einen Panzer um sich gelegt und trotzen unsrer Predigt,
belächeln unser Evangelium.   Dieses wie jene ist nichts
für sie.   Ich weiß einen Weg, eine Stelle an ihnen.
So fand sich eine Stelle bei dem Könige Ahab zwischen
Panzer und Hengel, wo er zu verwunden war, wird
1. Kön. 22 gelesen.   Bei denen, die das erfüllte Gesetz

stolz macht, ist diese Stelle da, wo die Frage nach der
Liebe unfehlbar trifft. Schießen wir die Frage gleich
einem Pfeil ab, sie findet ihren Weg selbst und fehlt
nicht. Wie steht es um die Liebe zu deinen Mitbrüdern?
und was kannst du aufweisen, das du habest aus Liebe,
wahrer, reiner Liebe gegen sie gethan? Gethan sollst du
genug haben, das gestehen wir dir zu, aber wann ist
die Nächstenliebe die Triebfeder gewesen, sie allein oder
vornehmlich nur. Dein Amt hast du gesucht der Ein-
nahme, der Ehre, der Bequemlichkeit halber; die Pflicht
deines Amtes hast du erfüllt, weil dir die Sachen ge-
fielen, aber an die Personen dachtest du ja mit keinem
Gedanken; du hast Theil genommen, ja thätigen Antheil, an der Beförderung des gemeinen Besten, hast in
freiem Werke dem Lande, der Stadt gedient, aber du
hast dir selbst gedient, deinem Nutzen, deinem Vergnügen,
deiner Lobsucht, um als ein gescheiter und gewandter
Mann zu gelten, des man nicht entrathen kann, wenn
ein Werk von Bedeutung vorliegt. Du hast in deinem
Hause wohl gewaltet und gewirthet und die Deinigen
in gute Vermögensumstände gebracht. Blieb denn auch
Zeit übrig, für deren Seelenheil etwas zu thun und
eine edlere Liebe gegen sie zu zeigen in dem, daß du sie
zur Gottesfurcht und Frömmigkeit brachtest? Du hast
Vielen aus der Noth geholfen mit deinen eignen oder
mit fremden Mitteln? So daß du auf den Nothleidenden sahest, kein Schalkauge auf die gewandt, die
dich dabei sahen? Das heiß' ich nach der Liebe fragen

in einigen Beispielen. Hast du Religion? Die allein macht den Menschen uneigennützig. Bist du ein Christ? Der allein kann lieben. Du willst auf das erfüllte Gesetz dich berufen? Meinst du, das Gesetz begehre allein dein Gold, oder deine Hände, deine Füße, deine Augen, deine Ohren, deinen Mund, deine Feder, deinen Verstand? Nein, das Gesetz ist mit allem solchem durchaus nicht erfüllt, von dir nicht, der du ja um des Gesetzes willen gar nichts, alles um deiner selbst willen gethan hast, womit du das Gesetz gemißbraucht hast zu deinem Werkzeug, es verhöhnt hast, als wärest du ein Befolger, es übertreten hast nicht allein in dem Einem königlichen Gebote, Jac. 2: Liebe deinen Nächsten als dich selbst, sondern wirklich in allen einzelnen Geboten. Denn du hast es überboten mit deiner Hab- und Ehrsucht, der du nachgegangen bist. Du hast nicht getödtet, nicht die Ehe gebrochen, nicht gestohlen, nicht falsch Zeugniß geredet. O wohl, du hast das alles gethan, da du nichts von diesem unterlassen hast, weil das Gesetz dawider ist, sondern um deiner gemeinen, niedrigen Rücksicht willen. Enges Herz, du hattest keinen Raum für den Nächsten offen darin! Kaltes Herz, du bist niemals von der Bruderliebe warm geworden! Herzloser! denn ein Herz, das sich für Niemanden aufthut, ist nur eine Muskel in der Brust liegend, die bei dem Anatomen Herz heißet. Das Gesetz begehret ein geöffnet, ein fühlend, liebend Herz und erklärt sich für unerfüllt, wenn es an der Liebe gefehlt hat. Ob's dich getroffen, stolzer Mensch, und dich gedämpft hat in deiner bloß äußerlichen Gesetzmäßigkeit? — Die Liebe ist des Gesetzes Erfüllung.

5) Seid Niemand nichts schuldig, denn daß ihr euch unter einander liebet. Was sagt der Apostel damit? Dieses: die Liebe ist eine unabtragbare, unbezahlbare Schuld, womit man allezeit im Rückstande bleibet. Denn, Brüder, wer ist fertig mit dieser Schuld? Wir sprachen eben zu dem, welcher meint, fertig zu sein und dünket sich etwas darauf. Hat uns denn der auch daran erinnert, wie wenig wir selbst es sind? Seid Niemand nichts schuldig; — Niemand und nichts, das sind zwei strenge Worte. Niemand, das Wort geht weiter, als auf Vater und Mutter, auf Sohn und Tochter, auf Bruder und Schwester; Niemand, das Wort geht weiter, als auf Freund, Nachbar, Volks- und Religionsgenosse; Niemand, das Wort geht weiter als auf den, der wieder vergelten kann, und als auf den, der uns aus dem äußersten Elend anschreit, als auf den, dessen liebenswürdige Eigenschaften uns ansprechen. Seht, in einen wie weiten Kreis habe ich euch hiermit hineingewiesen, eine wie große Menschenzahl habe ich euch hiermit vorgestellt! Denen allen sollen wir nichts schuldig sein. Nichts, das andre strenge Wort. Der Eine fordert deine That, ein Andrer dein Wort, einem Dritten ist mit einem freundlichen Blick von dir viel gedient; des Einen Freude kannst du erhöh'n, des Andern Thränen kannst du trocknen,

eines Dritten Warner und Rather kannst du sein, eines Vierten Erretter aus seiner Noth. Und was du kannst, das sollst du, nach dem Gesetz. Bestehst du hierin vor dem Gesetz? Du nicht — und wer? Wenn uns eins nicht deckt, so wird das Gesetz uns alle verdammen. Seid Niemand nichts schuldig. Ist's zuviel gesagt? von mir will ich es frei sagen: Ich bin Jedermann schuldig; aus so vielen Gliedern diese große Gemeinde besteht, bei so vielen finde ich mich im Schuldbuch, und ich würde mich als von dem Gesetz verdammt ansehen, wenn nicht eins mich deckte. Was? Die Liebe, von welcher der weiß, der das Gesetz gegeben hat, aber nicht allein darnach richten will, sondern auch nach der Liebe, wenn die vorhanden gewesen. Ob sie? Das ist sie. Hörer, lege, wie ich thue, deine Hand auf's Herz. Ob sie in ihrem reichen, vollen Maaß vorhanden? und nach den allen sechszehn Eigenschaften, 1. Cor. 13 verzeichnet? In der Liebe darf ich etwas schuldig bleiben, wie geschrieben steht. Nun so decke du mich, o Liebe, wenn mich das Gesetz verdammen will und sprich zum Gesetze: du bist erfüllt. Die Liebe ist des Gesetzes Erfüllung, wie geschrieben steht Röm. 13, wie geprebigt ist am vierten Epiphanias. Amen.

Am fünften Sonntag nach Epiphanias 1843.

Gef. 467, 1—6. Verfucht und prüft es felbft, Ob ihr im Glauben ftehet.

Laffen wir es an diefen Verfen genug fein. Diejenigen fehlen nicht weit, wenn fie überhaupt darin fehlen, daß Lehre, zumal Sittenlehre, eigentlich keinen Gefang geben, kein Gefang werden könne. Blicken wir auf einen zurück, auf 466: Meinen Jefum laß ich nicht. Das ift einer, der für einen Gefang gegolten hat in der ganzen evangelifchen Chriftenheit und auch gültig bleibt, fo lange das Chriftenthum felber gültig bleibt. Allein von der Predigt möchte auch wohl gefagt werden: Lehre, zumal Sittenlehre, fei keine Predigt und follte eigentlich keine werden, wie fie's auch nicht gewefen ift bis über die Mitte des vorigen Jahrhunderts. Nein, ihr Lieben, bis dahin war der Glaube die Predigt, und felten wurde eine Tugend zu einem Thema genommen, wenn ja, fo war diefe Tugend dermaßen eng mit dem Glauben verbunden, daß die Hörer, jetzt die Lefer, am Ende nicht wohl fagen konnten, was von beiden mehr, ob mehr Glauben oder ob mehr Tugend, geprebigt fei. Es ift gleichzeitig gefchehen: als man im Glauben mangelhaft wurde, als der nicht mehr recht zusagen wollte, da bot man den Leuten Lehre, Tugendlehre, Pflichtenlehre, und sie bezeigten sich zu Anfang willig dazu, dankbar dafür; — wie noch bis diesen Tag diejenigen thun, wenn sie einmal eine Predigt hören wollen oder müssen, bei welchen es mit dem Glauben schwach, schlecht stehet. Kommt mir entgegen mit dem Geständnisse: das ist Wahrheit. Was ist's? Was liegt zum Grunde? Das ist's, das liegt zum Grunde: Das Gesetz, auch auf's schärfste vorgetragen, faßt den natürlichen Menschen, den Sünder, sanfter an als das Evangelium, die fröhliche Botschaft, ihn anfaßt; sie mögen Mosen lieber als Christum.

Willfahr' ich? Bisher nicht und werde, wenn Gott mir das Glaubenslicht erhält, in meinem Leben nicht willfahren. Dann und wann werde ich betreten das Tugendgebiet oder, wie es gewöhnlich und in biblischer Sprache genennet wird, das Gebiet der Liebe; jedoch unverbunden mit dem Glauben, getrennt von seinem Bekenntnisse: so nimmermehr. So auch heute nicht, obschon die heutige Epistel wohl einen Prediger veranlassen könnte, die Liebe allein zu predigen und vom Glauben zu schweigen. Hört sie verlesen von mir:

Col. 3, 12—17. So ziehet nun an, als die Auserwählten Gottes, Heilige und Geliebte, herzliches Erbarmen, Freundlichkeit, Demuth, Sanftmuth, Geduld; Und vertrage Einer den Andern, und vergebet euch unter einander, so Jemand Klage hat wider den Andern; gleichwie Christus euch vergeben hat, also auch ihr. Ueber alles aber ziehet an die Liebe, die da ist das Band der Vollkommenheit. Und der Friede Gottes regiere in euren Herzen, zu welchem ihr auch berufen seid in einem Leibe, und seid dankbar. Lasset das Wort Christi unter euch reichlich wohnen, in aller Weisheit; lehret und vermahnet euch selbst mit Psalmen und Lobgesängen und geistlichen lieblichen Liedern, und singet dem Herrn in euren Herzen. Und alles, was ihr thut mit Worten oder mit Werken, das thut alles in dem Namen des Herrn Jesu, und danket Gott und dem Vater durch ihn.

Die Epistel hat aber den Glauben und die Liebe dermaßen genau zusammengefügt, verschlungen, verschmolzen in einander, daß auch kaum eine Veranlassung gegeben wird, von der Liebe allein zu predigen. Der Verlauf des Wortes wird es näher zeigen. Das Thema heiße:

Von dem Glauben und der Liebe, was er ihr und was sie ihm sei.

1) Er ist ihr: ein Born, ein Sporn und ein Spiegel;

2) Sie ist ihm: eine Thür, eine Zier und ein Riegel.

1) Muß es aber wohl zuvor noch gesagt werden, welcher Glaube gemeinet sei, daß nicht was immer für einer gemeint sei? Denn man nennt auch ja den offenbaren Unglauben selbst Glauben, einen Glauben. Hier wird gemeint der Glaube an Jesum Christum, nämlich daß Christus es sei, welchen wir für den Weg, die Wahrheit und das Leben halten und durch den allein wir zum Vater kommen, wie er selber sagt Joh. 14. O, da ist auch das schöne, das tiefe Wort in dem Capitel, aus welchem unser Text genommen

ist: Euer Leben ist mit Christo verborgen in Gott. —
Verborgen in dem Verstande, daß wir sein, Christi,
Leben zur Zeit noch schwach, als im Anfang, im Keime
nur erst in uns tragen und harren einer Zeit der
Offenbarung und Herrlichkeit. Unsre Epistel enthält
gleichfalls ein Wörtlein, welches zurückweist, „nun", so
ziehet nun an. Das weist zurück auf den vorhergehenden Vers, nach welchem nicht Grieche, nicht Jude,
nicht Scythe einen Unterschied macht, sondern alles und
in allen ist Christus. Und aus dem Anfang der Epistel
werde gesagt, welchen Glauben wir meinen; diesen meinen
wir und wollen es so verstanden haben: wenn wir uns
ansehen als von Gott erwählt, als heilig vor ihm und
geliebet von ihm, nachdem uns vergeben — hört das
große Wort, das Cardinal- das Angelwort des Glaubens
„vergeben", nachdem uns Christus vergeben hat, er,
Christus, die Vergebung unsrer Sünde uns zugesprochen
hat, eben wie er sie einst dem Gichtbrüchigen und der
Maria Magdalene und Andern zugesprochen, dessen wir
Zeugniß tragen in unserm Herzen: — das heißt gläubig
sein, das ist der Glaube, den wir meinen und den wir
heute predigen in seiner Verbundenheit mit der Liebe,
was er erstens der Liebe ist.

a. Er ist zuvörderst ein Born der Liebe d. h.
die Liebe kommt von ihm her; wie Eva aus Adams
Rippe gebaut wurde, hier ist auch eine Ehe, so kommt
die Liebe vom Glauben her, geht daher, verglichen, wie sie
über das Leben dahin fleußt, einem wässernden Bache,

deſſen Born der Glaube iſt. Denn die Liebe, die unſre
Red' iſt und, an vorigen Sonntag erinnert, Gottes
Gebot, iſt kein zuſammen getragenes oder gelaufenes
oder aufgeſaugenes Waſſer aus ſinnlichen Gefühlen,
menſchlichen Rückſichten, eigennützigen Trieben, oder was
ſonſt die Erſcheinung hervorbringt, der man auch den
Namen Liebe zuleget, ſondern hat ihren Urſprung an
einer Stelle in dem inwendigen Menſchen, dahin von
dem genannten auch nichts bringet, nämlich in dem Geiſt
des Gemüths, Epheſ. 4., da der neue Menſch geboren
wird, da der Herr ſein Werk hat, ſein ſtilles, verborgenes
Werk, und ein wunderſames, gleichwie unter der Erde die
Adern des Waſſers laufen. Wer möcht' es nicht ſehn, wie
unter der Erde die Waſſeradern laufen? Wir ſehen ſie aber
nicht, bis eine als Quelle hervorſpringt. So ſehen wir
auch den Glauben nicht, bis er nach verborgenem Laufe
hervorſpringt. Der iſt der Born der Nächſtenliebe. Der
Glaube iſt ein Brecher der natürlichen Selbſtſucht, der mit
dem Menſchen gebornen Eigenliebe. Er nimmt uns das
Selbſt, läßt uns kein Eigenes, das wird dargebracht dem,
der ſich uns darbringet und die Stätte einnimmt, wo zuvor
das eigne, eitle, leere Ich ſeinen Sitz hatte und Stimme.
Nun hat die Stimm' ein Andrer. Jetzt heißt es:
Alles für dich, o Chriſte! in dem Verlangen, in der
Ungeduld, dem Lebengeber, dem Aufſchließer des Himmelreichs, dem Geber ſolcher Seligkeit doch mit etwas zu
dienen und ihm zu vergelten, die Willigkeit wenigſtens
ihm zu zeigen. Da gehn uns die Augen auf über unſre

Nächsten, unsre Mitchristen, von ihm so werth geachtet
und gleicher Gnad' gewürdigt, als wir's sind; die
müssen es sein, an welchen wir ihm, wenn nicht vergelten, doch zeigen können, daß wir möchten vergelten,
was er an uns gethan, und lieben sie. So ist der
Glaube der Born der Liebe.

b. Er ist ihr Born und ihr Sporn. Denn
völlig abgelegt wird der alte natürliche Mensch erst, wenn
der Leib ins Grab gelegt wird; so lange haben wir zu
tragen an ihm, zu kämpfen mit ihm d. h. mit der
Sünde, die uns, Hebr. 12., immerdar anklebt und träge
macht. In ihren Erweisungen kommt die Bruderliebe
bald auf schwere Stellen, über welche hinweg sie soll,
als da sind: Unwürdigkeit, Schlechtigkeit, Unerkenntlich-
keit, Undankbarkeit und Vergeblichkeit. Da wird der
Christ leicht müde. Sein natürlicher Mensch kann über
solche Stellen nicht hinweg, und nur zu oft beredet
der neue Mensch, der Christ, sich, daß er es auch nicht
könne, nicht einmal schuldig sei. Mit Solchen für seine
Liebe unempfänglichen Menschen, die seine Gutthat in Wort
oder Werk gleichsam mit Füßen treten, versucht es der
Christ noch einmal und zweimal, spricht dann: es geht
über meine Kräfte. So ist der Glaube sein Antrieb,
sein Sporn, sein Sporn, der ihn bis ins Fleisch sticht,
daß er's fühlet: Du selber, bist du besser, als jene
sind? Und ob du es bist, so bist du es wahrlich nicht
allezeit gewesen. Für die Liebe Christi, das hält sein
Glaube ihm vor, wie für die Gutthat anderer Gläubigen

an dir bist du so lange Zeit unempfindlich und unempfänglich gewesen, und immer noch. Wie würd' es um dich und dein Christenthum bald stehen, wenn du, spricht Christus, mein fortwährend Erbarmen nicht erführest, meine Sanftmuth, meine Freundlichkeit, meine Geduld? Diese sollst du auch für die Brüder anziehen, und beharren in der Liebe. Auf diese Weise ist der Glaube ein Sporn der Liebe.

c. Drittens, was der Glaube der Liebe sei: er ist ihr Spiegel. Eigen ist's mit der Liebe. Die natürliche Liebe und die Christenliebe, von welcher wir reden, sind sich oftmals so ähnlich, daß man die eine mit der andern verwechseln kann. Es giebt eine feine Selbstliebe, die Andern oft recht große Opfer bringt, und sie räuchert sich doch selbst; die ganz wie eine Selbstverleugnung sich ausnimmt und eine Hingebung, da man doch nimmt und nehmen will im Geben, von dem nehmen will, dem Liebe erwiesen wird, oder von Andern, die es sehn, jetzt schon, oder später es doch erfahren. Man möchte sagen, die Selbsttäuschung ist nirgends größer wie hier. In der Familienliebe wird es besonders häufig wahrgenommen. Ferner: gesetzt, es ist unsre Liebe bei ihrem Ausgehen auch wirklich ganz rein, wahrhaft christlich; — sie gehet aus und thut wohl, äußert sich und wird verstanden, wird erkannt, anerkannt, siehet Erfolg, findet Dank und zur Erwiederung Gegenliebe. Das wirkt zurück, darf es das nicht? Das wirkt zurück und setzt sich auf die christliche Liebe, setzt sich als Rost auf die reine, bringt Flecken auf die weiße, färbt die weiße Ros' in eine rothe um. Was bewahrt die weiße Rose vor dieser Wandlung? Der Spiegel, sag' ich, der Spiegel des Glaubens, wenn vor denselben die Liebe gestellt wird. So thut ein gläubiger Christ alle Tage. Der Glaube fragt uns: War dein Antrieb Christus? war dein Ziel Christus und sein Reich? war dein Lohn er? Und hattest du mehr Freude bei dem Gedanken, daß du ihm gedienet, als bei dem, daß du Menschen gedient und deren Lob dafür einzogest, einsogst? So fragt der Glaube, d. h. er ruft unsere Liebe vor den Spiegel, daß sie ihre Gestalt schaue. Meint ihr nicht, theure Zuhörer, daß, wenn solches geschieht, unsre Liebe, die wir eine christliche heißen, als eine bloß natürliche dasteht, als eine solche, oder, vor diesem Spiegel des Glaubens besehn, als gar keine Liebe? Als was denn? Als lauter Eigennutz, als pure Selbstsucht. Nehm' Jedermann die erste beste Erweisung seiner Liebe zu einer Probe, hat er sie heute gegeben, hat er sie gestern gegeben, ob sie vor diesem Spiegel als wahre, reine Nächstenliebe erscheine.

2) Das ist der Glaube für die Liebe: ihr Born, aus dem sie quillt, ihr Sporn, der sie antreibt, ihr Spiegel, darin sie ihre rechte Gestalt siehet. Unsre Predigt ist der Glaube und die Liebe, was sie einander seien, was er ihr und was sie ihm sei. Was sie ihm, davon im andern Theil. Sie ist dem Glauben eine Thür und eine Zier und ein Riegel.

Wird mir gefolgt von allen gegenwärtigen Zuhörern? und wird mir gefolgt? nicht, meine ich, mit dem
Interesse daran, wie ich diese Materie behandle; denn das
ist mein Begehren nicht, — wenn sich's fände, müßt' ich
dieses Interesse mir verbitten —, sondern mit dem Ernst
an der Sache selber soll mir gefolgt werden, d. h. mit
dem Ernst, der jederzeit im Hause Gottes zu Hause ist,
dahin man geht, um in seinem Christenthum belehrt
und gefördert zu werden. Kirchgänger, wer du bist,
ein sonntäglicher oder ein seltener, es handelt hier sich
nicht um irgend welche Ergötzung, sondern um eine Ver-
setzung — das letzte Wort gesprochen nach Col. 1: Und
hat uns versetzt in das Reich seines lieben Sohnes —,
daß wir Alle miteinander, Versetzte, wenn wir das sind,
in diesem Reich bleiben, und die es nicht sind, versetzt
werden mögen; denn jeder Sermon ist zugleich eine
Mission. Also soll es hier stehen und zugehen.

a. Die Liebe ist für den Glauben zuerst eine
Thür, durch welche er ausgehet. Das bloße Christ-
sein ist nicht genug. Das hat der Apostel beschrieben
in den vorhergehenden Worten. Leset sie, besser heut'
als morgen, merkt besonders die Ermahnung: Ziehet
den alten Menschen mit seinen Werken aus, ein
Stück nach dem andern; der heutige Abend finde jed-
weden von uns hiermit beschäftigt oder doch daran
denkend. Hiernach heißt es in der Epistel: Ziehet an
herzliches Erbarmen, Freundlichkeit, Demuth, Sanftmuth, Geduld, welche wir zusammenfassen in das Wort

Liebe, in der Epistel das vollkommenste Band geheißen. Bist du angezogen, Christ, dann magst du, sollst du ausgehen und nicht zu Hause bleiben. Die Liebe klopft an deine Thür, o, sie ist die Thür selbst, durch welche dein Glaube hinaustritt. Dein Glaube zeigt dir, welche es sind, die du zu lieben Ursach hast, nämlich welche auserwählt sind, heilig gemacht, geliebt und angenehm, sowohl wie du es bist und ebenso sehr, bei denen das Wort Christi so reichlich wie bei dir wohnt, vielleicht noch reichlicher, die auch Psalmen und Lobgesänge kennen und geistliche, liebliche Lieder, die sie auch singen. Dies thue und Anderes in dem Namen des Herrn Jesu, — zu diesen tritt, es sind deine Brüder, deine Nächsten, Liebe ist die Thür, da dein Christenthum, dein Glaube ausgeht zu ihnen, sich freut über sie und mit ihnen, über die großen Angelegenheiten unsers ewigen Heils redet mit ihnen, wie über die Tiefen der Erlösung und über die verborgenen Wege der Seelenführungen. Was, gehst du lieber ins Schauspielhaus, da sind sie nicht, als ins Gotteshaus, da du sie unfehlbar antriffst, sie erbauest, schon durch deine Gegenwart? Was, gehst du lieber zu denen hin, mit welchen du über Eisenbahn und Bahnhof plauderst, als daß du frommes Gespräch über die Himmelsbahn mit deinen Nächsten führst und von den Vorhöfen, die der Psalmist lobet, daß ein Tag darin besser sei, denn sonst tausend. Wo Glaube ist, da ist Liebe und die Liebe ist des Glaubens Thür.

b. Die Liebe ist auch des Glaubens Zier. Nach Pauli Anweisung soll Titus, Cap. 2, die Knechte ermahnen, daß sie die Lehre Gottes unsers Heilandes zieren in allen Stücken. Seht, die Lehre trägt also eine Zier, einen Schmuck, begehrt ihn sogar. Was aber die Knechte thun sollen, mein' ich, liegt uns Allen ob, und eine Zier, ja die beste, das ist die Liebe. Die läßt ein aufgegangenes Herz sehn, die legt über das Angesicht das Licht des hervortretenden, hervorgetretenen Menschen des Herzens mit sanftem und stillem Wesen, der köstlich vor Gott ist, 1. Petr. 3. Die Liebe giebt der Stimme einen besondern, einen angenehmen Ton, der zuweilen als kommend vom Himmel her gehört wird, die Liebe macht willige Hände zum Mitanfassen, offne Hände zum Geben, wo das nöthig ist. Was können die Hände geben oder anfassen? Sie heben den Deckeldruck auf, der hin und wieder schwer auf der gläubigen Seele liegt, davor sie nicht kann, vor der schweren Liebessorg' in Krankheit und Armuth nicht kann die Gedanken auf etwas Höheres richten oder festhalten dabei. Zur Zeit, als es mit den Christen allen noch äußerlich schlimm stand, als sie gedrückt, verfolgt, gemartert wurden von den Ungläubigen, in den ersten Jahrhunderten, da erwarben die Christen sich das Zeugniß bei den Ungläubigen: Wie haben sich die Leute so lieb! Die Umstände haben sich geändert, allein die brüderliche Liebe hat noch immer für Zeugnisse Raum in der Welt, und solche Zeugnisse mögen wir wohl eine Zierde des Glaubens nennen, wenn er sie trägt.

c. Die Liebe ist die Thür und die Zier des Glaubens und zuletzt ein Riegel. Das ist einmal so zu verstehen; Werthe Christen, nicht allezeit ist es hell im Geist und die Sonne des Glaubens scheint nicht alle Tage. Ich rede zu Gläubigen und Kundigen. Ist's auch nur selten ganz dunkel, trüb ist's manchmal, Wolken, Nebel verbergen den Schein. Da giebt es nun allerdings manche Vorkehrungen, um die Wolken, den Nebel zu verscheuchen, und manches Mittel, eins besser als das andere, eins für den, eins für den gut, für Alle gut ist Stillsein und Harren. Allein auch die Liebe ist zu preisen, ein Mittel, das auch ja immer zur Hand ist. Hat Jesus sich uns verborgen, hat Gott sich uns verborgen, so haben die Nächsten, die Brüder sich doch nicht verborgen, und wie sie dir erschienen sind in Zeiten, da des Glaubens Licht sie in's Helle vor dir stellete, die haben sich doch nicht geändert, die sind doch nicht mit einmal deiner Liebe unwerth geworden: so wende zu ihnen dich in solcher trüben Zeit oder geh' an eine Arbeit, die du thust um ihretwillen. Sprich: Will mich der Herr nicht erfreuen, so will ich seine Leute erfreuen! Will er sein Angesicht von mir abwenden, ich will meins den Brüdern zuwenden, will ihn bewegen so, daß er sich auch wiederum zu mir kehre. So ist die Liebe ein Riegel für den Glauben, daß derselbe bei uns bleibet. In einem andern Ver-

stande: Von seiner Weltweisheit hat ein griechischer
Weiser gesagt, die Menschen seien es nicht werth, daß
man sich die Zeit damit verdürbe, sie ihnen annehmlich
zu machen, sie befolgten sie doch nimmer, besser sei's, sich
hinter die Hecke in den Schatten zu setzen. So ungefähr.
Mag's manchen Prediger des Glaubens auch so be-
dünken, der seine Jahre steht und will die Gemeinde
gläubig machen, was hilft's! sie werden es doch nicht,
und schreibt seinen Glauben in Bücher hinein, das Predigen aber treibt er obenhin und nebenbei. Und wie
er, so thut ein Gläubiger anderes Standes auch, läßt
seinen Glauben aus seinem Werk und Leben zurücktreten.
Nein nicht! Nein nicht! Die Liebe ist ein Riegel vor
dem Glauben, daß der nicht aus dem Leben zurücktritt.
Ihr seid doch mit demselben Bande umschlungen, mit
welchem ich, tragt dasselbige Siegel der Erwählung zur
Seligkeit, welches ich, der Herr hat Geduld mit euch,
wie er mit mir sie gehabt hat, und hat euch ebensowohl
wie mir vergeben. Wohlan, ich lasse nicht von euch, die
Liebe hält mich bei euch; bin ich gewichen, ich komm'
wieder zu euch — und die Liebe soll den Riegel vor-
schieben, daß ich bleibe, da ihr seid. So spricht der
Gläubige, so spricht der Glaube, und so wollt' ich den
Glauben, der in euch ist, haben sprechen lehren durch
meine heutige Predigt, den Glauben so und die Liebe.
Gott, segne das Wort. Amen.

Am sechsten Sonntag nach Epiphanias 1848.

Ges. 664. Wie wohl ist mir, o Freund der Seelen.

Mein Freund ist mein und ich bin sein. Der Gesang hat dieses Wort aus einem Gesange, aus einem Liede, aus dem Hohenliede, Cap. 2, im vorletzten Vers, wo es weiter heißt: der unter den Rosen weidet; und im letzten steht vom Scheidebergen, über welches Gebirge der Freund, einem Hirsche gleich, wegsetzen und zu der Freundin, der Seele, umkehren möge.

Es soll dieses, geliebte Christen, nicht bloß gesprochen sein zum Anschluß, sondern auch zum Aufschluß. Die Thür der Rede habe ich damit aufschließen wollen. Wir haben an diesem Sonntage das Evangelium von der Verklärung Christi, das führt zu Betrachtungen, Erinnerungen, Vorstellungen, wie man es nennen will, welche angesprochen werden, daß sie hervortreten durch einen solchen Gesang und Redeanfang. Es ist dies Evangelium eins, das selten vorkommt, eben wie das Evangelium vom sieben und zwanzigsten Trinitatis. In der Einrichtung des Kirchenjahrs, im bald früheren, bald späteren Osterfest hat es seinen Grund. Wenn

daſſelbige denn einmal wieder vorkommt, iſt es, glaub'
ich, allen Predigern willkommen, ihren Zuhörern, hoff'
ich, ebenfalls. Hört es verleſen:

Matth. 17, 1—9. Und nach ſechs Tagen nahm Jeſus zu ſich Petrum,
Jacobum und Johannem, ſeinen Bruder, und führete ſie beiſeits auf
einen hohen Berg. Und ward verklärt vor ihnen, und ſein Angeſicht
leuchtete wie die Sonne, und ſeine Kleider wurden weiß, als ein Licht.
Und ſiehe, da erſchienen ihnen Moſes und Elias, die redeten mit ihm.
Petrus aber antwortete und ſprach zu Jeſu: Herr, hier iſt gut ſein;
willſt du, ſo wollen wir hier drei Hütten machen, dir eine, Moſi eine,
und Eliae eine. Da er noch alſo redete, ſiehe, da überſchattete ſie eine
lichte Wolke. Und ſiehe, eine Stimme aus der Wolke ſprach: Dies iſt
mein lieber Sohn, an welchem ich Wohlgefallen habe, den ſollt ihr hören.
Da das die Jünger hörten, fielen ſie auf ihr Angeſicht und erſchraken
ſehr. Jeſus aber trat zu ihnen, rührete ſie an und ſprach: Stehet auf,
und fürchtet euch nicht. Da ſie aber ihre Augen aufhoben, ſahen ſie
Niemand, denn Jeſum allein. Und da ſie vom Berge herabgingen, gebot
ihnen Jeſus und ſprach: Ihr ſollt dies Geſicht Niemand ſagen, bis der
Menſchen Sohn von den Todten auferſtanden iſt.

Darnach hört, liebe Brüder, was wir mit dieſem
Evangelio thun wollen, wie wir daſſelbe wenden wollen
viermalig:

    1) auf Chriſti Perſönlichkeit,

    2) auf unſere eigne Leiblichkeit,

    3) auf der beiden Welten Verbundenheit,

    4) auf Chriſti und ſeiner Freunde Vertrautheit.

Dies. Oder ſollen wir auch die Wahrheit dieſes
Berichtes darthun, darzuthun ſuchen, uns mit den
Zweiflern, Ungläubigen, Spöttern ſtreiten, ſchlagen?
Nein, wir entſchlagen uns des und wenden, der Pre-
diger, der es für wahr hält, und ſeine Zuhörer, die er

als lauter Gläubige nimmt, ob auch Andre unter ihnen
sein mögen, das Evangelium mehrmalig, zuerst auf
Christi Persönlichkeit.

1) Unsere christliche Religion bleibt keine christliche,
sie bleibt gar keine Religion, wenn nicht Christus der
Sohn Gottes ist in diesem Verstande des Wortes: Sohn,
wie er es allein ist und kein Andrer vor ihm das gewesen ist, noch jemalen sein wird, er, wie Gott Vater
und heiliger Geist, von Ewigkeit zu Ewigkeit. Person
nennen wir das verschiedene Sein in der Gottheit,
durch Offenbarung uns kundgegeben, aber die Person
des Sohnes Gottes hat einer besonderen Offenbarung,
Kundgebung bedurft, darum daß er zu einer gewissen
Zeit aus der Verborgenheit hervorgetreten ist und hat
sich erniedrigt zu uns Menschen herab, unser Fleisch
und Blut an sich nehmend, wie der Apostel sagt,
Phil. 2, Knechtsgestalt annehmend. Daher sprechen
wir von einer, seiner, Christi, Persönlichkeit, einer Gott-
menschheit. Mensch ist er unverkennbar, ein neuliches
Sonntagsevangelium sagte noch von ihm: „und er
schlief"; ja, er hat so sehr als ein Mensch sich erwiesen,
daß von Anfang her es deren gegeben hat, wie es noch
deren giebt und davon in unserer Zeit gar Viele, selbst in
der Christenheit, die ihn für nichts anders als einen
Menschen halten, und für nichts mehr als einen Menschen. Nicht wahr, ich frage die Gläubigen, nicht wahr,
da kommt es unserm Glauben zu Statten, wenn in
seinem Leben sich begiebt, was sich hier begab? Geschehen

ist dies, wie Alles geschehen ist, nach Joh. im vorletzten Capitel, daß wir glauben, Jesus sei Christus, der Sohn Gottes und daß wir durch den Glauben das Leben haben in seinem Namen. Unser Glaube ist beides, eine Bedingung des Christenlebens und dieses Christenleben selbst, welches, stärker nun und dann schwächer, jedenfalls wie alles, das wir unser nennen, einer Bewahrung bedarf und einer Nahrung. Hier ist beides, eine Bewahrung und eine Nahrung. Wir lesen das, lesen es, wie es da steht, als ein Geschehenes, eine Weile, eine Zeitlang auf Verbot Verschwiegenes bis auf ein Gekommenes, dann Erzähltes, und in diesem Buche. Es ward Christus verklärt, bestehend darin, daß sein Angesicht leuchtete wie die Sonne und seine Kleider weiß wie das Licht wurden. Es erschienen Moses und Elias, die mit ihm reden, ein anderer Evangelist, Lucas, sagt, wovon: von dem Ausgange, welchen er sollte erfüllen zu Jerusalem. Was mehr ist, als beides: es ward gehöret eine Stimme Gottes, hier wie bei Christi Taufe: Das ist mein lieber Sohn, den sollt ihr hören. Ihr, welche ihr? Die drei, die zwei oder die fünf? Ja, diese fünf, die drei aber, als die mit dieser gehörten Stimme sollten ausgehen und hervortreten, wie sie gethan, und thun es bis heute in diesem Evangelium und der Predigt aus demselben, darin wir hören sollen von ihm, verkündigt von denen, die mit ihm auf dem heiligen Berge waren, 2. Petr. 1, und deren Wort Andern nach ihnen ist in den Mund gelegt worden, zur Stunde mir, ihr Lieben, zur Stunde mir. Den sollt ihr hören, den sollen wir hören, den, einen Andern nicht, den Gott verkläret hat auf dem Berge und hat ihn seinen lieben Sohn genannt.

Wär's geschehen, was geschehen ist, auch um Christi selbst willen, ihn zu stärken auf seinem Ausgange zu Jerusalem? Freilich, damals nahm er Stärkung an, es kam ein Engel vom Himmel, — indeß hier lieget kein Grund vor, daß es um seinetwillen geschehn sei; um unsertwillen, daß wir ihn hören.

2) Das ist der Weg, den ich gehe, der Weg der Verkündigung, des Zeugnisses, den ich auch vor dir, liebe Gemeinde, gegangen bin meine Zeit, doch immer entschiedener, und lasse den Weg der Beweisführung, der Vernünftigmachung des geoffenbarten Evangelii ganz zur Seite liegen. Das ist ja auch der Weg, welchen die Apostel selbst und alle früheren Prediger gegangen sind bis nicht lange vor unsern Tagen. Ob der Herr auch mein Geleit auf diesem Wege sein wird und Gewinnungs-gnade geben? Ich rufe dich an, Herr; es ist deine Sache, thue das!

Wir betrachten das Evangelium von der Verklärung zweitens in Hinsicht auf unsre zukünftige eigne Leiblich-keit. Die seinige ist verklärt worden, er hatte keine andre. Oder hatte er, Jesus, doch eine andre Leib-lichkeit? Die das himmlische Licht voller aufnahm, oder, wenn das Licht von innen kam, dasselbe stärker und reiner ausstrahlete? Wir geben es gerne zu; denn

Eines, das bei uns im Wege stehet, fand sich bei ihm nicht, die Sünde. Diese ist das Dunkle, nicht allein das Dunkle selbst, sondern auch das Dunkle, das den Schatten wirft. Ihr kennt ja wohl den Schatten vom Schatten und das Licht Abhaltende? Aber wissen wir denn nicht zu bleiben mit der Sünde? Offb. 7. wird von Solchen gelesen, die ihre Kleider helle gemacht haben im Blute des Lammes. Indeß, wenn auch Unreines übrig bleibt, das von unsrer Leiblichkeit die Verklärung zur Zeit abhält, so haben wir doch eine Verheißung, diese, Phil. 4, wie er wolle unsern nichtigen Leib verklären, daß er ähnlich werde seinem verklärten Leibe, 1. Cor. 15: Es wird gesäet in Unehre, auferstehn in Herrlichkeit. Indeß, haben wir bis dahin zu warten? Ich meine, wenn wir hier schon Christi Glieder werden können, und sollen das werden, ich meine, wenn unsre Leiber doch hier schon Tempel des heiligen Geistes werden können, und sollen das werden, da mein' ich, müßten sich hier schon an uns Spuren, Anfänge verklärter Leiblichkeit weisen. Ja, sie weisen sich, weisen sich auch zu Zeiten in der That, Gläubigen sichtbar, selbst Ungläubigen. O, wird's nicht in unsern Gottesdiensten gesehen dann und wann, daß daselbst der Menschen Angesicht nicht ihr gewöhnliches, alltägliches ist, sondern ein höheres Leben darüber ausgegossen, ausgebreitet liegt, und in den feuchten, feuchtwerdenden Augen sich der Himmel spiegelt? Das Angesicht wird auch bei Christi Verklärung genannt. Aber auch zu anderer Zeit mag man es sehen, im Kämmerlein wohl noch öfter, wenn daselbst ein Zulaß wäre, um es zu sehen. Ach, wenn wir bessere Christen wären, dann würden wir auf der Straße mit verklärtem Angesichte einander grüßen.

Das Wort fragt auch nach einer andern Seite hin, es spricht zu gewissen Menschen: Wie gehet ihr doch mit eurer Leiblichkeit um! Ihr Unkeuschen, ihr Unmäßigen in Trank und Speise, wie richtet ihr euer Aussehen, das ihr von Natur habt, zu Grunde! Wenn euer Leib einmal aufersteht, wie wird er dann mit Schande bedeckt sein!

3) Aufersteht, — also in eine andere Welt hineingeht. Wir wenden das Evangelium von der Verklärung Christi drittens, auf die Verbundenheit beider Welten. Hier sind zwei. Unsre Welt, darin wir leben, darin auch Jesus lebte und die drei, die er mit sich auf den heiligen Berg nahm: die eine; — die andere ist die, aus welcher Moses und Elias kamen, um mit Jesu zu reden. Es fällt doch Keinem ein, zu sagen, daß diese Zwei seien von den Todten erweckt, Moses sei gekommen aus seinem unbekannten Grabe im Moabiter Lande, da ihn Gott begraben hatte? Elias aber ist ja lebendig gen Himmel gefahren. Nein, sie sind gekommen aus der andern Welt. Wenn Schiller sagt: „Sechstausend Jahre hat der Tod geschwiegen," so sagen wir? Nicht ganz; wenn auch von Keinem mehr, so wissen wir doch von Zweien; die haben durch ihre Erscheinung auf Tha-

bor Meldung gethan. Nehmen wir's hin, zu brauchen
ist es: Unsterblichkeit! Es ist ein großes Wort, an den
Särgen zu sprechen wider den Augenschein, wider alles,
was den Sinn lehrt: Sieh', das ist unser Leben. Ja, das
ist es. Und wiederum: Das ist unser Leben nicht; denn
es giebt ein anderes Leben nach diesem und eine andere
Welt, mehr als diese. Außer andern Zeugnissen sind
hier zwei abgelegt. Hören es die, bei denen ein solches
Wort Eingang findet und brauchen sie dasselbige Wort
wider die alten Leugner, die sich gefunden haben von jeher,
oder wider die neuern Diesseitigen, welche nach einer neu
aufgekommenen Theologie nichts von einem Jenseits wissen
wollen, gebrauche es, wer unter euch hier von dieser bloß
diesseitigen Theologie berührt wird. Aber wir reden nicht sowohl von dem Vorhandensein einer andern Welt, sondern
von ihrer beider Verbundenheit. Was hatten Moses und
Elias hier denn zu thun? Was hatte Moses zu reden
mit dem Manne, um ihn so zu nennen, der eine neue Religion, eine neue Seligkeitslehre einführen wollte? Wollte
er ihm etwa abrathen? Und Elias, der für Mosis Gesetz
und Gottesdienst geeifert hatte zu seiner Zeit, wollte der
denn Jesum andonnern: Stehe von deinem Vorhaben
ab, wo nicht, so .... und dgl.? Nein, sie redeten mit einander, auch von dem Ausgange, den Jesus zu Jerusalem
erfüllen sollte. Dieser Ausgang war sein Tod, der
die Vollendung, die Erfüllung seines Werks ist.
Hörten sie beide ja doch die Stimme Gottes: Der ist
mein lieber Sohn, an welchem ich Wohlgefallen habe,

den sollt ihr hören. Was ging's aber sie, diese beiden
an? Ihre Welt, darin sie waren und unsere Welt,
darin wir annoch leben, sind verbunden mit einander.
Nachdem Christus geboren ist, giebt es keinen Weg
hin und keine Brücke hinüber, als das Evangelium.
Dem müssen wir glauben. „Es ist in keinem Andern Heil“;
Jesus selbst ist nicht unbestimmter, nicht freilassender,
wenn er spricht: „Wer da glaubet und getauft wird, der
wird selig“. Bedenken wir, was er weiter sagt: „wer
aber nicht glaubet, der wird verdammet werden.“ Wer
nicht glaubet, d. h. wer es hört und wem's gesagt wird.
In wie vielen Ländern ertönet nicht der evangelische
Schall. Hier über die Gemeinde jeden Sonntag. Die aber
nicht kommen, niemals kommen, es zu hören, ihn zu hören?
Das ist ihre Schuld, und das schützet sie nicht, so wenig
es denjenigen schützet, der ein publizirtes königliches Gebot
übertritt, wenn er es nicht gehört hat: er hätte es
hören können. Hier gehn sie ihre Zeit dahin, leben
wie in, ebenso mit dieser Welt, meinetwegen auch für
sie; wir lassen sie; dort — es giebt eine andre Welt —
wird sich's offenbaren. Noch vorigen Sonntag lehrte es
das Gleichniß vom Unkraut unter den Weizen. Das wird
in den Feuerofen geworfen, dieser wird in die Scheuern
gebracht, nach dem heutigen Evangelio: kommt hin, da
Moses und Elias herkamen und kommt zu Dem auch,
der hier verklärt ward und nach seiner Himmelfahrt
zur Rechten des himmlischen Vaters sitzt, der ihn in
dem niedern Erdenstand seinen lieben Sohn geheißen

und uns gesagt hat, daß wir ihn hören sollen. Das ist der beiden Welten Verbundenheit.

4) Wir wollten unser Evangelium noch wenden zu Christi und seiner Freunde Vertrautheit. Geschehe das in der Kürze, wie denn auch viel nicht davon zu reden ist, von diesem Geheimniß zwischen Christo und seinen Freunden. Da sie vom Berge hinab gingen, gebot ihnen Jesus und sprach: Ihr sollt dies Gesicht Niemandem sagen, bis des Menschen Sohn von den Todten auferstanden ist. Meine Lieben, was jetzt folgt, davon möcht' ich am liebsten nur mit Einigen reden. Mit wem? Sei's vor Allen hier gesagt: Mit denjenigen, welche ein Gesicht, wenn auch in dieser Art nicht, doch ein Gesicht gesehen haben. Das haben diejenigen, ich will's benennen mit Bibelworten, denen ein heller Schein jemals in's Herz gefallen ist von dem Angesicht Jesu Christi, bei denen Jesus, wie er's nennt, sammt dem Vater Wohnung gemacht und sich ihnen geoffenbart hat, — es sind diejenigen, welche an ihrem Geiste neu, sprechen wir: an ihrem oder an ihren Geist das Zeugniß bekommen haben durch den heiligen Geist von ihrer Gotteskindschaft, mit denen Jesus geredet hat aus der Schrift, dabei das Herz in ihnen brannte, die das Zusehen hatten, als ihnen das Siegel ihrer Erwählung aufgedrückt und ihnen das Pfand ihrer Seligkeit gegeben wurde, die von Jesu gegrüßet sind, wie Maria von dem Engel, die ihn haben zu sich sagen hören, wie Saulus: Ich bin Jesus, und wie Paulus: Laß dir

an meiner Gnade genügen, — die, als hätten sie auch seine Seite gesehn und seine Nägelmaale, wie Thomas rufen: Mein Herr und mein Gott! — denen in solchen Stunden zu Sinnen gewesen ist, wie Petro, als er sprach: Herr, hier ist gut sein; willst du, so wollen wir Hütten bauen, — diese, die mein' ich, die haben auch ein Gesicht gehabt und stehen mit Jesu in Freund= schaft und Vertrautheit. Ja, in Vertrautheit. Er will's nicht gesagt haben, es ist zu heilig. Die Zeit wird kommen, und alsdann werden sie nicht davon schweigen. Bis dahin bleibt es das Geheimniß der Vertrautheit, und etwa zwischen Gleichgesinnten, die auch solches erfahren haben, mag zuweilen hiervon die Rede sein, wie es gewiß auch zu Zeiten zwischen diesen dreien hier gewesen ist. Das Christenthum besteht nicht in solchen Erzählungen, es besteht auch selbst in Er= fahrungen dieser Art nicht. Glaub' ist Christenthum, ob auch trockner, erfahrungsloser Glaube. — Doch wem der Herr mehr giebt und gönnt, der freut sich dessen und danket ihm dafür, und hat auf lange Zeit genug an nur Einer solchen, sprech' ich, Hüttenerfahrung. Darf ich sagen: Jesus, gieb sie Allen? Wahrlich, es ist etwas Herrliches, Seliges, um die Verklärung! Ich sage: Jesu, gieb sie Allen, stifte zwischen ihnen und dir eine solche Vertrautheit. Amen.

Am Sonntag Seragesimä 1846.

Gef. 179, 1—6. Ewge Liebe, mein Gemüthe.

Gott hat uns nicht gesetzet zum Zorn, sondern die Seligkeit zu besitzen durch unsern Herrn Jesum Christum, der für uns gestorben ist, 1. Thess. 5. Werde dies Apostelwort gehört, meine Lieben, als ein ausgehender Ruf oder Anruf: Kommt und tretet für diese Stunde auf diesen Weg, den der Prediger gehen will. Das gesprochene Wort ist eine Bezeichnung seines Weges. Es giebt einen Zorn Gottes, Gott hat einen Zorn. Wenn er ohne den wäre, so hätt' er keine Liebe. Und unter den Zorn Gottes werden Einige fallen sichtlich, ihnen fühlbar und Allen schreckhaft einmal, nämlich zur Zeit der Offenbarung des gerechten Gerichts Gottes, davon wir nach Röm. 2. vor vierzehn Tagen geprebigt haben. — Die Rede hat sich versucht, ob sie Eingang fände bei den Ungläubigen. Ob sie bat? Bei den Unbußfertigen hat sie angeklopft. Ob ihr ist aufgethan von dem Einen und Andern? Sie hat die Bekehrten wacker machen und die Kämpfenden stärken wollen. Ob es ihr gelungen ist? Ach, der Prediger säet meistens den

Samen in der Dunkelheit, und ob er aufgeht oder
nicht, davon bekommt er wenig zu sehen, doch gehet er
getrost an sein Ackerwerk, der Herr wird's fördern, nach
vorhin gesprochenen Wort, damit die Hörer dem Zorn
entgehen und kommen zum Besitz der Seligkeit, der von
Gott bestimmten, verheißenen, bereiteten Seligkeit, um
welcher willen Jesus Christus für uns gestorben ist.
Ob wir bleiben bei solcher Rede? Ja, wenn wir überhaupt Rede, christliche Rede behalten wollen. Verstummung
tritt ein oder Geschwätz stellt sich auf die Kanzel, wenn
solche Rede aufhört. Wir sind ja auch derjenigen Zeit
nahe, Fastenzeit genannt, während welcher von dem für uns
gestorbenen Christus die Rede ganz vornehmlich sein soll
nach alter Ordnung. Es mag wohl bei der Wahl des
heutigen Textes daran gedacht, dies bedacht worden sein,
ein Wort zu geben, mittelst dessen auf die nach acht
Tagen anfangende Fastenzeit die Christen vorbereitet
würden. Nehmen wir dasselbige Wort und brauchen es
nach unserm Verstande und Vermögen hierzu, unter
Desselben Leiten im Reden und Hören, der beim Schreiben
und Lesen geleitet hat. Mein Aufblick ist mein Gebet auch!

Hebr. 10, 19—29. So wir denn nun haben, liebe Brüder, die
Freudigkeit zum Eingang in das Heilige durch das Blut Jesu, welchen
er uns zubereitet hat zum neuen und lebendigen Wege durch den Vorhang, das ist durch sein Fleisch, und haben einen Hohenpriester über das
Haus Gottes: so lasset uns hinzu gehen mit wahrhaftigem Herzen, in
völligem Glauben, besprenget in unsern Herzen, und los von dem
bösen Gewissen, und gewaschen am Leibe mit reinem Wasser; und lasset

uns halten an dem Bekenntniß der Hoffnung. und nicht wanken; denn
er ist treu, der sie verheißen hat. Und lasset uns unter einander unser
selbst wahrnehmen mit Reizen zur Liebe und guten Werken; und nicht
verlassen unsere Versammlung, wie Etliche pflegen, sondern unter einander
ermahnen; und das so viel mehr, so viel ihr sehet, daß sich der Tag
nahet. Denn so wir muthwillig sündigen, nachdem wir die Erkenntniß
der Wahrheit empfangen haben, haben wir ferner kein anderes Opfer
mehr für die Sünde; sondern ein schreckliches Warten des Gerichts und
des Feuereifers, der die Widerwärtigen verzehren wird. Wenn Jemand
das Gesetz Mosis bricht, der muß sterben ohne Barmherzigkeit durch zwei
oder drei Zeugen. Wie viel, meinet ihr, ärgere Strafe wird der verdienen, der den Sohn Gottes mit Füßen tritt, und das Blut des Testaments unrein achtet, durch welches er geheiliget ist, und den Geist der
Gnade schmähet?

Es ist viel Text; Ja, doch eben nicht jedes Wort
desselben erfordert auch viel Rede. Werd' es genommen
ganz und gebraucht in dieser Stunde:

    1) zur Belehrung,
    2) zur Ermahnung,
    3) zur Verwarnung.

1) So wir denn nun haben, liebe Brüder, fängt
unser Text an, nun haben, — weiter noch nicht —
das Wort oder diese zwei Worte führen uns auf ein
Wesentliches, Wirkliches, das nicht immer wesentlich
und wirklich gewesen, sondern geworden ist, d. h. auf
etwas Geschichtliches. Das nennen wir unsere Religion,
unsern Glauben, den christlichen: Geschichte. Das ist
die Natur- oder Vernunftreligion nicht, die seit einigen Jahren aufgekommene und in unsern Tagen ihr
Haupt und ihre Stimme höher hebende. Die ist ohne
Geschichte, die ist keine Geschichte; denn sie hat kein

Geschehenes; das ihr zum Grunde liegt und davon sie berichtet, ist ohne Evangelien und Episteln. Was ist diese denn? Roman? Nein; denn Roman ist auch Geschichte, erdachte, gemachte Geschichte. Gemacht, erdacht ist auch die Vernunftreligion, eine Anzahl von Lehrsätzen, die sich auf Gott, Tugend und Zukunft beziehen, da aber auch nichts geschehen ist, Grund dessen man glaubet. Es ist alles Gedanke, Urtheil, Schluß, oder mit vornehmeren Namen Philosophie, Speculation. Von dieser Religion unterscheidet sich unsere christliche — so wie jede andere, die ältesten heidnischen und die jüngste, welche ist die muhamedanische — dadurch, daß sie eine Geschichte hat, auf gescheh'nen Dingen ruhet, Offenbarung ist oder zu sein behauptet, — und lehrt ihre Bekenner sprechen mit unserm Text: Wir haben. Was ist es, das wir haben? Geschichte am Anfang, Geschichte am Ende, Geschichte durch und durch. Zu nennen den Anfang: Als die Zeit erfüllet war, sandte Gott seinen Sohn, geboren von einem Weibe. Zu nennen das Ende: Wenn aber der Menschensohn kommen wird in seiner Herrlichkeit und alle heiligen Engel mit ihm, dann wird er sitzen auf dem Stuhl seiner Herrlichkeit und werden vor ihm alle Völker versammelt werden. Die Geschichte unsers Glaubens, genauer gesprochen, die Geschichten unsers Glaubens, sind das Heilige, von Gottes Hand gebauet, da hinein die Gläubigen gehen, darin zu weilen, von da heraus sie den Hohenpriester gehen sehn in das Allerheiligste, woselbst er vollbringt, was zwischen Gott und ihm beschlossen war von Ewigkeit, daß dieses zu einer bestimmten Zeit geschehen, vollbracht werden sollte, ein neues Heilswerk und ein neuer Heilsweg, für Alle, die an dies Geschehene glauben.

Was neu ist, hat ein Altes zur Seite oder hinter sich. So können wir beides sagen: zur Seite und hinter sich, von unserm christlichem Glauben. Derselbe hat seinen Hervorgang aus der früheren Religion Israels, die einst war und noch ist, in ihren über die Erde zerstreuten Bekennern noch ist. Die eben gebrauchten Ausdrücke: Heiliges, Allerheiligstes, Hohepriester sind daher und dieser ganze Brief an die Hebräer. Heißen wir unsern christlichen Glauben also auch darum Geschichte, weil derselbe, darin gleich seinem Bringer, der Fleisch und Blut angezogen, auch Gestalt, Farbe und Ton, Ausdruck angenommen hat aus einem früheren Glauben und läßt sich sehen in diesem seinem Hervorgang aus demselben. Bund, Testament sind die gemeinschaftlichen Namen, neuer Bund, neues Testament ist der unterschiedliche Name für unsern Glauben. Aber nicht sind die Zeugnisse des alten verworfen, der Vergessenheit übergeben. O, nein, sie sind wohl aufbewahrt. Altes und Neues bei einander ist unsere Bibel. Christen, da können wir sehen das Angelegte, das Vorbereitete, das Hinleitende, wie sich's findet im alten Testament und im neuen, im weissagenden Worte und in angeordneten Vorbildern, reichlich nachgewiesen in diesem Briefe und,

wie schon angemerkt, in unserm Terte. Da es hier heißet
„durch den Vorhang‟, so ist also sogar auch jener im
Tempel ein Vorbild: Christus war nach dem Fleische ein
Vorhang, welcher hinter sich das Geheimniß unserer Seligkeit hatte, und welcher Vorhang zerriß, der im Tempel
und der seines Fleisches, als Christus am Kreuze starb.
Zur Belehrung sei es gesagt, daß unser Glaube eine Geschichte ist und aus einem früheren seinen Hervorgang hat;
und noch dieses, daß er eben wie dieser frühere Glaube
auf unsre Entsündigung durch ein Opfer gehet. Wir
haben — haben den Eingang in das Heilige, wie hier
stehet, durch das Blut Jesu. Ja, ihr Lieben, nur frei
herausgesprochen, schelte man es Herrnhuterei oder sonst
wie, das darf uns in der Lehre des christlichen Glaubens
nicht an- oder abhalten. Wenn auch das Wort: „durch
das Blut Jesu‟ nur hier und ein einziges Mal in der
Bibel stände, so wär's genug, um davon zu predigen und
Belehrung aus ihm heraus zu nehmen. Allein ihr wisset
Alle zusammen, auf wie manchem Blatte es steht, und
daß die christliche Vorzeit Sprüche davon zu Kinder-
gebeten gemacht hat, bis die Kinder es läsen an seinen
Stellen, da es steht und kämen zu eigenem Glauben
daran, mittelst der Kraft des Blutes Jesu an ihren
eigenen Seelen. Das aber ist die Kraft desselben, daß
es entsündigt. Gleichwie jenes Blut, das dargebracht
wurde in jenem Tempel und gesprengt an die Bundes-
lade, nachdem der Bringer, der ein Sünder selbst, sich
zuvor entsündigt, für das ganze Volk galt, so gilt dieses,

das Blut Jesu, für die ganze Menschheit, und sollte Stillstand, Aufhören aller andern Opfer sein, eine Folge seiner Vortrefflichkeit und Einzigkeit. Die Lehre heißt: Wer dies glaubet, der ist vor Gott gerecht, hat die Vergebung aller seiner Sünden; die hat er darin. Spräche die Versammlung als ein Chor hierzu: Wir haben!

2) Soweit sei zur Belehrung gepredigt aus dem heutigen Terte. Es ist wohl nöthig in unsern Tagen, daß gelehret, belehret werde; denn die Unkenntniß des Christenthums ist sehr groß. Es folgt nach der Belehrung eine Ermahnung nach dem Worte des Tertes: So lasset uns hinzugehen. Uns, lasset uns, der Apostel schreibt nicht an Heiden und nicht an Juden, sondern an solche, die es gewesen sind, nun aber Christen sind, welche nach Cap. 6. erleuchtet sind und geschmeckt haben die himmlische Gabe und theilhaftig worden sind des heiligen Geistes und geschmeckt haben das gütige Gotteswort und die Kräfte der zukünftigen Welt, — eine reiche, volle, schöne Beschreibung des Christenthums. An diese schrieb er und solche ermahnet er: Lasset uns hinzugehen. Wenn solche von ihm nicht für zu gut und zu rein gehalten werden, wer von uns sollt' es denn sein? Ich ermahne: Halte sich Keiner für zu gut. — Keiner ist es. Wie in Verwunderung könnte man wohl fragen: Was ist denn vorgegangen in dem letzten oder den zwei letzten Menschengeschlechtern, daß dasjenige nicht mehr gesucht wird, nach unserm Ausdruck, daß

zu demjenigen nicht mehr gegangen wird, was doch früher und so alt das Christenthum ist, der beste, ja der einzige Trost im Leben und im Sterben war? Der Heidelberger Katechismus läßt es die erste Frage sein: Was ist dein einziger Trost im Leben und Sterben? Daselbst wird das genannt, was auch unser Text sagt, wohin wir gehen sollen, nämlich zu Christo, unserm Hohenpriester, der uns mit seinem Blute entsündigt. Sind die Jetztlebenden etwa keine Sünder mehr oder weit geringere, wie unsre Väter gewesen sind? Wie? Ist das zu merken? Und woran? Oder ist die Sünde etwas Andres geworden: keine Sünde mehr, Fehler nur und Fehlerchen? Ist's das? Woher diese neue Lehre? Oder haben wir andere neue Mittel unsrer Entsündigung hinzu bekommen, weshalb wir das alte nicht mehr gebrauchen? Welche? Und wer sind die neuen Propheten und Apostel? Meine lieben Brüder, ich bleibe bei dem alten und will euch Alle ermahnen, daß ihr bei diesem bleibet und kehrt euch an den neuen Wind der Lehre nicht. Seien wir wahrhaftiges Herzens und hören, was unser Herz uns sagt. Nehmen wir unsern Glauben völlig, wie er geschrieben steht. Das Wort ist fest geworden, Cap. 2, welchem Gott Zeugniß gegeben hat mit Zeichen, Wundern und mancherlei Kräften und mit Austheilung des heiligen Geistes. Mit diesem Wort und Glauben daran gehn wir hinzu. Wir sind besprengt; — ist es verdunstet, lassen wir uns abermals besprengen. Unser Gewissen hat manchmal den süßen Trost der Sündenvergebung gehört; gehn wir täglich hinzu, auf daß wir ihn täglich hören; denn, wie der Katechismus sagt, denn wir täglich viel sündigen und wohl eitel Strafe verdienen. Wir sind gewaschen, ja, mit einem Wasser, davon drei Hände voll besser als eine Königskrone sind, aber wir haben uns wiederum befleckt; waschen wir uns, machen wir unsre Kleider hell im Blute des Lammes. Niemand halte sich für zu gut, ist mein Ermahnen, und das zweite Ermahnen: Niemand halte sich für zu schlecht. Ob es deren gebe? Es mag doch wohl sein, der Eine oder der Andere in der allerdings weit größeren Zahl derer, die sich für zu gut, die sich für rein und sündenfrei halten. Doch giebt es der Ersteren gewiß auch. Es giebt deren, auf die ein Pfeil des Gesetzes gefahren ist, sie haben selbst nicht gesehen, woher? oder, in die ein Strahl des Evangeliums gefallen, ihnen selbst unbegreiflich. Ob aus Gesetz oder Evangelium, wenn nur Unruhe erregt worden! Ihr Unruhigen denn, welchen keine Stätte recht ist und traget in euch ein Verlangen mit Bangen, ob ihr jemals Ruhe findet für eure Seelen, laßt uns hinzugehen, haltet euch nicht für zu schlecht. Wir sehn uns zu dem Manne gewiesen, der eben solche Seelen, mühselige und beladene, gerufen hat mit Verheißung. Laßt uns hinzugehn!

Und die Gemeinschaft, in Versammlung, das dritte Ermahnen: Laßt uns am Bekenntniß und der Hoffnung fest halten. Was hoffen wir? Gesang 517: So hoff' ich denn mit festem Muth Auf Gottes Gnad' und

Christi Blut, Ich hoff' ein ewig Leben; Gott ist ein
Vater, der verzeiht, Hat mir das Recht zur Seligkeit
In seinem Sohn gegeben. — Ich könnte eine christliche Ehefrau nennen, eine junge, äußerlich glückliche,
welche in ihrer Sterbenacht diesen Gesangvers zu großer
Erbauung der Umstehenden gesprochen hat. Das Wort
ist nach unserm Glauben und dessen Bekenntniß. Halten
wir fest daran. Nehme Einer des Andern wahr. Anderes
ist auch Liebe, aber das ist die reinste, die auf das
Seelenheil des Nächsten geht, andere Werke sind auch
gut, aber das beste ist, wenn wir einen Sünder bekehren
oder einen Wankenden vor dem Fall und Abfall behüten. Wir haben ein Bekenntniß, das versammelt
uns; wird das Bekenntniß aufgehoben, hat Jeder seinen
besonderen Glauben: so ist die Versammlung auch aufgehoben, das Band der Gemeinschaft gelöst, und Christus
hat keine Gemeinde mehr, wie er sie doch bisher noch hat.
Sie entgehet ihm nicht, auch seine Verleugner und Ver-
ächter entgehen ihm nicht; vielleicht ist der Tag nahe,
daß sie sehen werden, wie sie das Blut ihrer Reinigung,
Heiligung haben unrein geachtet. Christen, halten wir
an unserem Bekenntniß!

3) Die Rede ist übergegangen aus der Ermahnung
in die Verwarnung. Diese, die Verwarnung, sollte der
dritte Predigttheil sein. Sie steht in diesen Worten des
Textes: Die Erkenntniß der Wahrheit hat Jedermann
empfangen. Hat er nicht? Mag das Maaß verschieden
sein, ganz ohne sie ist kein Mensch, und genug weiß

ein Jeder, daß es ihn wohl verdammen kann, wenn er muthwillig sündigt. Muthwillig so sündigt, wer bei seiner schlechten That sich nicht an die Vorstellung kehrt, daß Jesus um seiner Sünde willen gestorben ist, wenn diese Vorstellung ihm zugeht. Das thäte sie nicht? Ich weiß es wohl, wenn du sie auch so oft und so lange von dir fern gehalten hast, daß sie nicht mehr kommt, und meidest den Ort oder die Oerter, da sie, wie du weißt, dir nahe gebracht wird. Solcher Oerter, da das geschieht, ist einer hier und unsre Versammlung hier. Er ist seit Jahren in der andern Welt, der einmal zu mir sagte: Ich will mich wohl hüten, in die Kirche zu gehn, da möchte ich leicht zu hören bekommen, dabei ich nicht bleiben kann in Ruhe, in der ich jetzt bin und bleiben will. Der verstand die Sache; allein wer versteht sie nicht? — So viel Erkenntniß der Wahrheit hat Jedermann empfangen. Sei gewarnt Jeder, der muthwillig sündigt. Der Mann, den ich meinte, setzte hinzu: Gott wird gnädig sein und mir meine Sünden vergeben. Gott sei ihm gnädig gewesen, sprech' ich ihm nach. Aber was steht geschrieben? So haben wir fürder kein anderes Opfer für die Sünde. Also das Opfer für die Sünde gilt nur seine Zeit. Das sprech' ich hier zur Verwarnung. Wie lange gilt's? Nach einer muthwilligen Sünde nicht mehr? Wenn die Sünde ein Abfall vom Glauben ist oder mit einem Abfall vom Glauben verbunden ist, kann es nicht wohl erwartet werden, daß ein solcher Sünder noch werde den Trost

dieses Opfers suchen. Doch, ihr Lieben, doch, die Mög-
lichkeit ist vorhanden. Es gilt unsre Lebenszeit. Nur
in der andern Welt, wenn die beschritten ist, gilt es
nicht mehr. Den Geistern im Gefängniß hat Christus
das Evangelium geprediget, als er niederfuhr zur Hölle,
1. Pet. 3. Mag's noch geprediget werden denen, die
nimmer davon gehört haben in diesem Leben, ich weiß
es nicht und Schriftlehre davon giebt es nicht, dagegen
das Wort stehet fest: Selig sind die Todten, die in dem
Herrn sterben, Offb. 14. Was sind die andern Todten
denn? Und das ganze Christenthum wär' eine — laßt
das Wort passiren — wär' eine Faselei mit uns Menschen, wenn Jemand sich ebensowohl nach dem Tode
als vor dem Tode bekehren könnte und selig werden.
Nein, nicht also. Das Opfer für unsere Sünde gilt
nur eine bestimmte Zeit, darnach nicht fürder, dies
Opfer nur und auch kein anderes. Jetzt ist die
Gnadenzeit, Noch steht der Himmel offen, Noch hat ein
Jedermann die Seligkeit zu hoffen. Wer diese Zeit
verschmäht Und sich zu Gott nicht kehrt, Der mess' sich
selber bei, Wenn er zur Höllen fährt.

Wie fahren diejenigen denn, welche es verachten,
das Blut des neuen Testaments, die den Sohn Gottes
mit Füßen treten, die den Geist der Gnaden schmähn?
Ich will noch das Textwort vorlesen, es predige sich
selber und mache selbst sich zur letzten Verwarnung,
V. 28. 29: Wenn Jemand das Gesetz Mosis bricht,
der muß sterben ohne Barmherzigkeit durch zwei oder

drei Zeugen. Wie viel, meinet ihr, ärgere Strafe wird
der verdienen, der den Sohn Gottes mit Füßen tritt,
und das Blut des Testaments unrein achtet, durch
welches er geheiliget ist, und den Geist der Gnade
schmähet? — Der Apostel fragt: Was meinet ihr?
Ich will auch nur fragen: Was meinet ihr? Sollten,
die das thun, nicht eine ärgere Strafe verdienen? Und
will die Predigt schließen mit diesem Wort, Brief
Jud. 23, da es heißt: daß auch Etliche können selig
gemacht werden und aus dem Feuer gerückt werden
mit Furcht. Geschehe das mit Furcht, da der Eingang
mit Freudigkeit nicht Statt findet. Amen.

Am Sonntag Palmarum 1834.

Gef. 272. Jesu, meines Lebens Leben.

Laßt uns nochmals, wie schon durch unser Singen geschehen, unsern Dank gegen den Herrn bezeugen
für alle seine Wohlthat und Liebe, indem wir sprechen:
„Tausend, tausendmal sei dir, o mein Jesu, Dank dafür."
Ist doch der Dank einem Feuer vergleichbar. Lasset
uns darum herzugetragen, was dieses Feuer zu unter-
halten und zu vermehren dient; lasset uns zeigen, was
Dankenswerthes von Jesu für uns gethan worden ist,
damit es auch von denen erkannt werde, von welchen
es bisher nicht erkannt worden ist. Dann wird auch
in ihnen das Opferfeuer des Dankes entbrennen, auch
ihr Herz kann dann nicht kalt bleiben. Ja, meine
lieben Christen, dazu sind die gegenwärtigen Wochen
angeordnet, darauf ist auszugehen bei jedweder Pas-
sionsandacht, also auch bei unsrer heutigen. Klares
Wort darüber, was man soll und will, thut immer
gut. Welcher Zahl aber, meint ihr, werde die größre
sein, derer, die mit Dank in ihrem Herzen schon eintreten und singen aus, was in ihnen ist? Oder die

Zahl derer, bei welchen der Dank erst bereitet werden
muß? Es sei indessen nur gefragt und nicht geantwortet;
eine Antwort möchte zur Betrübniß ausfallen. —
O Jesu, rüste du selbst den Redenden mit einer dien-
lichen, eindringlichen Verkündigung aus!

Es ist hier kein Unterschied. Zu einer Zeit, als
es mit dem Glauben an den Versöhnungstod Jesu noch
anders in der Christenheit stand, als nur noch hie und
da einer seine Seele diesem Glauben weigerte und ver-
schmähte das Heil aus Jesu Wunden, auch in der Zeit
gingen Gesang und Predigt vereinet darauf aus, den
Gekreuzigten vor die Augen zu malen, das Gotteszeugniß
auszusprechen, unsre Bedürftigkeit einer Erlösung darzuthun, den Haß zu wecken wider die Sünde, die
Christum an's Kreuz gebracht habe, Frieden und Ver-
söhnung in Gottes Namen den Menschen anzubieten,
den Glauben zu wirken, als wenn keiner vorhanden
wäre, und die Dankbarkeit zu erzeugen, als wenn sie
ausgestorben wäre. Bleiben wir in dieser Weise der
gläubig dankbaren Vorzeit! Es wird ja auch kein
einziger Gläubiger sich selbst genügen in der Stücke
einem, die er seinem Heilande schuldig ist, und mancher
schilt gewiß sein hartes Herz darum, das es seine
Augen auch niemals feucht macht, da sie doch vor
Schmerz und Freuden sollten der Thränen viele geben.
Wenn unsre Sache denn so steht, so wollen wir derselben näher treten und den Tod Christi als unser

Leben ansehn. Hören wir zuvor Christum seinen Tod so nennen.

Joh. 6, 47—51. Wahrlich, wahrlich, ich sage euch: Wer an mich glaubt, der hat das ewige Leben. Ich bin das Brodt des Lebens. Eure Väter haben Manna gegessen in der Wüste, und sind gestorben. Dies ist das Brodt, das vom Himmel kommt, auf daß, wer davon isset, nicht sterbe. Ich bin das lebendige Brodt, vom Himmel gekommen. Wer von diesem Brodt essen wird, der wird leben in Ewigkeit. Und das Brodt, das Ich geben werde, ist mein Fleisch, welches Ich geben werde für das Leben der Welt.

Wenn dies Wort Einigen nicht gefiele, so könnte uns das nicht sehr befremden. Es ist genommen aus einer Rede Christi, die von Vielen, die sie höreten aus seinem eignem Munde, eine harte Rede geheißen wurde, die sie nicht hören könnten; sie nahmen ein Aergerniß und gingen von ihm weg. Ob, wer diese Worte zum Aussprechen nimmt, auch ein solches Wegwenden, Weggehen erfahre, ob nicht: Christus beharrte dabei. Darum darf auch kein Prediger davon schweigen, etwaiges Misfallens und Aergernisses halber. Und wenn gleich eine ganze Kirche voll sich daran ärgerte, wenn auch die ganze Welt, sie sind dennoch Worte des ewigen Lebens, wie Petrus sie nennt und mit ihm Jedermann, der nur das glaubet und erkannt hat — will auch einer sich die Wortfolge merken: geglaubt und erkannt, nicht: erkannt und geglaubt? — das, daß Christus der Sohn des lebendigen Gottes sei. Wenn in dem Verlesenen der Herr von seinem Fleische spricht, das er gebe, und von seinem Blute, so ist das im kürzern Ausdruck sein Tod, den wir heißen, wie er davon spricht, unser Leben.

Christi Tod ist der Christen Leben. — Dieses ist er dadurch:

1) daß er ihren Tod aufhebet,

2) daß er auch alles Scheinleben zerstört,

3) ihnen ein Leben giebt, ein wirkliches, sich ausbreitendes und ewig währendes Leben.

1) Nicht werde das Versprochene verstanden so, als wenn zuvor der Tod müsse aufgehoben und das Scheinleben zerstört sein, darnach erst, längere und kürzere Zeit darnach, das neue Leben eintrete, eintreten könne. Nein, geliebte Christen, es zwingt bloß die Beschaffenheit der Rede, die ein solches Theilen und Aufeinanderfolgen nöthig macht, zur Betrachtung des Einzelnen für sich besonders, in der Sache selber verhält es sich so: Der Tod weichet vor nichts Anderm, als vor dem Leben, und wo dieses nicht eintritt, eingehet, schon ist, daselbst behält jener seinen Ort und seine Macht; ein Zustand zwischen Leben und Tod, von beiden keins, ist auch nicht denkbar, kann nur vor dem einen oder dem andern der Schein sein, heißen. Aber wir sagten doch, daß der Tod Christi das Leben der Christen sei? Ja, das ist aber kein Tod in dem Verstande, als wenn wir von einem Tode sprechen, wie er sich finde bei uns, sondern Christi Tod ist der Träger eines Lebens, das Gefäß, der Quell, die Ursach' eines Lebens, und heißet nur Tod darum, weil auf dem Wege seines

Todes, weil mit und in seinem Tode, den er am Kreuze starb, das Leben uns zu Theil wird.

Unsern Tod, sind wir gelehret, in drei Gestalten zu betrachten: er betrifft unsern Seelenzustand, da heißt er der geistliche Tod — oder unser Schicksal in der andern Welt, da heißt er der ewige — oder die Verbindung zwischen Seel' und Leib, wenn die aufhört, welches heißt der leibliche oder zeitliche Tod.

Den geistlichen nenn' ich zuerst, der es auch ja allereigentlich ist. Sei es, daß unser Geist niemals gelebet hat, zum Aufleben niemals gekommen, — ach, bei so Vielen ist das der Fall! — sei es, daß er gelebet hat, aber gestorben ist. Sage sich bei diesem Erwähnen Jeder, der mich anhört, in welchem Fall er sei, ob ein allzeit todt Gewesener oder der einmal zum Leben auferstanden ist, aber wiederum in den Tod zurückgesunken: Dieser wie Jener lasse den Tod Christi bei sich zu, auf daß er kraft desselben zum Leben gelange und sich entreiße seinem geistlichen Tode. Welches der sei? Der Tod in Uebertretung und Sünde, wie ihn die Schrift nennt, die Entfremdung von dem Leben, das aus Gott ist, die Abgötterei, da man die sinnlichen Genüsse, die weltlichen Freuden, die zeitlichen Güter vor allem sucht, ja einzig, und vergißt Gott darüber und daß es etwas Edleres, Besseres gebe, der Seelenzustand, da man die Regeln seines Thuns und Lassens sich selber schreibt und kehrt sich an kein Gottesgebot, hat auch so wenig Freude am Gottes Wort, daß es vielmehr ihm, wie

Sirach von den Gottlosen sagt, ein Gräuel ist, betet auch nicht, weder in Bitte noch in Dank und gedenkt keiner andern Zukunft, als der kürzeren hier auf Erden, wieviel noch Rest von derselben sei, schwebt nicht zuweilen in seinen Gedanken, hebt sich nicht höher in seinem Geist: — das nennen wir den geistlichen Tod, der wahrhaft einer ist, unser Tod, unser aller, wenn nicht — was nicht? — wenn nicht der Tod, den Christus gelitten hat, aus diesem Seelenzustand uns herausreißt und unser Leben wird. Und wie geschieht das? Wie geht es damit zu? Also: Ich höre, daß es doch einen Gott gebe, daß ein Gott sei, ein Gott der Barmherzigkeit, der in diesem Tode mich und keinen Menschen will, der zu dem Ende den Sohn sendet, seinen Eingebornen, und wolle ihn uns geben, auf daß wir leben; unser jetziger Zustand sei Sünde und beiße Tod; da tritt Christus, der Sohn Gottes vor und ruft: Stehe auf von den Todten! Was das evangelische Wort nicht kann, wird mit der Stimme seines Bluts versucht. Siehe, wie werth du geachtet bist in Gottes Augen, immer noch, kehre zu dem dich, welcher mit solcher Liebe zu dir sich kehret, das Leben zu bringen in deine Erstorbenheit, in deinen Tod, wie Christus von seinem Tode spricht: Werdet ihr nicht essen das Fleisch des Menschensohnes und trinken sein Blut, so habt ihr kein Leben in euch. Glauben dem Wort ist ein Essen und ist ein Trinken, davon der geistliche Tod aufgehoben wird. Ich nannte den ewigen Tod. Das ist der, in

welchen fähret, wer in dem geistlichen Tode bleibt.
Diesen hat der sündige Mensch gewollt, jenen, den
ewigen Tod will der gerechte Gott, d. h. wer die Gnade
verachtet und die Vergebung verschmäht und die Gottes-
wohlthat, die allergrößte und die kostbarste, sich weigert
anzunehmen, wer im Tode bleiben will, über den spricht
die Gerechtigkeit: Habe denn das Begehrte, und bleibe,
wo heraus du nicht zu kriegen bist, aber dann soll dir
ein Uebriges geschehen, was du freilich nicht begehrt hast,
nämlich in deiner Sünde sollst du sterben und empfahen
ihren Lohn, wie es dir gesagt worden ist, also, daß du
keine Entschuldigung hast: Trübsal und Angst über alle
Seelen der Menschen, die Böses thun, Röm. 2, und: wer
nicht glaubet, der wird verdammet werden, Marci am letzten.
So hat Gott sagen lassen, aber zugleich, wie er Verdammniß und ewigen Tod gern abwende, keine Lust
an dem Tode des Sünders habend. Er hat gethan
dies und das, aber Eines ist das Allergrößte: Was
Christus leidet, das soll gelten bei ihm für das, was
wir zu leiden hätten für unsere Sünden — bei ihm —,
es ist sein Rathschluß über uns, seine That, die er in
die Welt gestellet hat einmal und einzig, reine Offenbarung, Gnade ohn' Maaß. Glaube, so wirst du nicht
verdammt, glaube, daß Christus das Lamm Gottes sei,
das die Sünde der Welt trägt und auch die Deinigen.
Und wenn ihrer auch so viele sind als Sand am Meer, wenn
Sünden darunter sind, riesengroß, blutroth, und du um
ihretwillen tausendmal der Verdammniß würdig: so sollst

du doch nicht verdammt werden, vergeben soll dir werden, sollst den ewigen Tod nicht schmecken. Christus starb, auf daß du lebest und nicht sterbest in Ewigkeit. Glaube nur daran, und mache dich des ewigen Todes frei durch Glauben an den Tod Christi, der die Sünden d. h. deinen geistlichen Tod und damit auch den ewigen aufhebt. Es wird sich aber ausweisen, das Eine wie das Andre, ob in den ewigen Tod der Mensch sinken oder er in das ewige Leben erhoben werde, — klar wird sich's ausweisen, daß es auch der sehen muß, der das Auge zumacht, nachdem der Uebergang in die andre Welt geschehen ist durch den zeitlichen Tod. Nun freilich dieser Tod, der zeitliche genannt wegen seines Eintretens in der Zeit, der leibliche, weil er den Leib tödtet, bleibet, und hat auch Macht über den Gläubigsten noch. Vielleicht, weil doch gar zu sehr die Sünde durch alle Menschen gedrungen und kein Punkt an ihnen geblieben ist, der noch sündenfrei; sonst möchte wohl der Christ, der es völlig wäre, zu einer leiblichen Unsterblichkeit kommen können. Aber sie ist hin, wir müssen Alle hinein in den Tod. Was fürchten wir uns auch vor ihm? Sein Stachel ist die Sünde, und die nimmt ja Christus durch seinen Tod hinweg, der für unsre Sünde gelitten. Das Maaß der Lebenslust, wie das Maaß der Todesfurcht bestimmt sich, je nachdem wir schwach oder stark glauben. In wem der Glaube ist in seiner vollen Kraft — daß, wer in dem Herrn stirbt, selig stirbt und selig ist von dem an, zur Ruhe der Heiligen

kommt und zur Freude der Gerechten, an einen Ort,
da er im Schauen hat, was hier im Glauben —:
sagt, ob für den der leibliche Tod dürfe ein Schreck-
bild sein? Und wär' es uns beschieden, daß wir noch
einen Kampf sollten am Ende bestehn, daß unsre Sünden dann noch einmal als zum letzten Versuch, um sich
zu rächen, daß wir ihnen entsagt, uns sollten vor
Augen treten und uns ängsten: — o Jesu, hilf uns
dann siegen und sorgen. Ihr seid doch alle vergebene
Sünden und nicht eine einzige unvergebene ist unter
euch, darum verdammt ihr mich nicht; es ist nichts
Verdammliches an denen, die in Christo Jesu sind; in
ihm aber bin ich, so wahr ich seines Todes theilhaftig bin.

2) Christi Tod ist der Christen Leben. Weil
er unsern geistlichen, unsern ewigen und auch unsern
leiblichen Tod aufhebt, ist er zum Andern unser Leben,
und der Zerstörer alles Scheinlebens. Das mochte
es sein unter denen, die Christi Rede höreten, Jünger
werden sie geheißen, weshalb diese sie hart nannten und
kehrten sich von ihr: ihnen wurde das Lebendigsein, das
Leben abgesprochen, das hätten sie nicht, das bekämen
sie auch nicht, sie äßen denn das Brodt und tränken
sein Blut. Sowohl dies angetragene Mittel zum Leben,
als auch die Meinung, daß sie lebten und wären nicht
todt, wird die Ursach' ihres Weggehens gewesen sein.
O Freunde, gerade so ist es noch bei uns, das Eine wie

das Andere. Die, möchte man sagen, sind schon halbwegs gewonnen, die ihren Tod, den geistlichen, erkennen, aber schwerer sind die zu gewinnen, nach wie vor, die da meinen, daß sie leben und scheinen zu leben, wenn auch in den Augen Andrer nicht, doch in ihren eigenen. Hier nenne ich zuerst, und führe das als ein bloßes Scheinleben vor: die Thätigkeit. Nun freilich, nichts thun, das ist der lebendige Tod, aber seine Kräfte gebrauchen des Leibes und des Geistes, befunden werden darin, daß man sie braucht, früh und spät, ausrichten dies und jenes, seinem Hause vorstehen, die Seinen versorgen, angenommene Aemter verwalten, der Wissenschaft pflegen und seine Hand in vielen Dingen sehn lassen, daß sie mit darin sei: freilich, das scheint ein Leben zu sein, und Mancher weiß sich darauf nicht wenig. Allein, dies gehört durchaus nicht in die Sache herein, davon wir reden; es ist ein äußerliches Gebiet, dahinauf allerdings auch das Christenthum dringet, doch um es zu durchdringen und diese ganze Thätigkeit erst mit dem Rauch des Opfers zu reinigen, wie man spricht, zu desinficiren. Es ist Sünde darin; Eigennutz, der nach Geld oder Ehre steht, ist darin, und wenn leiblich, ist's Gewohnheit oder bloß sinnliches Wohlgefallen an der Rührigkeit, gilt aber vor dem nichts, der vor seinen Augen nichts gelten lässet, als was sein eigen Werk ist, zu welchem er der Antrieb und bei welchem er die Begleitung ist und in welchem er das Vor-

bild ist und an welchem er sein göttliches Wohlgefallen hat.
Lasse sich Keiner blenden und blende sich Keiner selbst
durch dieses Scheinleben. Hier ist Christus und sein
Tod, den heißet er das Leben der Welt und spricht das
wahre Leben allen denjenigen ab, die nicht seines Leibes
und Blutes theilhaftig geworden sind. Sein Tod soll
unser Leben werden, darum auch in unsrer Thätigkeit
die Triebfeder und die stete Durchdringung. O Mensch,
du greifst wohl an, jedoch mit ungewaschenen Händen,
du siehest zu, allein Christus hat dir das Auge nicht
aufgethan, du hast Urtheil, allein du irrst jeden Augenblick und hälst Unwichtiges für wichtig, Unnöthiges für
nöthig, ja Sündliches sogar hältst du für unschuldig,
wenn du nicht dein Urtheil durch Christum und seinen
Tod hast bilden und leiten lassen. Um nur Eins zu
nennen: du lässest ja offenbar eins liegen, was doch
durch Christi Tod für das Hauptwerk deines Lebens
erklärt wird, dies, daß du für deine Seele sorgst. Hier
wird ja gelehrt mit klarem Wort, das sei das Leben,
wenn Christus in dir lebet. Wenn Christus nicht in dich
eingeht, so zu sprechen, mit dem Kreuz auf sich, daran
er für dich gestorben ist, so thue, was und wieviel du
willst, nimmer kann es rechter Art sein. Denn es handelt verkehrt in allem, wer Gottes Ordnung verkehrt
und treibt sich ab in weltlichen Dingen, die himmlischen
und ewigen darüber vergessend.

    Ich will deiner Einrede Rede stehn. Du sprichst:
Auch, wenn ich mich der Tugend befleißige? Dann

allerdings nicht. Deine Tugend besteht in Verminde=
rung der Laster. O, es sind nicht Alle tugendhaft,
die nicht lasterhaft sind. Was man Laster nennt, kann
aus tausend Gründen gemieden werden, die mit wahrer
Tugend auch nicht die geringste Gemeinschaft haben.
Du meidest gewisse Laster, weil sie Geld kosten, andere,
weil sie der Gesundheit nachtheilig sind, andere, weil sie
Schande machen. Du aber befleißigst des Guten dich,
thust, was der That nach mit Gottes Gebot überein=
kommt, in Dienstfertigkeit, Mildthätigkeit, in Beförderung
des gemeinen Besten selbst ohne nähern Beruf dazu:
Lieber Mann, da kann viel Gutes gethan werden, das
vor Gott nicht besser ist, als Böses thun, nämlich wofern du das Gute, das du thust, dir dienen lässest als
Tünche, die Stellen an dir damit zuzudecken, die häßlich
in die Augen fallen, als eine Leiter, um daran hinauf
zu steigen, oder als Nahrung, mit welcher du dein Ich
speisest und tränkst. Ich predige den Tod Christi, damit streife ich solche Tünche ab, mit dem Tode Christi
breche ich die Leiter in Stücke; der Tod Christi,
er nennt sich Speise und Trank, ist keine Nahrung
für dein selbstgefälliges, eingebildetes, selbst es sein
wollendes Ich. Christus ist für uns gestorben. Es heißt,
um unsrer Sünde willen, ist zu verstehn, um unsrer
Tugenden willen sowohl als um unsrer Sünden willen;
denn Röm. 14 heißt es: Was nicht aus dem Glauben gehet,
das ist Sünde, und wahre Tugend will alleine, 2. Petr, 1,
im Glauben dargereicht sein. In welchem Glauben?

In diesem, den Text und Predigt vorhalten, daß Christus sich habe für das Leben der Welt gegeben. So zerstört sein Tod unser Scheinleben: das der eignen Tugend.

Dieses und auch das Scheinleben einer angenommenen Christlichkeit zerstört er. Mit Hochachtung von Christo sprechen, ihn einen der Edelsten unsers Geschlechts, ja den Edelsten ihn nennen, für wahr und göttlich seine Lehren halten, und sie gerne sich predigen lassen, auch Antheil nehmen an dem von ihm eingesetzten Gedächtnißmahl, gewisse Aussprüche von ihm mit Fleiß im Munde führen und selbst als Regeln sich dienen lassen, wonach man sich verhält, und gewisse Worte von ihm bewahren, daran man sich hält: wenn nur dieses vorhanden ist, so nenn' ich das eine angenommene Christlichkeit, und wird das ein christliches Leben geheißen, so nenn' ich das ein Scheinleben. Nicht, als sollte, was aufgezählt ist, verwerflich sein, wofern es ohne Heuchelei befunden wird, aber es ist das rechte Leben, das wahre Leben nicht. Sein Tod ist unser Leben, und dieser soll allein es sein. Blicken wir hin auf jenes, davon ich sage, es sei nur Schein. Habe Jemand, halte Jemand noch so hoch von Christo und seinem Wort, wenn er ein Wort wie unsern Text aus der Acht lassen kann und eine solche Anleitung verschmähen, als derselben nicht bedürftig, annimmt von Christo, was ihm eben zusagt, und weder das Gehör hat, um es aufzunehmen, noch die Seele hat, die alle Thüren aufreißt: Komm, Jesu und decke mir einen

Tisch, auf welchem du selbst meine Speise und mein
Trank bist — da er doch gesagt hat: Mein Fleisch ist
die rechte Speise und mein Blut ist der rechte Trank:
— nein, Brüder, nein, wie fromm auch, christlich fromm
eines Solchen Leben erscheint, ich kann nicht anders als
ein Scheinleben es nennen und frei sagen: Wenn der
für uns getödtete Christus Jemandes Glauben wird,
dieser Wohlthäter, der für ihn stirbt, auf daß er lebe,
so wird demselben auch jene genannte Christlichkeit sammt
Tugend und Thätigkeit als ein Leben erscheinen, das
bloßer Schein gewesen, das wahre Leben nicht gewesen ist, und der nun, da dies kommt, — o möcht' es
bei Allen geschehen! — zerstöret wird. Amen!

Am Gründonnerstag 1834.

Ges. 412. Rühme, Seele, dein Gesang ⲥⲥ. — Ja, komm', Herr Jesu, komme bald.

Erinnert sich auch Jemand daran, daß mit eben den Worten die Bibel schließt? Kurz vor dem Wunsch, den der Verfasser der letzten Schrift in der Bibel aus seinem Eigenen in dieser Schrift, der Offenbarung, hintennach giebt, sagt Jesus zu der gläubigen Seele, Braut genannt: Ja, ich komme bald, und sie erwiedert ihm: Ja, komm, Herr Jesu. Die gläubige Seele, sei es Eine, sei es die Zahl aller Seelen zusammen, die Eine Gemeinde sind, seine Gemeinde, ist in einem Gespräch mit ihm begriffen gewesen und hat sich geweidet an seinem Wort und Blick, selig durch beides. So kann es aber nicht bleiben, noch nicht, er muß sich ihr wieder entziehen. Darüber möchte sie traurig werden; er kennt sie und ihre Liebe, auch wenn sie sich nicht ausspricht, sie schweigt, da er gehen will, darum nimmt er das Wort aus ihrem vollen Herzen heraus in Gestalt einer Antwort auf ihre Frage und spricht: Ja, ich komme bald. Das löst ihr den Mund: Ja komm', Herr Jesu. Das ist

10*

ein Scheiden und ist keins; denn die so von einander
gehn, zwischen denen das letzte gewechselte Wort dieses
ist, o die bleiben beisammen gleichwohl, er gedenkt seines
Versprechens und in dem Gedanken ist er bei ihr, sie
gedenkt seines Versprechens, in dem Gedanken ist sie
bei ihm, der Bund ist wohl versiegelt, die Treu ist fest
verriegelt, und er wie sie nennen Beide die Zeit, bis
er wiederkommt, eine baldige. Wie könnte sie eine lange
sein? Ja, ich komme bald. Ja, komm', Herr Jesu.
Ich denke doch, meine theuren Zuhörer, ihr habt dies
Gesprochne auf die heilige Abendmahlsfeier gedeutet und
bei euch gesagt: Wenn ich zum Abendmahl gehe oder
gegangen bin, dann ist es mir so. Jesus spricht so,
und ich spreche so. Die von hohem Alter oder die dem
nahe sind, meinen: Nun könne es nicht lange mehr währen,
dann steht er zum Abholen vor mir. Die jung an
Jahren, denken an keine Lebenslänge, ihnen ist's nicht
anders als: Nun, in Kurzem bin ich bei ihm; allen
Menschen fremd, ihm allein bekannt und weil von ihm ein
solches Pfand mit dieser Liebe mir gewiesen, wird er
mich nicht lange ferne von sich lassen. O Theure,
denken wir von einer jedesmaligen Abendmahlsfeier, daß
es bei derselben also zugeht und der Feiernden Viele
solche Erfahrungen machen. Es gebührt sich, wie dem
Redenden es scheint, in der Rede am Stiftungsfeste
des heiligen Abendmahls eine der höchsten Erfahrungen
an die Spitze zu stellen, die höchste, die seligste Erfahrung; wie jetzt gethan ist. —

Von dieser Höhe herab steigen wir darnach und begeben uns auf das Feld, da wir wissen, daß Jedermanns Gedanke bei uns sein und mit uns gehen wird. Zwar, was wir meinen, ist nicht das Blachfeld alltäglicher Gedanken und handgreiflicher Vorkommenheiten; denn redend vom Sakrament müssen wir auf der Höhe des Sakraments auch bleiben, uns bewegen innerhalb eines göttlichen Geheimnisses. Indeß eine Seite desselben ist doch heller als die andre, und zu einer hellern Seite kehren wir uns, wenn wir die lebendige Kraft erwägen, das Leben, wie es von Christi Tod und insonderheit von der sacramentlichen Feier seines Todes über die Feiernden ausgehet. Wir treten unter das Bibelwort, vor, unter welchem wir auch am letzten Sonntag schon standen, da wir heute dieselbige Sache mit einander betrachten wollen: den Tod Christi als das Leben der Christen.

Joh. 6, 47—51. Wahrlich, wahrlich, ich sage euch: Wer an mich glaubt, der hat das ewige Leben. Ich bin das Brodt des Lebens. Eure Väter haben Manna gegessen in der Wüste, und sind gestorben. Dies ist das Brodt, das vom Himmel kommt, auf daß, wer davon isset, nicht sterbe. Ich bin das lebendige Brodt, vom Himmel gekommen. Wer von diesem Brodt essen wird, der wird leben in Ewigkeit. Und das Brodt, das Ich geben werde, ist mein Fleisch, welches Ich geben werde für das Leben der Welt.

Ob jemals ein Lehrer, der das nur war und sein wollte, so von sich und seiner Persönlichkeit gesprochen hat, wie in diesem verlesenen Worte Jesus von sich spricht? Scheint er doch sogar die Lehren, die er gegeben hat, gänzlich bei Seite zu stellen, als wenn die es

durchaus nicht wären, mittelst welcher man dessen theil=
haftig würde, was er der Welt bringen und sein will.
Vielmehr er selbst will es sein, thun, auch nicht hie=
durch und dadurch, sondern durch seinen Tod, als mit
welchem er das Leben bringe den Gläubigen, in Ge=
meinschaft mit ihnen trete, wenn sie äßen sein Fleisch und
tränken sein Blut, und durch welchen er in der Auferweckung
am jüngsten Tage diese eingetretene Gemeinschaft mit ihnen
noch bestätigen werde. Das lehrt er; so knüpft er unser
Leben an seinen Tod, und dazu hat er auch das Sacrament
eingesetzt, als er im Begriff stand, in den Tod zu
gehen, in der Nacht, da er verrathen wurde, sprechen
wir, sich verrathen ließ, auf daß wir hätten, hätten und
nehmen könnten, was er im heiligen Abendmahl giebt:
ihn, seinen Leib und sein Blut, den getödteten Christum
selber, deß Tod unser Leben ist.

Christi Tod ist unser Leben. Denn

1) wirkt er eins,
2) das sich ausbreitet
3) und ewig währet.

1) Mit der Hand ist es nicht zu greifen, was wir
hier Leben heißen, Leben, wozu uns der Tod Christi wird;
noch ist es vor die leiblichen Augen zu bringen, daß man
sagen kann: siehe da, das ist es, und davon reden wir. Aber
darum sorget der davon Redende nicht, seine Rede möchte
vergeblich sein, unverstanden bleiben bei den Hörern. Ihr,
liebe Hörer, seid es ja fast sämmtlich auch am vorigen
Sonntag hier gewesen und habt in der Predigt schon, hoff'

ich, mit geiſtlichen Augen das Leben Chriſti geſchaut, welches unſern Tod aufhebet, den geiſtlichen, den ewigen, den zeitlichen Tod und auch alles Scheinleben zerſtört, die Thätigkeit aus eigner Wahl, und die Tugend als eigenes Werk, und eine willkürliche Chriſtlichkeit, und das Alles als eine Wirkung des Todes, den Chriſtus für uns geſtorben iſt. Nun, was ſolche Dinge thut, ſolche Macht über uns zeigt, und an uns, heiße das immerhin nur Tod, ein Leben muß es doch ſein; denn vor dem Tode weicht kein Tod, ſondern allein vor dem Leben, wo das hervortritt. Aber heute ſehen wir von dieſer Lebens- wirkſamkeit des Todes Chriſti ab. Wir ſtehn heute in der Feier des eingeſetzten Abendmahls, und unſrer Viele nehmen ſelbſt an dieſem Mahle Theil. Da ſehn wir nicht bloß ein Altes vergehn und verſchwinden, ſon- dern wir ſehn auch ein Neues eintreten und ſeine Stätte einnehmen, da es zuvor nicht war. Hat Jemand einen andern Namen dafür als Leben? So ſprechen wir in natürlichen Dingen ſelbſt von einem Leben, wenn Sonn' und Frühling über die Erde geh'n und ihre neuen Hervorbringungen uns zeigen, beides, wenn ein vorher Dageweſenes aus dem Boden gelockt wird und wenn ſie in Erſtorbenes eindringen, ſich kleidend in die Abge- ſtorbenheit und dieſelbe in Belebtheit wandelnd, wie vor unſern Augen der ausſchlagende Baum erſcheinet. So ſagen wir von dem Menſchen ſelbſt, daß bei ihm ein Neues eintrete, ein neues Leben, wenn aus dem Knaben ein Jüngling und aus dem Jünglinge ein Mann wird.

Aber, was den Knaben zu einem Jünglinge macht
und den Jüngling zu einem Manne, das ist weder sein
Werk, noch seine Wahl, sondern ein umfahendes Neues,
ein ihn erfüllendes Andres, unerkannt bis dahin und ob
auch an Tausenden gesehn, doch nimmer begriffen eher,
als da er es selbst erfährt und sagt: Nun bin ich das.
Gleicherweise geht es mit dem Christwerden zu, auch
ein Leben kommt über ihn; denn so müssen wir es nennen,
was vorgehet, es umfängt den Menschen, es erfüllt ihn und
nimmt seine Stätte in ihm ein. Niemand hat die Macht,
es zu bewirken, ja nicht einmal ein Verständniß von ihm,
selbst wenn sie vorhanden ist. Es mag Einer sich selbst nehmen und dies oder jenes aus sich machen, einen geschickten
Arbeiter, einen Künstler, einen Gelehrten und was immer:
doch so wenig er sich zu einem Jüngling oder Mann machen
kann, so wenig ist Jemand im Stande, sich selbst zu einem
Christen zu machen, christliches Leben, wir sagen, Leben,
in sich hervorzubringen. Der Weisen eine, wie das geschieht, hält das heilige Abendmahl uns vor. Ich bin
das Brod des Lebens, spricht Jesus, bin das lebendige
Brod vom Himmel gekommen; er weigert jeder andern
Erscheinung den Namen Leben, indem er spricht: Werdet
ihr nicht essen das Fleisch des Menschensohns und
trinken sein Blut, so habt ihr kein Leben in euch; mein
Fleisch ist die rechte Speise, in der That eine Speise,
und mein Blut ist der rechte Trank, in Wahrheit ein Trank,
der aber genommen werden muß im Glauben an mich;
das stellt Jesus voran. Und diese Speise, gegessen in

Glauben, giebt Leben; denn es ist Leben. Und welchen
Leib giebt uns Christus in seinem Mahle und welches
Blut? Das Blut giebt er uns und den Leib, der auf
dem Wege seines Todes zu uns kommt durch seine
Gottesmacht und die vorausgehende Verkündigung: für
euch, ihr Menschen, für eure Sünden, hat Jesus sein
Leben dargebracht, daß ihr es hättet, euer ist sein Tod;
sein Leib ist euer, den verbindet er mit dem gesegneten
Brod; sein Blut ist euer, das verbindet er mit dem gesegneten Kelch, und läßt seinen Tod euer Leben sein.
Wer daran glaubt, der hat das Leben. Hat er nicht?
frag' ich unter allen Communicanten umher, und die
es je gewesen sind. Leben ist Licht; das ging in unsre
Finsterniß; ist Kraft, die trat in unsre Schwachheit;
ist Muth, der trat an die Stelle unsrer Verzagtheit;
ist Gemeinschaft. Ach, bis dahin standen wir so allein und
dieneten ein Jeder seinem Ich; das Ich aber ward getödtet
und das Selbst ward begraben. Was wir darnach wurden,
das war mit hundert Fäden gebunden an Menschen und
Gott, und die Gemeinschaft ließ allzeit neues Leben
wieder auf uns einströmen.

2) Die eben erwähnte Gemeinschaft führt uns
auf den zweiten Punkt, dahin wir treten wollten; denn
gleichwie das Leben mit dem, was lebet, in Verbindung
setzet zu seiner eignen Erhaltung und Erhöhung, so
setzt es sich auch mit dem, was nicht lebt, in Verbindung, um in das hinein sich zu legen, um das auch
in seinen Lebenskreis mit hereinzuziehn in immer größerer

Ausdehnung und Ausbreitung. Christi Tod ist unser, der Christen, Leben, ein Leben, das nicht etwa nur an einer Stelle des gläubigen Herzens vorhanden ist und dort verborgen bleibt, sondern das das ganze Herz den ganzen Menschen durchdringt. Seht das an Speise und Trank, wie die ja auch nicht bleiben an des Leibes Stelle, wohin sie gebracht werden, sondern sich mittheilen allem, was an uns ist. Als Speise und Trank hat Christus sich uns geben wollen. Mein Fleisch ist wirklich Speise, mein Blut ist recht eigentlich Trank; diese wie jenen giebt er uns im heiligen Abendmahl; was er dargebracht am Kreuze, das läßt er uns an seinem Tische theilhaftig werden und macht seinen Tod zu unserm Leben, zu einem sich allem Lebensgesetz gemäß ausbreitenden. Wohin denn, fragen wir, und worüber? Ueber Seel' und Leib; nicht über die Seel' allein, sondern über unsern Leib gleichfalls. Wissen wir ja, wie wenig getrennt die beiden von einander im geistlichen Tode sind. Sündig er wie sie und sie wie er, o, sollte denn die Seele können erlöst, erweckt, geheiligt sein, und unser Leib unerlöst, im Schlaf, noch in Sünden stecken bleiben, fortwährend der Hinterhalt, in welchem die Sünde laure, um die Seele zu überfallen? Sehen wir's also nicht in bloßer Geistlichkeit an, was Christus gethan hat, wie er es auch ja nicht in bloßer Geistlichkeit, sondern mit Leibhaftigkeit verbunden gethan. Wäre das seine Meinung nicht gewesen, warum hätte er denn die Juden sich zanken lassen über seine Worte? Nur ein

Wort gesagt: ich meine das rein geistlich; — so würden
sie ihn verstanden haben. Aber er schweigt und schärft
sogar seinen Ausdruck: Werdet ihr nicht essen das Fleisch
des Menschensohnes und trinken sein Blut, so habt ihr
kein Leben in euch. Darum reden wir auch von der
Ausbreitung des Lebens über unsern Leib. Kennt ihr
doch der Nerven, des Blutes Theilnahme, ja selbst der
Haare auf dem Haupte. Diese bewegen sich, wenn wir
auch nur hören von großen Schandtthaten und Freveln;
sie alle bezeugen einen wirklich leiblichen Schrecken vor
manchem Bösen. Träte denn nicht das Gute eben sowohl
in des Leibes Gemeinschaft, zu dessen Mitempfindung?
Sind doch unsre Hände geneigt, sich zum Gebet zu falten,
und unsre Knie, sich zu beugen! die Zunge bereit,
heilige Dinge auszusprechen, und die Augen, das Bild
des Erlösers anzusehen! und das Blut in den Adern
leicht bewegt, wenn ein himmlischer Ton in unsre Ohren
fällt! Das ist des Lebens Ausbreitung; eine weitre:
redlich in allem Verkehr sein, treu den Freunden und
gegen Feinde versöhnlich, milde gegen Dürftige und
mit Schwachen Geduld haben, besonnen und bescheiden
im Glück bleiben, im Leiden gottergeben, getrost, wenn
der Tod kommt. Das ist des Lebens noch weitere Ausbreitung: Irrende zurecht bringen, Gefallene auf-
richten, Schwankende befestigen und die draußen sind,
hereinführen bis zu den Entferntesten hin, wie man es
immer nur kann, dazu beitragen, daß sie gewonnen werden
für den Glauben an Jesum, diesen unsern Jesum, der

sich das Brod des Lebens nennt und theilt sich gerne mit Jedem, der nur kommen und sein Fleisch essen, sein Blut trinken will, wie er im Abendmahl es mittheilet. So wird's befunden bei dem, in welchem Christus seine Stätte gefunden hat, in welchem er das Leben geworden ist durch seinen Tod, dies ausgebreitete Leben. O, wenn solches geschähe in allen Communicanten! Ihr von gestern, von heut' und von morgen, wenn ihr wolltet alle die Thüren aufmachen und rufen: Komm', Herr Jesu! Er ist zu kommen bereit, er wird in euch gerne solch' Leben.

3) Viermal sagt der Herr in den verlesenen Worten: ewiges Leben, Leben in Ewigkeit. Was er so hervorhebt, daran können wir nicht vorübergehen, müssen auch das noch ansehen. Sein Tod ist unser Leben, ein ewig währendes. O, nimmer kann es auf eine Zeit nur gelten, und für gewisse Jahre nur währen sollen, was er gethan hat. Wenn die Menschen doch nur dies Eine glaubeten, Christus sei der Sohn des lebendigen Gottes, sei, wie er spricht, ein Brod, das vom Himmel gekommen, so könnten sie nicht ohne Verleugnung ihrer Vernunft anders annehmen, als daß er Himmlisches habe auf die Erde zu bringen, ein Ewiges in diese Zeit herein zu stellen gehabt. Anders zu denken wäre Christi nicht würdig und solcher Voranstellung durchaus unangemessen. Denn er selber spricht mit so klaren Worten sich darüber aus: „Wer mein Fleisch isset und trinket mein Blut, der hat das ewige Leben". Hat es. Also nicht wird er es erst haben. Es ist eine

Mittheilung des ewigen Lebens selbst. Sonst vergeht
Alles, was lebt, nur dies soll ohne Vergang sein und
niemals aufhören. Solches Leben ist allein in Gott, in
dem ewigen Gott und in dem zu finden, der Gottes selbst
theilhaftig wird. Der lebendige Vater sendet den Sohn
und der Sohn lebt um des Vaters willen; also, spricht
er, wer mich isset, der wird leben um meinetwillen. Das
ist die Verbindung, die durch das Abendmahl vermittelte
Verbindung durch Jesum und seinen Tod mit dem
lebendigen Vater. O, theure Glaubensgenossen, ist's
nicht also, wenn wir Christi ausdrückliches Wort darüber auch nicht hätten? Empfangen wir nur die himmlische
Speise und den himmlischen Trank, wissen uns mit
Jesu vereiniget, erfahren es, daß ein Leben und welch'
eines, daß ein neues und dermaßen mächtiges, herrliches,
weil sich ausbreitendes, keine Stätte an uns undurch=
drungen sein lassendes, durch und durch uns heiligendes
Leben unser wird in der Stunde solcher Genießung!
O wohl, o wohl, es trägt die Gabe in sich selbst das
Wort. Das kann nie wieder aufhören, es ist ein ewiges
Leben. Sagt, ob nicht mancher Communicant von dem
Altar gegangen sei in dieser wie ein Felsen so fest bei
ihm stehenden Zuversicht, unter dem Gesang seiner
Seele: Nichts soll mich, nichts wird, nichts kann mich
von Jesu trennen? Besonders erwart' ich solcher Zeugen
viele unter den jüngern Seelen, die den heiligen Gang
zum ersten Mal gethan. Allein der Herr hat menschliche Schwachheit wohl gekannt und hat sich zu einer

Speise gemacht. Was ich damit sagen wolle? Dieses,
daß er hat vorgesehen und Anstalt getroffen, daß uns
die Nahrung des Lebens, welches er ist, niemals aus-
gehe. Wen da hungert, der komm'! und wen da dürstet,
der komm'! Der Tisch ist immer für ihn gedeckt; aus
wem das ewige Leben weicht, der ist nicht ohne eigne
Schuld. Und selbst, das wagt der Diener am Wort
und am Sacrament hinzuzusetzen, und selbst, wer keinen
Hunger und Durst empfindet, komme derselbe auch, der
Anblick der Speise und des Tranks, so wie der Anblick
Derer, die ihr Verlangen stillen und gehen so gott-
befriediget weg, möchte das Verlangen in ihm auch
wecken. Sagten doch zu ihren Eltern die Kinder: Nun,
das nächste Mal gehen wir mit euch! zu seiner Frau der
Mann: Du, nicht wieder ohne mich! es ist ein Leben,
und ich bin schon ´nicht todt mehr. Und wer mit
Niemandem darüber spricht, der spreche zu Jesu Christo:
Mein Jesus, ich war lange ohne dich, nun nicht länger,
mein zeitliches Leben verrinnt, ich säume nicht, das ewige
zu ergreifen. Amen.

Am Stillfreitag 1844.

Gef. 269. Die Sonne stand verfinstert, Am Tage ward es Nacht.

Die Bücher werden zugemacht und bei Seite gelegt, die aber nicht zugemacht, nicht bei Seite gelegt werden dürfen, niemals und heute am wenigsten, eure Herzen, seien die im Gegentheil noch weiter aufgemacht für den Eingang meiner Worte. Wovon zu reden ist an diesem Tage, davon auch geredet wird in allen evangelisch-christlichen Kirchen aller Länder, das ist eine Sache, über welche keine andere geht, so wichtig ist sie und so heilig. Das letzte Leiden und der Tod Jesu Christi ist diese wichtige und heilige Sache. Man hat vor Alters die Sache selbst reden lassen und nichts oder kaum etwas hinzugefügt; ich erinnere noch der Zeit und des Brauchs am Charfreitag, daß die ganze Passionsgeschichte an dem Tage von dem Prediger vorgelesen wurde und nur wenig dazu gesagt, vertrauend gewiß der Erzählung, was sich begeben, daß diese allein sich Bahn mache dahin, wohin die Sache gebracht werden soll. Wie sie das dann auch gethan hat; ich bin dabei gewesen, hab' es angesehn in einer Char-

freitagsfeier, wie der vorlesende Prediger und die zu=
hörende Gemeinde gerührt waren; Mancher war bis zu Thrä=
nen gerührt. Steht uns ein Urtheil über eine Rührung
der Weise und des Maaßes zu, ihr Lieben, so kann es
nicht zum Nachtheil der frühern Zeit ausfallen. Seit
vielen Jahren hat es sich aber bei uns anders gemacht,
es wird eine förmliche Predigt gehalten, wie denn auch
heute geschehen soll nach gegenwärtigen Brauch, auf
daß es jedoch an Lesung nicht gänzlich fehle, so hört
verlesen, was geschrieben stehet Joh. 19, 23—30:

Die Kriegsknechte aber, da sie Jesum gekreuziget hatten, nahmen sie
seine Kleider, und machten vier Theile, einem jeglichen Kriegsknecht einen
Theil, dazu auch den Rock. Der Rock aber war ungenähet, von oben an
gewirket durch und durch. Da sprachen sie unter einander: „Laßt uns
den nicht zertheilen, sondern darum loosen, weß er sein soll,“ auf daß
erfüllet würde die Schrift, die da sagt: „Sie haben meine Kleider unter
sich getheilet, und haben über meinen Rock das Loos geworfen.“ Solches
thaten die Kriegsknechte. Es standen aber bei dem Kreuz Jesu seine
Mutter, und seiner Mutter Schwester, Maria, Kleophas Weib, und Ma=
ria Magdalena. Da nun Jesus seine Mutter sahe, und den Jünger dabei
stehen, den er lieb hatte, spricht er zu seiner Mutter: Weib, siehe, das
ist dein Sohn! Darnach spricht er zu dem Jünger: Siehe, das ist deine
Mutter! Und von der Stunde an nahm sie der Jünger zu sich. Darnach,
als Jesus wußte, daß schon Alles vollbracht war, daß die Schrift erfüllet
würde, spricht er: Mich dürstet. Da stand ein Gefäß voll Essig. Sie
aber fülleten einen Schwamm mit Essig, und legten ihn um einen Ysop,
und hielten es ihm dar zum Munde. Da nun Jesus den Essig genommen
hatte, sprach er: „Es ist vollbracht;“ und neigte das Haupt, und verschied.

Ich verstatte mir ein fragendes Umhersehen, will
sagen, mein Umhersehen ist ein Fragen, ob diese Ver=
lesung eine Rührung und Zeichen derselben hervorgebracht

habe. Dann aber folg' ohn' weiteres Einleiten der
Vortrag, den wir nennen wollen:

Den Stand unter dem Kreuze, welcher ist

1) ein hoher Stand: siehst weit in's Land,

2) ein schroffer Stand: stehst hart am Rand,

3) ein sichrer Stand: in Jesu Hand,

4) ein selger Stand: des Himmels Pfand.

1) Wenn es nämlich bezeichnet werden sollte, wohin, nach welchem Orte, an welche Stelle die Christenheit heute zusammengerufen wird, wo sie ihren Stand
nehmen solle, wo er auch von vielen Tausenden und
Millionen heute und in diesen Stunden genommen wird:
so ist dieser Stand Golgatha und nicht an oder unter
dem Berge, sondern darauf, da die Mutter Jesu stand
und drei Andre. Es ist eben gelesen: Es stand bei dem
Kreuze Jesu seine Mutter, ihre Schwester, Cleophas'
Weib und Maria Magdalena und Johannes. Diese
standen unter dem Kreuze. Was sie stark genug gemacht hatte, besonders die Mutter, den Sohn, und einen
solchen Sohn, am Holze erhöhet zu sehn, und den Jünger, der doch auch wie alle anderen Jünger früher,
wie die Leidensgeschichte erzählt, geflohen war: liebe
Zuhörer, wir haben nicht zu sprechen aus ihrem Herzen,
können es auch nicht; aber was uns treiben soll, hinauf, hinan zu gehen und uns ebenfalls unter das
Kreuz zu stellen, das wissen wir, es ist unser Glaube,
der Glaube an den, welcher am Kreuze hängt und
daran stirbt. Wer er ist und wozu das geschiehet? Nach

einem vielgesprochenen Worte, nach 1. Tim. 2 sagen wir: Es ist der Mittler zwischen Gott und den Menschen, der Mensch Christus Jesus, wie er sich selbst giebt und für Alle zur Erlösung giebt, auf welches Werk wir kehren seiner Worte eins, die er am Kreuz gesprochen hat, das nächstletzte: Es ist vollbracht. Seid auch an den Gesangvers erinnert: Das Opfer für die Sünder war dargebracht vor Gott, Er starb, und Heil und Leben erwarb uns Christi Tod. Weiteren Grund und Zusammenhang anzugeben, läßt die heutige Predigt nicht zu, da sie ja nicht gehalten wird zu einem Disput mit etwaigen Ungläubigen hier. Heißen wir aber den Stand der Gläubigen, da wir heute stehn, einen hohen. Das ist er aus mehrern Gründen, wir lassen es an Einem genug sein: Es ist ein hoher Stand: siehst weit in's Land. Man liebt ja weite Aussichten, hier ist eine solche. Was siehst du da? Kirchen ohne Zahl, ihrer viele haben ein Kreuz, hoch aufgerichtet und vergoldet, und um sie herum oder unfern von ihnen sind Gräber neben einander, auf welcher vielen gleichfalls dies Zeichen aufgerichtet ist. Ja, es ist der Glaube an den Gekreuzigten, der also weit auf Erden seine Verbreitung gefunden hat. Die Todten sind in diesem Zeichen aus dem Glauben zum Schauen gelangt, die Lebenden aber wandeln in diesem Glauben bis auch ihr Stündlein schlägt, und in diesen Tagen thun sie, was wir ja auch thun: sie ehren Jesum durch ihr Bekenntniß zu ihm unter seinem Kreuze. Ein hoher Stand:

siehst weit in's Land. Was siehest du? Ich sehe über Länder hin, da kein Kreuz wahrzunehmen ist, vielmehr Altäre und Bilder scheußlicher Gestalten, denen Menschenopfer gebracht werden, und Bäume, an deren Zweigen menschliche Gliedmaßen hangen, darunter ein wildtanzendes Volk. Also das Kreuz Christi steht noch nicht allenthalben. Ach, warum das? Ist Christus denn nicht ein Heiland der ganzen Welt, ein Mittler zwischen Gott und allen Menschen? Was hat den Lauf des Evangeliums aufgehalten? Können wir denn nichts dazu thun, daß derselbe gefördert werde, bis es komme auch dahin? Was siehest du? Ich sehe, ist's Land oder keins, über dem Kreuz ist der Himmel offen; da seh' ich, heiß' es ein Land, da andre Gestalten sind und in andern Kleidern, die seh' ich Räuchwerk tragen und bringen es vor — vor ein Lamm. Ich weiß es, das ist das Gotteslamm, das der Welt Sünde getragen hat, von welchem diese Schaar, keine zu zählende, ihre Sünde hat wegtragen lassen. Wie weiß sind ihre Kleider! wie strahlen ihre Angesichter von Freuden und Wonnen, die Siegel Gottes an ihren Stirnen, in ihren Händen Palmen, Kronen auf ihren Häuptern. Da ist das Land der abgewischten Thränen, der gestillten Seufzer, des erlangten völligen Siegs; und der Friede Gottes ist ihr Eingang und ihr Ausgang, dieser Vollendeten. Der Stand unter dem Kreuze ist ein hoher Stand: sieht weit in's Land.

2) Wohin anders geht denn die Christenheit heute als nach Golgatha und steht daselbst unter dem Kreuze! Ein schroffer Stand: stehst hart am Rand. Die erreichte Höhe ist zugleich ein Trennendes; siehe hin, da unten und unter denen, welche noch da unten sind, bist du gewesen, und diese hohe steile Wand trennt dich jetzt von ihnen. Du weißt, wie es dort hergeht, als der du es selbst getrieben hast, wie diese da unten es noch treiben; das Gedächtniß ist ja bei dir nicht aus- gelöscht, siehst vielleicht auch noch Spuren davon an dir, an deinem Leibe oder an deiner Seele. Hat's lange gewährt oder doch nur kurz, daß du mit den Kindern dieser Welt, mit den Kindern des Unglaubens, mit den Kindern — ich spare den Namen nicht, mit den Kin- dern des Teufels — Wer Sünde thut, der ist vom Teufel — ganz denselbigen Wandel geführet hast? Du wirst sagen: es ist genug geworden. O, Gott Lob, daß es genug geworden ist und noch bei Zeiten. Es ist ein schroffer Stand, wer hat dich herauf gebracht? Heraufgegangen bist du nicht, und Flügel hast du nicht. Wie bist du denn heraufgekommen und stehst hier unter dem Kreuze, ein gewandelter, ein neuer Mensch, ein Christ? Die Frag' ist ergangen als an Einen, die Antwort wird gehört von Vielen. Nicht wahr, von Vielen? Wir schreiben es uns nicht zu: allein Gott in der Höh' sei Ehr' und Dank für seine Gnade! Denn die hat es ja gethan, ja, die, die hat uns heraus- und heraufgehoben und auf diesen Stand uns gestellt, da wir, wenn gleich

allerdings zu anderer Zeit auch, doch heute vornehmlich stehen mit diesen Andern, welchen gleiche Gnade und Barmherzigkeit wie uns widerfahren ist. Christen, wem ist sie nicht widerfahren? Dem Einen so, dem Andern so; aber uns Alle hat Jesus heraufgetragen, heraufgehoben. Wir kennen noch die Zeit, wann, den Ort, wo, die Umstände, unter welchen, die Thaten, nach welchen uns seine Hand ergriff und versetzte uns hieher. Ein schroffer Stand: stehst hart am Rand. Ja, weit in's Land hinein sind wir noch nicht gelangt; es ist ein kurzer Blick über den Rand hinweg, da sehen wir's, wie jene noch fortan es treiben, setzen sich, wie Israel einst, nieder zu essen und zu trinken, stehn wieder auf, zu spielen, tanzen um ein goldenes Kalb, achten ihr Leben nicht besser und nicht würdiger als ein Spielzeug. Leicht zu verlocken, zu reizen sind wir, daß wir wieder zu ihnen übergehen. Uebergehen? So wenig hinab, als hinauf. Wir können nur hinabfallen. Ein schroffer Stand: stehst hart am Rand. Tritt nicht zu nah', blicke nicht zu oft hin, meide allen Blick dahin. Einmal hat Jesu Erbarmen dich heraufgehoben, Niemand kann wissen, mit Sicherheit nicht, daß er es auch werde zum andern Male thun. Ach, wer kann wissen, ob er als Wiederabfälliger nicht einen Fall thue, daß ihm jedes Verlangen vergeht, sich wieder aufheben zu lassen, und bleibet liegen?

3) Ach, wenn ein Tag, wie dieser, eine Feier, wie diese, Vorsicht lehrte und Trost gäbe! Um ihrer selbst willen begehren die Gläubigen keinen Trost; sie

haben den. Allein sie haben, wohl mehrentheils Alle, deren, die ihnen nahe, ganze nahe stehen, die aber nicht mit ihnen in des Glaubens Gemeinschaft, nicht mit ihnen unter dem Kreuze stehen. Deretwegen wollen sie getröstet werden, daß der Heiland sich ihrer erbarme, um was sie ihn auch Tag und Nacht herzinniglichst anrufen. Der Stand ist zwar schroff, aber er kann ihre Seelen ja hinaufheben. Ach, wenn er doch wollte, wollte einmal ihr Herz wandeln, daß sie sich ließen von ihm hinaufheben! Lasse hinaufsteigen den Seufzer, wer mit einem solchen geht. Jesu menschliche Sinne schloß der Tod zu, aber die Ohren des Sohnes Gottes hat der Tod nicht geschlossen, und die Augen des Sohnes Gottes hat er nicht dunkel gemacht; er hört und siehet. Es giebt auch eher keine Ruh' für Jemandes Seele, als bis er sie unter Jesu Kreuze weiß. Der Stand unter dem Kreuz ein sicherer Stand: in seiner Hand. Darum nennen wir diesen Stand einen sichern, weil wir daselbst, und auch nirgends anders, sehen, wieviel unsre Seelen werth geachtet seien in den Augen Gottes. Mit seinem Blute ist Jesus ja, wie Hebr. 9 geschrieben steht, in das Heilige eingegangen; mit seinem Blute, sagen wir, das er am Kreuz vergossen hat, ist er auch in die Menschheit eingegangen. Nicht der Rabbi, der Lehrer, nicht der Wunderthäter, nicht der Beispielgeber ist der Heiland geworden allen Gläubigen, sondern der Gekreuzigte, der sein Blut für uns vergossen hat und damit den Preis gewiesen, wieviel wir werth seien. Christen,

sollte darum Einer von uns so thöricht sein und seine
Seel' ihm nehmen und wie Esau die Erstgeburt um ein Gericht Linsen, seine erlangte Gotteskindschaft eines fleisch-
lichen Gelüstes halber, denn das ist alle Sünde, um
solchen schnöden Preis wieder wegthun? Halten wir uns
in seiner Nähe. Unterm Kreuz sind wir ihm nah', auf
dem Stande wird's nicht vergessen, was uns gegeben
ist und wie viel wir zu verlieren haben; wanken wir
jemals, faßt seine Hand uns an, sie, kenntlich an den
Wundenmaalen in derselben, obschon in der Gestalt eines
Gedankens nur, so daß wir sagen, den Gedanken an ihn
schickt er, und wird zu einem Wort von ihm, zu einem
Ruf: Du bist ja mein, noch habe ich dich in meiner
Hand. Und die Seele, wenn sie, nah' wie sie es ist
unter dem Kreuze, hinauf siehet, woher der Ruf kommt,
da redet sein Blick weiter: Deine Schwachheit kenn' ich
und dein Wankelmuth ist mir nicht verborgen; o, daß
du scheuer wärst und ängstlicher! Aber wenn du das zu
wenig bist, so will ich meine unbegehrte Hand nach
dir ausstrecken, meine mächtige Hand über dir halten,
in meine treue Hand dich nehmen, darin du und darin
allein du eine Sicherheit hast, wider was auch und
wider wen auch. Ich weiß, aus wessen Gewalt ich dich
erlöset, aus welchem Rachen ich dich gerissen habe; das
vergeß' ich nicht und bei mir bist du sicher.

4) Ob es Jemand erfahren habe, daß eine gläubige Seel', die sich treu an Christo hält, von ihm los-
gelassen und Preis gegeben sei? Ich meine nicht, und

sage, das ist auch unmöglich. — Entziehungen, Verbergungen finden Statt, sind seine Proben, wie er unsern Glauben stärkt und unsre Liebe läutert, die er jedoch niemals zu schwer werden, noch zu lange dauern läßt. Christen, halten wir uns nur allezeit zu ihm, behaupten wir unsern Stand nur: den unter seinem Kreuze. Dieser Stand ist auch ein seliger Stand, er ist ja des Himmels Pfand. Alles Sonstige ist zweifelhaft, ist bedenklich, selbst mit Einschluß der Gemüthsruh, des Seelenfriedens. Die Ruhe, die Christus nicht gegeben, der Friede, den er nicht gestiftet hat, ist falsch, wie der Schaum auf dem Wasser, ist Vorspiegelung und Einbildung. Dagegen das ist gewiß: wenn ich meine Seel' erlöset weiß von ihm und habe des ein klares Zeichen in meiner geschehenen Verneuerung, habe des ein helles Zeugniß von seinem Geiste an meinem Geiste, so ist das eine Wahrheit, die mit meinem Wesen zusammenhängt, ist eine Versiegelung, ist ein mir gegebenes Pfand. Ein Pfand ist eine Gabe, die dem Empfänger ein Recht vor dem Geber ertheilt. Und ein solches Pfand läßt Rede zu, diese: Du hast den Glauben an dich zu einer Bedingung der Seligkeit gemacht und hast die Apostel so schreiben lassen, den Glauben insonderheit an dein Blut, das du habest das vergossen zu meiner Seligkeit: den Glauben hab' ich. Wie ich dazu gekommen bin? Er ist freilich dein und deines heiligen Geistes Werk; aber das gilt hier ja nicht, wie ich dazu gekommen, er ist vorhauen, und mit demselben eine Getrostheit, Zuversicht, Freudigkeit, in Stunden manchmal; und auf dem Stande, da ich heute mit diesen Gläubigen hier unter deinem Kreuze stehe, da ist ja ein geöffneter Himmel, ein herabgekommener Himmel, ein durch meine Seele gehender und in meine Adern dringender Himmel, — Jesu, ich danke dir! — Und das sollte vorüber sein, wie der heutige Tag deiner Feier vorübergeht und dieser Gottesdienst vorübergeht und die Predigt davon ihrem Ende nahe ist? — Nein, auch mit diesem zeitlichen Leben kann das nicht vorübergehen; ich habe das bekommen vor Jahren, ich will es hinübernehmen in noch höhere Jahre, wenn sie mir werden zugezählt, ich will's in meine Sterbestunde hineinnehmen und darauf sterben, darin sterben, und wenn meine Seel' ist in der andern Welt angelangt, sollst du mein erster Blick sein. Nicht will ich blicken nach den Kränzen, womit du schmückest, nach den Kronen nicht, die du aufzusetzen hast, sondern mit der Frage, wo ist mein Himmel? hier ist mein Pfand, — nämlich der Himmel, den ich schon von dir auf der Erde bekam, und einmal in großer Versammlung, als ich an einem gewissen Charfreitage mit andern Gläubigen das Pfand von Neuem bekam, als wir zusammen unter deinem Kreuze hatten Stand, den seligen Stand genommen. Indeß, unser Keiner wird Zeit haben zu solcher Rede; eh' er sie anfängt, siehet er sich schon im Himmel und folgt dem Lamme nach, das da hingeht. Amen.

Am Stillfreitage 1845.

Gef. 269. Die Sonne stand verfinstert, am Tage ward es Nacht rc.

Woraus innerlich der Gesang hervorgegangen ist, aus einem gläubigen Herzen, eben daraus soll auch die Rede hervorgehn, und, gebrauchen wir dasselbe Wort, eben dahinein soll sie wiederum gehn, nämlich in gläubige Herzen. Setzet noch aus eurer Zahl, welche heute besonders groß ist und aus allerlei Leuten besteht noch mehr als sonst, hinzu: und wem es an einem solchen Herzen fehlt, demselben wolle Gott es geben. Es wird allerdings Glaube erfordert Tag für Tag hier, was auch immer des Tages Verkündigung ist, aber doch ganz vornehmlich an dem heutigen Tage und für dessen Vorträge. Dieser Eine Tag giebt die Erklärung, weshalb wir an allen andern hier sind, was wir von dem Evangelio haben, das zu hören gegeben wird, was Taufe und Beichte und Abendmahl bedeuten, diese heiligen Handlungen, welche hier verrichtet werden, worauf, worin wir, um auch die Handlung am letzten Sonntag zu nennen: die Jugend confirmiren. Ja, für jedes Vater-

Unser und für jeden Segen, der hier gesprochen wird, giebt,
wie das kein andrer Tag im Jahr, der Stillfreitag die Erklärung. Es ist diese in die fünf Worte gefaßt: Christi Tod
ist unser Thun. Wo derselbe fehlt, da wird eine Glocke
geschwungen ohne Klöpfel, wird die Nuß geboten ohne
Kern, wird die Blume begossen aus einer Kanne ohne
Wasser, sieht man auf eine Pflanze, ob sie nicht wachsen
werde und nimmt nicht wahr, daß sie kein Herzblatt
hat. Das Christenthum ist einer Pflanze zu vergleichen,
und der Glaube an Christi Tod, daß der ein Opfer sei,
für uns gebracht, ist darin das Herzblatt. Dies soll
auch die Predigt sein, wie es der Tag und seine Feier
durch die ganze Christenheit erfordert. Stelle die Versammlung jedoch sich vor dem weitern Hören um das
Wort von Christi Tod, wie es der Evangelisten einer,
Lucas, giebt.

Luc. 23, 44—48. Und es war um die sechste Stunde, und es ward
eine Finsterniß über das ganze Land bis an die neunte Stunde. Und
die Sonne verlor ihren Schein, und der Vorhang des Tempels zerriß
mitten entzwei. Und Jesus rief laut und sprach: Vater, ich befehle meinen
Geist in deine Hände. Und als er das gesagt, verschied er. Da aber
der Hauptmann sahe, was da geschahe, pries er Gott, und sprach: Für-
wahr, dieser ist ein frommer Mensch gewesen. Und alles Volk, das dabei war und zusahe, da sie sahen, was da geschah, schlugen sie an ihre
Brust, und wandten wieder um.

Eine Begebenheit also, ein Geschehenes liegt hier
vor uns, kein Gedachtes oder gar Erdachtes. Nein, es liegt
auf einem andern Gebiete, als wo die menschlichen Gedanken
ihr Spiel und Widerspiel haben. Gott hat diese Begeben-

heit hingestellt, und hat sie, den Tod Christi, noch um=
stellt mit andern auch hier berichteten Begebenheiten; die
eine geschah am Himmel: die Sonne verlor ihren Schein;
die andre im Tempel: der Vorhang zerriß mitten ent=
zwei. Dazu ist Lehre gegeben, die uns sagt, was dieses
bedeute, und wozu und wie es angesehen werde vor Gott,
wie er es auch wolle von uns angesehn haben. In welchem
Worte sich diese mir nahe gelegt hat für die heutige
Predigt, mit demselbigen Wort lasset, theure Mitgläubige,
auch euch die Lehre bringen, nämlich mit dem Worte im
Gesange:

Nun wird kein Opfer wieder in Ewigkeit gebracht.
Der, den sein Volk erwürgte, der hat es ganz voll=
bracht.

Heben wir da heraus, was darin lieget, und sei's
genannt so:

1) Christi Tod ist in Wahrheit ein Opfer;
2) und ist nichts Anderes, denn das;
3) läßt auch keins neben sich gelten,
4) noch auf ein folgendes warten,
5) oder auf eine Wiederholung desselben.

1) Es soll kein Opfer wieder gebracht werden;
also dieser Tod ist ein Opfer, in Wahrheit eins.
Wessen Wort begehren wir darüber zu hören? Daß
ich es sage, ich meine sonst nicht als ein Unwahrhaftiger
unter euch bekannt zu sein, aber das sagt wenig, denn ich
bin ein irrender Mensch. Daß ich euch sage: so lehrt und

glaubt die ganze christliche Kirche, es ist ihr Bekenntniß, — ist auch noch kein Beweis; denn die Frage
bleibt offen: Worauf gründet sich dieser ihr Glaube?
Steht die Kirche doch selbst irgendworauf und will kein
Schloß in der Luft sein. Nein, sie und alle ihre
Diener am Wort, auch am Charfreitagswort weisen
auf Schriftwort, welches ist Gottes, und schieben das
den Hörern zu: Dies lasset genug sein und sehet zu,
wie ihr euch dagegen wehret. Wer die Schrift nicht
gelten läßt, ich weiß nicht, was demselben noch gelten
könne. So spricht aber, der das Opfer selbst ist,
Jesus Christus: Ich gebe mein Leben zur Bezahlung;
und abermals: Dieser Kelch ist das neue Testament in
meinem Blute, das für euch vergossen wird zur Vergebung der Sünden. So spricht sein Apostel Petrus:
Wisset, daß ihr nicht mit vergänglichem Gold und
Silber erlöset seid, sondern mit dem theuren Blut
Jesu Christi, als eines unschuldigen und unbefleckten
Lammes. So Johannes: Das Blut Jesu Christi,
seines Sohnes, macht uns rein von aller Sünde.
So Paulus, der zeugnißreiche Apostel: Und werden
ohne Verdienst gerecht aus seiner Gnade durch die Er-
lösung, so durch Christum Jesum geschehen ist, welchen
Gott hat vorgestellt zu einem Gnadenstuhl durch den
Glauben in seinem Blute. Und von ihm noch ein Wort:
An Christo haben wir die Erlösung durch sein Blut,
nämlich die Vergebung der Sünden. Und aus dem
Brief an die Hebräer, welcher dieses Zeugnisses voll ist:

Das Blut Christi, der sich selbst ohn' allen Wandel durch den heiligen Geist Gott geopfert hat, reinigt unser Gewissen von den todten Werken. Denselbigen nun sehn wir heute in seinem Werke, wie er opfert, was er opfert; und das Wort, das getönt hat durch die letzten sieben Wochen, hat heute vor allen Gläubigen den lautesten Klang: Christus für uns. Ja, wenn Gottes Wort, das bei uns so heißt, überall Wahrheit ist, so ist Christi Tod in Wahrheit ein Opfer, das er gebracht hat, sagen wir in dieser Feier: das er bringet.

2) Und dieser Tod ist nichts Anderes, denn das, nichts Anderes, denn ein Opfer. Halten wir die Sprache rein, thun wir nichts Modernes in das Wort Opfer, zu verändern die Bedeutung, welche es gehabt hat von Cains und Abels Opfer an; die sind die ersten gewesen, sämmtlich gebracht um Gottes Willen, seine Huld zu behalten oder seine Gnade zu erwerben, oder eine Schuld damit zu bedecken. So will auch der Tod Christi angesehn sein als ein Opfer, nach eben ausgesprochenen Schrifterklärungen über denselben, daß er das sei. Wo ist aber auch Raum für Anderes, das er ebenfalls noch sei? Welches Andre etwa? Ein natürliches Ereigniß und kein seltnes? Ja, es geht natürlich zu und ist nicht selten, daß Jemand, der kein Uebles gethan, doch um sein Leben gebracht wird; aber Christus ist kein natürlicher Mensch, und daß der ihn verrieth, wie die, so ihn tödteten, es nicht in

eignem natürlichem Antriebe thaten, obschon sie es
meinten, darüber haben wir auch Nachricht erhalten.
Oder zur Bestätigung seiner Lehre sei Christus gestorben? Seine Lehre war ja eben sein Tod, daß er
den und wozu er den erleiden wolle. Wie Moses in
der Wüste eine Schlange erhöhet hat, also muß des
Menschen Sohn erhöhet werden; also spricht er selbst
von sich. Oder um ein Exempel der Geduld, der Stand-
haftigkeit zu geben? Als wenn es den Menschen daran
gefehlt hätte. Das hat es nicht und wir haben sie
weit näher als auf Golgatha. Ach, stehe man ab davon,
Christum mit solchen Kronen zu schmücken, die theils
ebensowohl auf vieler Anderer Häuptern stehen. Siehe
auf seinem Haupte die Dornenkrone, das Königszeichen,
nein, den Schmuck des Opfers, unter welchem es blutet.

3) Nun wird kein Opfer wieder in Ewigkeit gebracht. Also Christi Tod ist ein Opfer, in Wahrheit
eins und ist nichts Andres denn das, ferner, es läßt
auch kein anderes Opfer mehr neben sich gelten. Sagt'
ich aber: Halten wir die Sprache rein, lassen wir
Opfer ein Opfer sein! so heiß' es hier: Laßt uns den
Glauben rein halten! Ordnen wir Christo keine Mittler
bei und stellen wir seinem Opfer keine anderen an die
Seite! So wird gethan in derjenigen Kirche, daraus unsre
Väter weggegangen sind der dortigen Glaubensverfälschun-
gen halber. Da sind es Werke Andrer, Verdienste Andrer,
wie auch eigne Verdienste und Werke, die uns mit Gott
versöhnen sollen. Aber nein, das Alles ist vergeblich.

Nein, sagen wir und sprechen heut' unter dem Kreuz
dieses entschiedene, evangelische Nein. Gott war
in Christo und versöhnte die Welt, das Wort der
Weissagung selbst: Der Herr warf Aller Sünde auf
ihn, um unsrer Missethat willen ist er verwundet und
um unsrer Sünde willen ist er zerschlagen. Wozu
sollen uns denn die Heiligen dienen und die Märtyrer
nützen? Sie dienen und nützen ja freilich, nur als
Opfer neben demjenigen Christi dürfen sie nicht gelten.
Darnach ist ja Christus auch derjenige Mann nicht, welcher
bei seinem Werke der fremden Hülfe bedürftig wäre.
Noch einmal gesagt: halten wir unsern Glauben rein.
Wie Jemand gesagt hat zu unsrer Zeit: Mehr als
der bittern Feinde Droh'n, Mehr als der Spötter
frecher Hohn Hat Tugend ihn in unsern Tagen, Den
Herrn, in's Angesicht geschlagen. Als er vor dem
Hohenpriester frei ein Wort sprach, gab der Diener
einer, die dabei standen, Jesu einen Backenstreich.
Wenn jetzt er spricht: ohne mich könnt ihr nichts
thun, oder das: Werdet ihr nicht essen das Fleisch
des Menschensohnes und trinken sein Blut, so habt
ihr kein Leben in euch, so zieht man ihn einer un-
ziemlichen Rede und läßt ein solches Zunichtmachen
aller eignen Tugend und Gerechtigkeit sich nimmer gefallen; man will, wo nicht allein sich den Himmel aufschließen, doch die eigne Hand mit dabei haben. Wir
sagen, Gläubige schauen zum Kreuze hinauf und
schweigen nicht, sondern sagen und zeugen vor Jeder-

mann: Da ist das Opfer, das ist eins, das läßt kein andres neben sich gelten und weiß von keinem andern Gutmachen als durch sein Verdienst.

4) Wer in seiner Religion kein Opfer hat, deß Religion ist keine, und wer in der christlichen Religion nicht das Opfer Christi hat, der nenne, was noch etwa Unterschiedliches übrig bleibt, christlich, ich kann solches nicht; er nenne es so, es ist aber nicht christlich. Wir sagen: Das ist das rechte Opfer, dabei es bleibet, und wie es kein andres neben sich gelten läßt, eben so wenig läßt es ein folgendes erwarten, das gebracht würde. In Ewigkeit nicht. Was sollt' es denn auch für eines sein, das einen bessern, höhern Bringer hätte? Da ist auch ja für den Gedanken daran kein Raum. Es ist der Sohn Gottes, der dieses Opfer bringt. Also, wenn ein Engel vom Himmel käme und opferte sich, würd' es ein geringeres sein. Oder wollte man, daß ein Opfer folgte, welches für eine größere Zahl Seelen gebracht würde? Dies Opfer ist ja für die ganze Welt gebracht. Oder eins, welches die Menschen sich könnten aneignen leichteres Glaubens? Das begehrt man wohl, wer noch überhaupt ein Begehren solcher Art hat. Wir sagen: Lasse man doch Gott machen, wie er es in seiner Weisheit beschlossen hat und nach seiner Güte gegen uns. Was leicht und was schwer, das weiß er auch wohl und kann nimmermehr eine Bedingung des Heils gesetzt haben,

die unerfüllbar ist. Zwar ist der Glaube kein Leichtes,
ist ein Schweres, was auch die Menschen wohl ein-
sehen und wollen deshalb gern die Liebe bringen, als
von welcher der Schöpfer über alle Lebendigen etwas
ausgegossen hat. Aber die Liebe, die freilich auch gefordert wird, zündet man nicht bei einer Gabe Korn
an oder bei einer rieselnden Quelle, noch bei irgend
einem Geschaffenen, nein, bei einem Gethanenen, für
uns Gethanenen; je größer das ist, desto schneller und
feuriger schlägt die Liebe auf, da geglaubet wird an
das Gethanene. Seht, da steht wiederum der Glaube
voran, der aufgegangene Augen für das gebrachte
Opfer hat; denn darin steht und strahlt die Gottesliebe am herrlichsten und die offnen Augen schafft Gott
eben so wie er uns die Augen im Haupte gegeben hat.
Er schafft sie aber dem, der still hält und läßt Gott
dies an sich thun, läßt sich den Glauben geben, den,
von welchem wir heute reden, an das Gott gebrachte
Opfer, also daß wir keines nachfolgenden warten. Es
wird keins wieder gebracht.

5) Und eben so wenig ist an eine Wiederholung
zu denken, die noch einmal geschähe. Theure Zuhörer,
der Prediger geht allenthalben mit euch hin, oder
richtiger gesprochen, er geht euch allenthalben nach, um
euch zurück zu bringen und eure ganze Zahl um den
Altar zu stellen, da das Lamm Gottes das Opfer ist.
Auch dieses Opfer wird nicht wiederholt werden.

Israels Hohepriester mußte jährlich für die Sünde des
Volks opfern, unser, der Hohepriester der gläubigen
Christenheit, hat mit Einem Opfer, Hebr. 10, in Ewigkeit vollendet, die geheiliget werden. Zwar lieget dies
gebrachte Opfer in einer ziemlich weit entfernten Zeit
zurück; es sind 1800 Jahre und darüber verflossen.
Allein ein solches Blut, es fließt wohl, doch verfließt
es nimmermehr. Woran denkt ihr? Ich denke auch
daran — es ist gesagt, daß es nicht verfließt —: Christus
hat ein Sacrament eingesetzt, das siehet nach einer
Wiederholung aus, wird auch irrig in einer andern
Kirche so genannt, wir dagegen lehren so davon schrift-
gemäß: Der Geopferte, einmal Gottgeopferte und darnach in den Himmel Erhöhte, unser Herr Jesus
Christus — hört insonderheit ihr vielen heutigen
Communicanten das — unser Herr Jesus Christus, der
einmal Geopferte, hat eine Vereinigung seiner und
aller derer, für welche er gestorben ist, stiften wollen;
da setzte er das Abendmahl ein und verband mit dem
Brode seinen Leib und mit dem Kelche sein Blut, wie
einst gegeben, so noch gegeben und beständig gegeben
denen, welche essen und trinken und es gläubig thun, zu
einem himmlischen Segen. Es ist keine Wiederholung
des Opfers, jetzt etwa unblutig geheißen, sondern so
opferte er sich Gott mit seinem Blute einmal; allein den
Menschen opfert er sich nicht, denen bringet er des
Opfers Frucht, die es getragen hat derzeit und trägt

12*

sie fortwährend. Zu haben ist diese Frucht, aber das Opfer selbst ist keine Wiederholung. Darauf warte Keiner.

Wohlan denn Alle, die ihr durstig seid, kommt her zum Wasser; und die ihr nicht Geld habet, kommt her und esset; kommt her und kaufet beides, Wein und Milch; — spricht der Herr auch zu euch durch den Mund seines Propheten. Wirke Du, o Herr, in uns ein zerbrochenes, zerschlagenes Herz, mache du uns mühselig und beladen: dann setzen wir unsere Zweifel und Bedenken gern hintenan und im Glauben ergreifen wir dich als das vollkommene, einzige, immerwährende Opfer auch für uns und unsere Sünde. Amen.

Am zweiten Ostertage 1834.

Ges. 287.   Erschienen ist der Siegestag 2c.

Lobredet Gott. Ihr saget's, geliebte Christen, einer dem andern und singet's euch zu: Lobsinget Gott! So höre ich mir zurufen an dieser Stätte, mir und allen, welche an diesem Feste Amtspflegen: Lobredet Gott. Ob freilich auch der Gesang eine andre Weise als die Rede hat und er das Lob höher als sie trägt, braucht sie, die Rede, doch nicht stumm zu bleiben deshalb, wahrlich nicht. Ihr Feld, welches sie durchschreitet, ist größer als das des Gesanges: Ein Grund; was er in den Mund leget, muß sie vor- oder nachdeuten vielfältig: ein zweiter Grund; und ein dritter: ist der Gesang ein Segler, so ist die Rede sein Ruder und selbst, was er trägt, bringet meistentheils sie ihm zu. Folge daher auf das Lobsingen ein Lobreden.

Um was und wegen weß wir Gott loben an diesem Feste, das braucht vor denen, die einigermaßen Christen sind, nicht einmal am Anfang des Festes kund gemacht zu

werden, wieviel weniger da, wohin wir gekommen sind mit
der Feier, zum Schluße. Es möchte aber den einen und
andern Fremdling in Israel, in der Christenheit, geben,
der es nicht wüßte oder der leichtes Gemüths nicht
daran dächte, oder — ja, die mögen in einiger Anzahl
vorhanden sein — der, in den Unglauben eingeschult
und eingekircht, wo es auch gewesen ist, bei sich dafür
hielte, man habe längst aufgehört von Christi Auferstehung als von einer wirklich geschehenen Begebenheit
zu predigen, und predige von andern Dingen, von
unsrer Unsterblichkeit, vom Wiedersehn, vom Sieg des
Rechts über das Unrecht und Solches. Darum werde
es ausgesprochen: Christus, der am Kreuze einmal Gestorbene, ist am dritten Tage nachher wirklich wieder
lebendig geworden; am Morgen, da er von dem Tode
auferstanden, ist er im Garten gegangen, hat, ein Er-
kannter, mit einer Bekannten gesprochen und selbiges Tags
noch zwei andere von seinen Jüngern gesprochen, mit ihnen
geredet, darnach mit seinen Jüngern allen geredet, hat
gegessen und getrunken mit ihnen, und ist zuletzt einer
Zahl von fünfhundert beisammen erschienen. Das ist
Osterfeier bei uns, die Auferstehung Christi, in Lobsingen und Lobreden vor Gott, dessen die That ist, der
dies Wunder gethan und gleichsam zur Einfassung desselben
mit nichts Geringerm, als mit Wundern, dies Wunder
umgeben hat, mit Engelserscheinungen und Engelreden,
wie bei Christi Geburt, so bei seiner Auferstehung und
wieder, als er gen Himmel fuhr, was uns erinnert

an das Ende jener Versuchung, darin Christus wider
den Teufel so wohl bestand, wie geschrieben steht: Da
traten die Engel zu ihm und dieneten ihm. Wir loben
Gott, dessen die That ist, die nicht allein wundersam ist,
sondern eine That ist wie eine Thür, durch welche der
Heiland mit allem uns erworbenen Heil bei der ganzen
Menschheit auf Erden eingegangen ist bis auf diesen Tag,
daß wir sagen: Kein auferstandner Christus, dann auch
kein gekreuzigter Christus, gar kein Christus, kein
Evangelium, keine Bibel, keine Predigt, kein Sacrament
und von alle dem nichts in Lehre und Kraft, wodurch
wir aus der Finsterniß zum Licht und von der Gewalt des Satans zu Gott geführt werden, Leben und
Heiligung und dereinst das Erbe der Kinder Gottes
empfahn. Dafür loben wir Gott und seine mit seiner
Allmacht und Herrschaft bekleidete Gnade, den Glauben
befestigend an das, was er gethan, und den Glauben
bei uns fruchtbar machend zu allerlei gutem Werk.
Hört, sprech' ich's aus, was Zwiefaches insonderheit
der Osterpredigt Geschäft ist, und unter seinem
segnenden Dabeisein der jetzt zu haltenden Predigt Geschäft sein soll, — zu welcher wir beide, Redender und
Hörende, uns noch mehr als durch dies Einleitungs-
wort geschehen ist, ermuntern wollen durch das uralte
Lied, das noch unverlorne und theure Erinnerungen
weckende Osterlied, 285: Christ ist erstanden Von der
Marter alle. Deß sollen wir alle froh sein; Christus
will unser Trost sein. Gott sei uns gnädig!

Wie der Vogel sich auf einen Zweig setzt, wenn er seine Stimme erheben will, die Regel ist's, so hat die Rede eine Schriftstelle gesucht, von wo aus sie anheben will. Diese Schriftstelle ist

Luc. 24, 36—47. Da sie aber davon redeten, trat er selbst, Jesus, mitten unter sie, und sprach zu ihnen: Friede sei mit euch! Sie erschraken aber, und fürchteten sich; meineten, sie sähen einen Geist. Und er sprach zu ihnen: Was seid ihr so erschrocken? Und warum kommen solche Gedanken in eure Herzen? Sehet meine Hände, und meine Füße, Ich bin es selber; fühlet mich, und sehet; denn ein Geist hat nicht Fleisch und Bein, wie ihr sehet, daß ich habe. Und da er das sagte, zeigte er ihnen Hände und Füße. Da sie aber noch nicht glaubten vor Freuden, und sich verwunderten, sprach er zu ihnen: Habt ihr hier etwas zu essen? Und sie legten ihm vor ein Stück vom gebratenen Fisch, und Honigseim. Und er nahm es, und aß vor ihnen. Er aber sprach zu ihnen: Das sind die Reden, die ich zu euch sagte, da ich noch bei euch war; denn es muß alles erfüllet werden, was von mir geschrieben ist im Gesetz Mosis, in den Propheten, und in den Psalmen. Da öffnete er ihnen das Verständniß, daß sie die Schrift verstanden. Und sprach zu ihnen: Also ist es geschrieben, und also mußte Christus leiden, und auferstehen von den Todten am dritten Tage, und predigen lassen in seinem Namen Buße und Vergebung der Sünden unter allen Völkern und anheben zu Jerusalem.

Ihr seid deß alles Zeugen, spricht der Herr. Das sind sie redlich gewesen und haben wiederum Zeugen gezeugt unter denen, welche durch ihr Wort an Christum gläubig geworden sind, in welcher Herz und auf welcher Lippen die Botschaft steht nach Verschiedenheit der Tage und Feste verschieden lautend, am Osterfest die: der Herr ist wahrhaftig auferstanden, sie ist's, mit der seiner Zeugen einer, ich, in dieser Versammlung hier steht, angefaßt selber von Ostern und das Osterwerk wieder anfassend nach meinem Theil, das zwiefache Werk der Osterpredigt.

Das eine: Die Auferstehung Christi als wirklich geschehen den Hörern gewiß zu machen,

das andre: Die Gewißheit von derselben bei den Gläubigen fruchtbar zu machen.

1) Ob denn anzunehmen verstattet sei, daß unter denjenigen, die doch kommen zum Osterfest, Ungläubige oder Zweifler sich vorfinden? Auf diese, was wir das erste Osterwerk nennen, muß es ja mit den Beweisen abgesehen sein? Höret mein freimüthiges Ja hierauf; es giebt, es giebt, wenn nicht allenthalben, — doch, wo wären sie zu unsrer Zeit nicht? — bei uns giebt es deren, welche zweifeln, ob, und welche nicht glauben, daß Jesus von einem wirklichen Tode wirklich auferstanden sei. Darum sollt ihr — was freilich unter andern Umständen ein Ungehöriges und Ungebührliches wäre, ja, ein Beleidigendes, und womit man einer Christenversammlung eine Schmach anthäte — unter den sich findenden Umständen für nützlich und nöthig halten, für eine Obliegenheit derer, welchen am Osterfest die Rede in den Versammlungen gegeben ist: Christi wirkliche, wahrhaftige Auferstehung zu vertheidigen, zu beweisen. O theure Gemeinde, sprech' ich zu Gegenwärtigen und Abwesenden, du bedarfst es sehr, daß deine Prediger wie den Gekreuzigten auch den Auferstandenen vor dir bezeugen, dem Unglauben wehren und ersticken die Zweifel. Sei mit ihrem Worte der Herr und stärk' es! Muß es aber nicht den Gläubigen selber auch eine wohlthuende, angenehme Wahrnehmung sein, wenn sie bei solcher Gelegenheit

sehn, auf wie guten Gründen ihr Glaube ruht? So sehet denn nun alle miteinander diese aufgewiesenen Glaubensgründe. Das ist der erste, auf den ich weise: Er selbst hat vor seinem Tode gesagt, daß er am dritten Tage wieder auferstehen würde, und er selbst hat nach seiner Auferstehung gesagt, hören wir es ja auch in dem verlesenen Texte, daß er wieder lebe, er, derselbe, der gestorben gewesen sei: ich bin's selber, fühlt mich! wobei er ihnen seine Hände und Füße zeigt, und führt noch weitern Beweis, indem er vor ihnen von einem Fische und Honigseim isset. Darum, soll Jemand, der so von sich redet, etwas werth bleiben überhaupt, muß ich stark rathen, auch dies sein Wort wahr bleiben zu lassen, das er hier und vielerwärts von seiner wirklich erfolgten Auferstehung selbst sagt. Er hat's selbst gesagt: Ich führe euch weiter an den aufgedeckten Gründen vorüber, theure Christen. Christus erinnert daran, was früher über sein Leiden und Sterben und Wiederaufstehen von Gott gesagt worden sei. Oder hätten Moses und die Propheten und David aus sich geschrieben, ungetrieben, ungeleitet von dem heiligen Geiste? Aber die haben, und nicht wie es uns vorkommen will, in schwankender Auslegung, sondern wie Christus selbst die Schrift ausgelegt hat, von Christi Tod und Auferstehung geweissagt. Darum, wenn Gott durch den Mund dieser Männer Wahrheit gesprochen, so ist die Auferstehung eine wirkliche gewesen von einem wirklichen Tode. Und die Männer, durch welche uns die Auferstehung Christi berichtet wird, die Christus in unserm Text seine Zeugen nennt, was wollen wir von denen sagen? etwa, daß sie leichtgläubig gewesen seien? Das kann doch nur sagen, wer nichts in den Evangelien gelesen hat und wer auch nicht einmal im täglichen Leben von dem Einen Jünger gehört hat, der allen Schwergläubigen seinen Namen gegeben hat, dem das Sehen nicht genug war, dem das Hören nicht genug war, der seine Hand erst in des Herrn Seite und seine Finger erst in die Nägelmaale legen wollte, sie legte und nun erst gläubete. Weiter —denn wir nehmen nicht aus dem Mangel, sondern aus dem Reichthum an Gründen — die sofortige Verkündigung: Christus ist auferstanden, in derselben Stadt, da er gekreuzigt und vor denjenigen Männern sogar, auf deren Anstiften Christus gekreuzigt war, durch deren Vorsorge das Grab bewacht und des Grabes Stein versiegelt worden war. Es vergingen nicht Jahrzehnte, nicht Jahre, sondern nach einigen Wochen, Tagen schon, standen die Zeugen mit diesem Zeugniß und gewannen kraft desselben Gläubige aus allerlei Volk aus dem Himmel. Wir nennen es in der ersten gehaltenen Predigt, Apostg. 2, den Nerv des Beweises, daß Jesus der Christ sei, das zweimal Hervortretende: Gott hat Jesum von den Todten erweckt, deß sind wir Alle Zeugen. Wir kehren uns zu den damals Gläubigwerdenden und fragen nach den Vortheilen, die sie davon hatten, daß sie gläubeten? Silber und Gold wurden ihnen nicht geboten, sondern Schmach

und viel Trübsal; — fragen nach der Furcht vor
Schaden, der sie damit entgingen: ja, es befiel sie
allerdings eine Furcht, aber diese war's, daß sie
fürchteten, erfunden zu werden als die wider Gott
stritten, Apostg. 5, wenn sie ein solches Gotteszeugniß,
wie die Auferstehung verwürfen, eine Furcht, von der
man Vielen unsrer Zeit etwas zu wünschen große Ursache hat. Kein auferstandner Christus, kein gekreuzigter Christus, gar keiner. Daher sagen wir: Wenn
nichts geschrieben stände von Christi Auferstehung, und
es hätte der göttlichen Weisheit gefallen, anstatt durch
Christi-Erweckung von den Todten irgendwie anders
eben so stark Jesum als den Christ zu beglaubigen,
dann möchten wir, um zu glauben, der erfolgten Auferstehung nicht bedürftig sein, nun aber behaupten wir:
die ganze Kirche Christi steht, wie man früher Kirchen
baute über der Märtyrer Gräbern, der ganze Tempel
Christi steht über dem Grabe in Josephs Garten,
darin der Herr lag, lag, aber das am dritten Tage
leer ward, da der Herr den Todten darin wieder
lebendig machte und ihn sehen ließ vierzig Tage lang,
bis er von der Erde aufgehoben ward in den Himmel.
Ja, verrückt diese Stelle Jemand, baut die Kirche
Christi anderswo rüber, so ist's Sandgrund, der keinen
Schauer Regen verträgt, oder einen rieselnden Bach
nicht, der Bau stürzt zusammen, während er jetzt, stehend
da er steht, Felsgrund unter sich hat, nämlich die bezeugte
Verkündigung: Christus ist von den Todten auferstanden

nach seiner Vorhersage und nach dem Probezeichen, das er selbst zu geben versprochen hatte. Das allerdings müssen wir zugestehn, es kann nach Manchem gefragt werden, worauf wir nicht antworten können, und Einwürfe können gemacht werden, die wir nicht bei Seite zu schaffen vermögen, allein wie aller Glaube, soll der auch an Christi Auferstehung eine Tugend sein, d. h. von einer guten Gesinnung begleitet und aus Gehorsam sich fügend, nachdem genug bewiesen ist, um glauben zu können dem, der nur will oder der auch wirklich und ganz will. Sprecht, sollte ich nicht wohl unter euch Einen heraussinden können, bei dem des Nichtglaubens Grund sein Nichtglaubenwollen ist? Hörst du mich? Du sagst: Ich kann nicht! ich sage: Du willst nicht. Diese Alle können nicht zwischen dir und mir entscheiden, wer Recht hat; ich rufe Gott über dich an, entscheide der zwischen uns beiden, ob nicht ein Nichtwollen in dir sei, dem du fälschlich den Namen Nichtkönnen giebst, unwissentlich oder wissentlich.

2) Fassen wir jetzt das andre Osterwerk an, das den Predigten an diesem Feste zugewiesen ist. Das eine war: die Auferstehung Christi den Hörern gewiß zu machen; dies andre ist: die Gewißheit von demselben bei den Gläubigen fruchtbar zu machen. Hatte vorhin das Wort sich doch eigentlich nur mit Einigen unter euch beschäftigt — das allein war freilich nicht seine Absicht —, jetzt rechnet es auf euer aller eigenes und eigenstes Dabeisein. Denn ich hole, was ich diesem Augenblicke

sage, aus meinem Busen heraus. Wer hat den Glauben,
daß Christus von den Todten auferstanden sei, in sich so
fruchtbar, als derselbige wohl sein könnte? Gott weiß,
daß ich diesen Glauben habe, doch sag' ich es vor ihm
mit Beschämung: Du weißt auch, o Herzenskündiger,
wie wenig immer noch von diesem Glauben mein Sein
durchdrungen und mein äußeres Leben gestaltet wird.
Es sollte ja nunmehr, da ich diesen Glauben schon so
lange Zeit habe, kein Punkt übrig sein, und kein Pünkt-
lein in mir und an mir, da seine Kraft nicht hüpfete,
kein Tag vergehen, da er nicht Blüth' oder Frucht
brächte; — und es fehlt. Sträflicher muß ich ja dieserhalb
vor deinen Augen sein, als es viele Andre sind, da mir
es gegeben ward, mit dem theuren Wort umzugehn,
Jesum zu erkennen, ihn und die Kraft seiner Auferstehung, — wie der Apostel diese Kraft vor den Philippern
rühmt und sich daran stärkt, — damit ich entgegen-
komme, Christo ähnlich im Tode, in der Auferstehung
vom Tode. Gehalten von so mancher Binde, laß mich,
o Herr, freieren Gang erlangen auch durch meine
Feier deiner Auferstehung, durch meine Predigt an
diesem Feste und durch dies Gebet in der Predigt.
So ward gestern gebetet; o Gott, so heute wieder.
Aber ich soll nicht sowohl beten, wie predigen und zunächst in eurer Sache, ihr Osternhaltenden. Ob es einen
Gläubigen gebe, dem die Auferstehung Christi ganz gewiß ist, und diese Gewißheit trüge doch keine Frucht
bei ihm? Sprecht ihr die Antwort aus, ich wag's nicht.

Anstatt dessen will ich sagen, was die Frucht dieses Glaubens sein sollte. Hört mich es vorzählen. Die eine Frucht ist die, daß wir einen lebendigen Christum bekommen anstatt des todten, den, welchen Gott verherrlicht hat durch diese That an ihm und hat es der Welt gewiesen, wie werth er in seinen Augen geachtet sei, den er auch nicht auf der Erde hat bleiben lassen; sondern hat ihn aufgenommen in die Herrlichkeit, die er gehabt hatte ebedem, und nun wieder eingenommen hat, sitzend zur Rechten Gottes, mit seinem Worte alle Dinge tragend, einst über Todte und Lebendige Gericht haltend, und offenbar machend, was im Finstern verborgen ist, je nachdem sein Spruch fällt zu Einigen sagend: Kommet her, ihr Gesegneten meines Vaters, zu Andern: Gehet hinweg von mir, ihr Verfluchten. So thut er, so wird er thun; und deswegen ist es zu glauben auf sein Wort. Das ist die Kraft seiner Auferstehung, die uns diesen lebendigen Christum giebt. Ich nenne eine andere Frucht und drücke mich nach der Aehnlichkeit des eben gebrauchten Wortes aus: daß wir einen todten Christum bekommen. Einen todten Christum, zu verstehn, daß wir nicht meinen, Christus sei geboren, um zu leben, um zu lehren, um ein Beispiel zu sein hierin und darin, was alles theils eine Bedingung nur ist seines Werks und theils eine Begleitung; sondern er ist nach eigner Erklärung dazu geboren und auf die Welt gekommen, daß er die Wahrheit zeugen soll. — Welche? Was hat er gebracht, das man nicht schon wußte, das

nicht sein Volk schon mit den heiligen Schriften in
Händen hielt, das nicht jeder verständige Mann selber
hierüber und darüber an den Tag zu geben weiß? Hat
er so etwas vorgetragen? Sagt's; denn ich weiß es nicht,
wofern es nicht das ist und in Gemäßheit der alt-
testamentlichen Weissagungen, auf die er selbst verweiset,
daß er stürbe, sein Leben zu einem Schuldopfer gäbe,
seine Seele arbeiten ließe unter der Last fremder Sünden,
die er trüge, gerecht machte die, so es nicht sind und
Samen bekäme auf die Art, die Starken zum Raube
und eine große Menge zur Beute, dich, mich, uns auch
zu seiner Beute, uns das Leben gebend durch seinen
Tod, uns theilhaft machend seines Fleisches und
Blutes, daß wir leben! Ja, wenn der Herr sich
Joh. 6 darstellt als sich, den Lebensbaum, schneidend
in so viele Reiser als Menschen sind und alle zu
einem edlen Gewächs machend, als sein Blut ver-
gießend, davon ein Tropfen auf jede Seel' fällt, das da
bringt durch alle Adern zu einem neuen Leben: das
nenne ich in dem Verstande dieser Rede den todten
Christum. Ich wüßte doch nicht, wie anders wir den
hätten bekommen sollen, bekommen können, als eben durch
diese seine Wiedererweckung von den Todten, durch sie,
die uns alles sein Wort von seinem Tode wahr macht
und durch den Glauben daran sein Wort nebst ihm in
dem Worte faßbar, aufnehmbar. Christus hätte zehnmal
können sterben, in Jerusalem, in Corinth, in Rom und
wo, aber, wenn nirgends wieder gesehn als der von den

Todten Erstandene, so hätte das nirgends gefruchtet,
Samen gehabt, in seinen Tod hinein keine Seele ge=
zogen auf der Erde. Laffen wir uns durch die Kraft
seiner Auferstehung in seinen Tod ziehen, so ist dieses
eine fruchtbare Gewißheit von dieser Begebenheit. Ich
nenne noch eine dritte Frucht, diese, daß wir selbst
fruchtbar werden als ein reiner, bearbeiteter, gepflügter
und geeggeter Boden durch vielmal uns bemüthigende
innere Erfahrungen, besäet mit dem heiligen Gottes Wort,
von welchem bald dieses, bald jenes in uns aufschießt
und in guten Werken heranwächst, theils an uns selbst,
theils an Andern gethan und beides in Einem, nicht
Sommer und Winter habend, wie der Acker, sondern
allezeit Samen und Frucht schaffend. Also ist unser
Leben ein neues, im Leiden, im Sterben und daher
auch in seiner Auferstehung Christo ähnliches. Darum
soll sie, die Auferstehung, uns nicht sowohl ein Gleich=
niß sein: wie er, so wir, sondern eine Ursach': weil
er, darum wir. Maria von Magdala wollte wissen,
wo man den Herrn hingelegt hätte; wir wissen es
und sagen: wir haben ihn in uns gelegt, da er jedoch
nicht als in einem Grabe liegt, sondern als in einem
Tempel wohnt, auf einem Thron sitzet, über alles, was
in und an uns ist, regieret, in dem Maaße in uns der
Glaube wohnet, daß er von den Todten auferstanden
ist. — Habe ich durch solche Betrachtung, frage ich, es
erreicht, euch die Auferstehung des Herrn zu einer
fruchtbaren Gewißheit zu machen? — Sie hat es ge=

than. Das sage ich im ehrenden Vertrauen zu der Versammlung, die mich anhört. Die fruchtbare Gewißheit von Christi Auferstehung, wie ich sie dargestellt habe, muß, muß die Gewißheit fruchtbar gemacht haben. Wie von der Tugend es Jemand behauptet hat, sie brauche zu ihrer Empfehlung nichts als ihre Darstellung, ja, so meine ich, die Darstellung, was eine fruchtbare Gewißheit von Christi Auferstehung sei, macht allein schon diese Gewißheit, wo sie sich findet, fruchtbar; und ich will's nicht auf andre Weise versuchen.

Um so weniger, will ich dieses noch auf andre Art versuchen, weil dieser Predigt noch eins oblieget, das sie thun soll. Werde die so weit gehaltene auch als eine Bereitung auf das angesehn, was noch zu sagen ist. Zur Verhütung falscher Eide soll gepredigt werden in dieser Stunde und zwar nach Maßgabe des Bibelworts, 2. Mos. 20, 7: Du sollst den Namen des Herrn deines Gottes nicht mißbrauchen; denn der Herr wird den nicht ungestraft lassen, der seinen Namen mißbraucht. Es enthält dieser Text das Verbot und einen Grund, weswegen dies Verbot zu halten sei. Kehren wir uns zu dem Verbot zuvörderst. Es giebt manche Arten des Mißbrauchs, schon das ist einer, und o, wie ist er so häufig, daß der heilige Name gebraucht wird als ein Ausrufungswort der Freude, des Schmerzes, des Erstaunens, Befremdens u. dgl., dabei an Gott, dessen Namen man nennt, auch

nicht auf's Entfernteste gedacht wird. Ja wohl, es ist
ein Mißbrauch; hierzu ist dieser Name viel zu gut.
Wer sich's angewöhnt hat, der lege diese üble Gewohnheit ab; und ist's Jemand, der über Andre etwas zu
sagen hat, der belasse auch Andre in dieser Gewohnheit nicht. Ferner ist's ein Mißbrauch, bei dem
Namen Gottes etwas zu versichern, seinem Nein oder
Ja mittelst desselben ein größeres Gewicht zu geben.
Hier steigt schon die Sträflichkeit. Ist's Wahrheit
und pflegst du mit Wahrheit umzugehn, wozu ist's
denn nöthig? Ist's aber eine Unwahrheit, Mensch,
was thust du denn? Um sichrer auf dem bösen Wege
zu gehen, um glücklicher mit deinen lügenhaften Be-
hauptungen zu sein, dazu nimmst du einen so heiligen
Namen, lässest Gott einen Knecht des Teufels sein, der
so spricht aus dir. Werde bang davor und enthalte
dich des einen wie des andern. Besonders aber haben wir
an den Mißbrauch zu denken, der bei Eiden stattfindet.
Da wird uns die Zeit zum Bedacht gelassen, da
werden uns ernste Vorstellungen zuvor gemacht, daß
wir ja nicht schwören möchten, wenn die klare Gewißheit fehlt, oder der feste Vorsatz, das Begehrte und
Versprochne zu thun. Es wird uns da das Theuerste genannt, dessen wir uns selbst wollen begeben, uns selbst
verlustig sprechen, der Hülfe Gottes, seines Wortes,
seines Evangeliums, hier zeitlich und dort ewiglich.
Ich weiß doch keine Sünde, die so groß ist, als der
Meineid, eben weil sie die Mutter wird andrer Sünden,

13*

schrecklich stark befruchtet in dem Augenblick des
Schwörens, und weil sie der Besserung einen so furcht=
bar starken Riegel vorschiebt. Ich sage nicht, daß der
Riegel unverschieblich, unzerbrechlich sei; allein wer soll
ihn zerbrechen oder verschieben? Wird der die Kraft
haben, der Gott von sich gewiesen hat und sein heiliges
Wort wissentlich und bedacht? Du sollst den Namen
des Herrn deines Gottes nicht mißbrauchen. Die ihr
dies Wort am Osterfest hört, o müßt ihr nicht an
den denken, welchen der Jünger einer seinen Herrn und
seinen Gott nennt? Mein Herr und mein Gott! ruft
Thomas aus. Hat nicht jeder Gläubiggewordene auch
einmal so gerufen: Christus, mein Herr und mein Gott!
Was thut der Falschschwörende? Er mißbraucht diesen
Namen gräulich. Christus soll nicht sein Herr mehr
sein, Christus soll nicht sein Gott mehr sein; er will
von dem nichts wissen, dem doch alles unter die Füße
gethan ist, von ihm nichts haben, jetzt nicht, künftig
nicht, der doch in seinen Händen alles hat und um
deswillen der himmlische Vater den Bittenden ihr
Flehn erhört; er will sich nicht kehren an den, welchen
die Engel anbeten und vor dem sie ihre Kronen
niederlegen. Seele, was thust du? Ich höre eine Saite
schwingen, von dem an das ganze Instrument nichts
andres als Mißtöne giebt, Ps. 109, von dem an auch
dein Gebet eine Sünde ist. Christum schwörst du ab;
wem zu? Christum ab! Ja, wenn du seine Gottheit ihm
nähmest und den Scepter seiner Herrschaft entwändest!

Aber sein Stuhl ist fest gegründet und sein Scepter wankt nicht; so wenig als wir andern Alle kannst du ihm entfliehn und mußt, mußt ihm in die Hände fallen. Was wird er thun?

Des Textes zweiter Theil: Denn der Herr wird den nicht ungestraft lassen, der seinen Namen mißbraucht. Ist solche Strafe denn nicht abzuwenden? Ja, bei dem Allgütigen ist viel Vergebung, wie noch heute gesungen ist: Hier all' Sünd' vergeben werden, und wie man vormals sprach aus einem Gesange: Es ist keine Sünde so groß, Wer sich nur legt in Christi Schooß, Dem wird sie wohl vergeben. Nur ist es kein leichtes Werk, sich in Christi Schooß zu legen. Der Reuige muß erst den abgeschwornen Christum wieder haben, muß ihm so nahe kommen, daß er in dessen mildes Versöhnerauge schaut, an ihm muß alles brechen und sich biegen und kein Heil gesehen werden von den weinenden Augen, als bei dem allein, welchen Gott hat vorgestellet zu einem Gnadenstuhl, Röm. 4. Doch, ich rede ja nicht, um reuigen Falschschwörern den Weg zu zeigen, den sie zu gehen haben; — wär' ein solcher unter euch, der komme zu mir zum Alleinsprechen mit mir. Sondern ich soll vor dem falschen Eide warnen und zwar mit der nicht zu umgehenden Sprache. O, da kann ich aber mit dem Text nicht auf der Erde bleiben. Anders war es zu jener Zeit, da Gott der Herr jenes Wort sprach. Da hatte er noch das ewige Leben nicht aufgeschlossen, da hatte er noch alles, Wohl= und Uebelergehn, in dies enge Erdenleben beschlossen. Freilich, er hat sich des Strafens hier auch jetzt noch nicht begeben, er thut's auch jetzt noch an Hab' und Gut, an Gesundheit und Muth und wo immer der Mensch empfindlich ist. Doch später hat Gott eine Ewigkeit geoffenbart, und Christus hat uns die zwei verschiedenen Oerter gewiesen, Himmel und Hölle. Ob denn auf Erden auch ein Meineidiger ungestraft bleibt — es kann sein; aber Gottes Gerechtigkeit geht auf wollenen Füßen und schlägt mit eisernen Händen; der Frevler weiß nicht, wie bald sie ihn treffen kann —, wenn er auch hier von keinem Schlage getroffen wird, in Glück lebt und in Ehren stirbt: in großer Schande wird er erwachen und zu einem unbeschreiblichen Elende. Der schreckliche Spruch über ihn wird jede Warnung ihm härten, die er hier erhalten hat. Dazu gehört auch diese Predigt, diese letzte vom Meineid und die voraufgegangene, darin die wirkliche Auferstehung Jesu ihm gewiß gemacht und diese Gewißheit bei ihm fruchtbar zu machen gesucht ist, auf die ein Gesang gefolgt ist, der auch eine Warnung enthalten hat: „Wer von dem guten Wege weicht, wieviel kann der verlieren", und eine schöne Ermahnung demnächst, Herz und Leben Gott zu weihen. Sprecht Alle: Wir wollen uns warnen lassen und uns ermahnen lassen. Amen.

Am Sonntag Quasimodogeniti 1844.

Ges. 285. Christ ist erstanden.

Gott, sei uns gnädig! — Man möchte ein Wörtlein zu verändern geneigt sein und sagen nicht: Gott, sei uns gnädig, sondern anstatt sei, ist: Gott ist uns gnädig. Denn was begehren wir weiter, daß Gott noch möge thun, um uns von seiner Gnade einen gewisseren Beweis zu geben und ein noch Helleres darthun, als in der Auferstehung Jesu von den Todten geschehen ist? Wie denn ja auch ein Apostel spricht, Petrus: Gelobet sei Gott und der Vater unsers Herrn Jesu Christi, der uns nach seiner großen Barmherzigkeit wiedergeboren hat zu einer lebendigen Hoffnung durch die Auferstehung Christi von den Todten zu einem unvergänglichen und unbefleckten und unverwelklichen Erbe, das behalten wird im Himmel. — Ich meine, so müssen wir Alle mit dem Apostel sprechen, wir Alle, vor deren Augen in den neulichen Ostertagen das Grab aufgerissen ist, darin der Heiland lag, durch welche Gottesthat unser neues Testament, mit dem Blute Christi geschrieben, von Gottes Hand versiegelt

worden ist. Das hat Gott ja gethan, um unsern
Glauben zu wecken, zu stärken und zu behüten. Was
begehren wir denn weiter Zeugniß von seiner Gesinnung
gegen uns und wollen noch bittweis sagen: Gott sei
uns gnädig, nicht dankweis sagen und singen: Gott
ist uns gnädig? — Indessen doch, meine lieben Zuhörer, wir lassen es bei dem Ausdruck des Gesanges
und sagen: Gott, sei uns gnädig! wie Viele von uns auch
mit dem Apostel sprechen können: .... der uns wiedergeboren hat zu einer lebendigen Hoffnung; uns wiedergeboren hat. Sind's wirklich Viele? Seien's Viele!
Was haben wir, das nicht könnte wieder verloren gehn,
uns vom Herzen wieder genommen, gerissen werden?
Hoffnung, Trost, Glaube, sind sie uns unverlierbar?
Was haben wir ganz gewiß in dieser Welt, ob wir es
gleich im Busen tragen, im Herzen haben? Grund dessen
befehlen wir uns mit allem, das uns theuer ist, Gott
und seiner Gnade, daß er diese lasse darüber schweben
und walten. Gott, sei uns gnädig. Weiter gesprochen
davon und als Klage so: Da fehlet noch so viel daran,
daß die ganze Gemeinde wiedergeboren ist durch die
Auferstehung Christi, und das gilt ja auch für den hier
versammelten Theil der Gemeinde. Unser sind nicht
Wenige, an welchen die Verkündigung des Leidens
Christi spurlos vorübergegangen ist und hat keine Spur
zurück gelassen, für die wohl, aber nicht in denen
Christus auferstanden ist, die nicht mit ihm auferstanden
sind. Sie liegen im geistlichen Tode noch und geben

kein Zeichen von einem neuen Leben, darin sie mit Christo wandeln. Und wenn es so bleibt bei ihnen, so wird ja, ach, ihr jetziger geistlicher Tod in ihren ewigen Tod unfehlbar umschlagen. Steht's nicht also unter uns? Spricht nicht Mancher: So steht es mit mir? Nun, das ist ein zweiter und noch ein dringenderer Grund dafür, daß wir bei dem Worte „sei" bleiben und sagen: Gott, sei uns gnädig! Aber, ihr Lieben, erinnern wir uns, wie wir nicht sollen aus dem Gesange, sondern aus dem Evangelio predigen. Geschehe das. Hört es verlesen:

Joh. 20, 19—31. Am Abend aber desselbigen Sabbaths, da die Jünger versammelt und die Thüren verschlossen waren, aus Furcht vor den Juden, kam Jesus, und trat mitten ein, und spricht zu ihnen: Friede sei mit euch! Und als er das sagte, zeigte er ihnen die Hände, und seine Seite. Da wurden die Jünger froh, daß sie den Herrn sahen. Da sprach Jesus abermals zu ihnen: Friede sei mit euch! Gleichwie mich der Vater gesandt hat: so sende Ich euch. Und da er das sagte, blies er sie an, und spricht zu ihnen: Nehmet hin den heiligen Geist! Welchen ihr die Sünden erlasset, denen sind sie erlassen; und welchen ihr sie behaltet, denen sind sie behalten. Thomas aber, der Zwölfen einer, der da heißt Zwilling, war nicht bei ihnen, da Jesus kam. Da sagten die andern Jünger zu ihm: Wir haben den Herrn gesehen. Er aber sprach zu ihnen: Es sei denn, daß ich in seinen Händen sehe die Nägelmale, und lege meinen Finger in die Nägelmale, und lege meine Hand in seine Seite, will ich es nicht glauben. Und über acht Tage waren abermals seine Jünger darinnen, und Thomas mit ihnen. Kommt Jesus, da die Thüren verschlossen waren, und tritt mitten ein, und spricht: Friede sei mit euch! Darnach spricht er zu Thomas: Reiche deinen Finger her, und siehe meine Hände; und reiche deine Hand her, und lege sie in meine Seite; und sei nicht ungläubig, sondern gläubig. Thomas antwortete und sprach zu ihm: Mein Herr, und mein Gott! Spricht Jesus zu ihm: Dieweil du mich gesehen hast, Thoma, so glaubest du. Selig sind, die nicht sehen, und doch glauben. Auch viele andere Zeichen that Jesus vor seinen Jüngern, die nicht geschrieben sind in diesem Buch. Diese aber sind geschrieben, daß ihr glaubet, Jesus sei Christ, der Sohn Gottes; und daß ihr durch den Glauben das Leben habt in seinem Namen.

Wir wollen zwar nicht alles Andre liegen lassen aus diesem Evangelio, aber hervorheben läßt mich und zur Predigt machen den Ausruf des Jüngers: Mein Herr und mein Gott! und sehen wir zu

1) was darin liegt,
2) wie man dazu kommt.

Höret die Antwort auf diese beiden Fragen, zwischen Frag' und Antwort aber laßt mich einen kleinen Gesang einlegen, welcher so heißt: Nach eines Thomas Glücke, Nur auf zwei Augenblicke, Möcht' ich wohl tausend Meilen Auf wunden Füßen eilen, B. 2. Mich lange Jahre sehnen Und viele heiße Thränen Aus meinen Augen weinen Wenn er mir wollt' erscheinen. B. 3. Doch, Herr und Gott, was wähl' ich? Mach' mich im Glauben selig! Willst du das Aug' mir binden, Das Herz kann doch dich finden.

1) Tretet, sämmtliche liebe Zuhörer, im Geiste näher zum Zusehen und Betrachten heran. Der Jünger soll's zum Vorsprechen gesprochen haben, auf daß auch wir, ein Jeder von uns, spreche und ausrufe: Mein Herr und mein Gott! Denn es ist kein Christ, der es nicht spricht und in seinem Leben nach dem ersten Male noch manches Mal es wieder spricht, zu Zeiten ausruft. Was heißt es, wenn es zum ersten Mal

geschieht? und was wird damit ausgesprochen? Ein
entstehendes neues Verhältniß wird damit ausgesprochen.
Wie sich's in des Jüngers Seele gemacht habe, was
in derselben vorgegangen sei, worauf er so ausgerufen:
enthalten wir uns bestimmter Angaben darüber. Es
ist überhaupt schwer, in Anderer Seelen sich hinein zu
versetzen, zumal wenn die eigene Aeußerung so kurz ist,
wie es diese ist: Mein Herr und mein Gott! Es ist
nicht zur Ungebühr und setzt den Jünger, den nach=
herigen Apostel nicht herab, wenn wir sagen, was auch
immer in seiner Seele vorgegangen sei: Das ist es
nicht, was jetzt in eines Christen Seele vorgeht, wenn
sie ausruft: Mein Herr und mein Gott! Ob der
Jünger wohl den Erlöser aus Sünde oder einem sün=
digen Leben gemeint haben mag? Den Erlöser aus
seinen Zweifel wohl; es mögen wohl recht schwere und
beunruhigende gewesen sein. So ein Wort kommt nicht
aus einer unbewegten oder leichtfertigen Seele. Wir
bleiben bei uns, reden aus uns, wenn wir zusehen, was in
dem Ausruf: Mein Herr und mein Gott! liege, und
machen es uns klar, daß darin ein entstehendes neues
Verhältniß liege. Wie sich Thomas, da er so sprach,
zum Herrn stellte, wie wir, wenn wir in Wahrheit
seine Jünger sind, uns zum Herrn stellen: so war es
bei ihm, so ist es bei uns nicht immer gewesen. Zwar
hatten wir eine Kenntniß von ihm, von seiner Person,
wie er einst auf der Erde ging, von seinen Lehren, die
er vortrug, von seinen Thaten, die er verrichtete, von

seinen Lebensumständen, von seinem Sterben und Auferstehen, dieses alles bis zu seiner Himmelfahrt war
uns bekannt, selbst umständlich bekannt und genau: aber
doch war's kein Verhältniß, wir blieben ihm fern dabei;
wie nah' er auch Andern war und wie viel er ihnen
war, davon wir hörten und zum Theil auch sahen,
das war es uns nicht, unser Herr und unser Gott
war er nicht. Unser Herr war er nicht; denn wir
kannten keinen Dienst, in welchem wir standen bei ihm,
unser Gott war er nicht; denn wir hatten kein Gebet,
das wir richteten an ihn. Und wo auch immer wir
in Schwachheit Kraft suchten, in Trübsal Trost, in
dem Gefühl unsrer Unsicherheit und schwerer Gefährdung
eine Zuflucht, und ein gutes Vertrauen auf Höheres,
als auf Menschen und eignen Schutz, — er war es
nicht. Sondern der ging diese, der ging jene Wege, und
Mancher verging, kam geistlich um, leiblich vielleicht auch.
Das wird anders, ganz anders, wenn die Seele zum
Ausruf vor Christo kommt und an ihn: Mein Herr
und mein Gott! Da wissen wir, wem wir angehören
und zu dienen haben, wir wissen, daß wir zu Christo
beten können und thun es, vor wem wir klagen und
uns freuen können, von wem wir alles Gute und nichts
als Gutes erwarten dürfen. Es ist das entstehende
neue Verhältniß zwischen uns und Christo, wenn unsre
Seele ruft: Mein Herr und mein Gott!

Und nicht ist es etwa ein jeweiliges stück- oder
theilweises Verhältniß, darin wir zum Herrn stehn, das

sich nur soweit und soweit erstreckt, nur das und das befasset, sondern es ist ein allumfassendes. Sagen wir, was der Jünger, der so sprach, wohl möge ausgenommen, zurückbehalten und nicht gemeint haben, in Betreff dessen Christus sein Herr und Gott nicht sein sollte? Gewiß, gar nichts hat er ausgenommen, da er so sprach; wie wir denn ja auch anderswo von ihm lesen das schöne Wort: So lasset uns mit ihm ziehen, daß wir mit ihm sterben. Er starb nicht mit ihm; allein da er also sprach, hat er gewiß sein Leben, und dasselbe nicht zum Theil, gewidmet und alles, was er war, hatte, konnte und je können werde, gewidmet und zugesprochen dem, vor welchem er so sprach, den er so nannte. Wie's auch noch immer so zugeht in Jedem, der also spricht, dessen Herr und Gott Christus wird, wenn er's ausruft; er läßt dies neue Verhältniß zu Christo, seinem Herrn und Gott, auch alles umfassen, was sein ist und bis dahin war. Alles andere Mein wird ausgestrichen und darüber geschrieben: Sein. Nur behält die Seele ein einziges Mein, das ist: Mein Herr und mein Gott! Denn das liegt in dem Ausruf: ein völliges Aufgeben aller andern Verhältnisse. Sehn wir zu, das lieget darin, ob der, der so spricht, auch noch sein eigen bleibe oder eines Andern? Nimmermehr. Was mitgehen will, kann mitgehen, wo nicht, so mög' es bleiben, da es ist. Daran oder darin man seine Freude, seine Ehre, sein Glück, ja seinen Himmel gehabt hat, was es auch gewesen: wer mit Wahrheit spricht: mein Herr und mein Gott! der sagt sich davon los, welches Maaßes dabei nicht Christus sein Herr und sein Gott sein kann. Manches wird völlig abgethan, so daß auch kein Stäubchen mehr die Seele berühren darf, wird angesehn, wenn überhaupt noch angesehen, mit Abscheu, — alles Sündliche, — Andres wird untergeordnet, wie es sich ja selbst unterordnet und darf nicht einen Finger breit weiter noch Raum einnehmen, keine Minute lang die Seel' erfüllen, Christum verdrängend aus ihr, ob es auch an sich unschuldig sei; denn das bleibt es nicht, unschuldig nicht mehr, sobald mit demselben zugleich Christus nicht in der Seele sein kann, und noch darüber stehend bei jedem Gedanken an ihn. Es ist eine Bekehrung, die eine Umkehrung ist, und wo sie geschieht, daselbst geschiehet sie mit Freuden. Es ist wie ein Fund, der gethan wird, und ist ein Heil, das ergriffen wird. Es findet da kein Wählen noch Bedenken Statt. Es wird nicht gefragt: Thue ich's, oder thue ich's nicht? Was mein gewesen ist seither: ich habe jetzt nur ein einziges Mein und das ist Jesus, wie er jetzt mir erscheint und sich mir giebt. Ja, es ist seine Erscheinung in seiner Größ' und Herrlichkeit, oder sag' ich lieber, in seiner Güt' und Freundlichkeit, wie er sich mir giebt, und ist wie ein Himmel, der sich über mir aufthut, ist eine Seligkeit, die ich empfinde, über die auch nichts geht, noch gehen kann. Denn es ist das Allerhöchste, kaum daß mein Herz es fassen kann. Ruf macht Raum, ich muß rufen: Mein Herr und

mein Gott! Ob's anhält? Wie sollt' es können aufhören! Es kommt mit allen Zeichen der Beständigkeit.
Er bleibet gewiß Er, wenn ich nur ich, dieser neue
Ich bleibe, und dafür wird seine große Treue mit zusehen, der ich meine Seele befehle, und sage einmal über
das andre: Mein Herr und mein Gott!

2) Ist mir gefolgt worden soweit? Liebe, theure
Christen, ich bin mir selbst gefolgt, Wort und Empfindung sind voraus gewesen, davon bin ich selbst fort-
gezogen. Hinunter meine Gedanken: Ach, wenn es so
mit dir stände! es könnte ja so stehn! Indessen, soviel
darf ich doch sagen und scheue nichts, keine verkehrte
und böse Auslegung: Ich habe nicht erfahrungslos gesprochen. — Das liegt in dem Ausruf, dies entstehende
neue Verhältniß, dies allumfassende, dies völlige Aufgeben aller seitherigen Verhältnisse, welches geschieht
mit Freuden. Jetzt werde gefragt: Wie kommen wir
dazu? Auf kürzeren oder auf längeren Wegen. Aber
was ist', daß wir so fragen und geben Antwort auf
diese Frage! Stehen wir ja sämmtlich als Christen
hier, als bei welchen sowohl Frag' als Antwort nicht
an der Stelle sein sollte; nämlich Jeder sollte sagen
können: So bin ich gekommen dazu. Noch mehr,
Einige von uns haben ja den Tag noch gar nicht weit
hinter sich, an welchem das: Mein Herr und mein
Gott! ob auch in anderm Ausdruck, ausgesprochen
worden. Und nach unserer Confirmation die mehrern
Beichten und die Abendmahlsfeier: wem ist's fern ge-

blieben und fremd, was ich vorhin von dem Ausruf des Jüngers . sagte, das in demselben liege? Wozu denn noch Lehre hinzufügen, wie wir zu diesem Ausruf kommen? Kehren wir uns an diese Einrede nicht. Wenige mögen sich genügt haben in der gemachten Erfahrung. Andre sagen wohl: Ach, ich kann sie nicht zu oft haben! und noch Andre gestehen, ... — wir erlassen euch das Geständniß, behaltet es bei euch. Die Rede geht ihren Pfad und giebt Antwort auf die Frage: Wie komm' ich zu dem Ausruf: Mein Herr und mein Gott!

Auf kürzern Wegen und auf längeren. Der Jünger hier hatte einen längern Weg zu gehen; jene Maria, die mit ihrem seelenvollen Rabbuni wohl nicht weniger sagte, kam kürzeres Wegs dazu. Der längere Weg ist das Seufzen, Sorgen darum, Trachten darnach. Wie wird der gegangen von uns? Gehn wir der Lehre von Christo, den Zeugnissen von ihm nach, wo sich die finden. Lassen wir uns die heilige Geschichte vor Augen malen und die hohe Person selbst. Gehn wir nach Bethlehem, als wo Christus geboren wird, und hören die derzeitige Verkündigung, die der Engel und die der Hirten. Stehen wir dabei, wie seine Eltern den Zwölfjährigen im Tempel finden, und hören sein Wort: Wisset ihr nicht, daß ich sein muß, in dem, das meines Vaters ist? Begleiten wir ihn überall hin, da er lehret, da er Zeichen thut. Ja wahrlich, wenn es schwer fällt zu glauben, daß Christus

der Sohn Gottes ist, noch schwerer muß es fallen zu
glauben, daß er es nicht sei. Sehen wir ihn bei dem
letzten Mahle; folgen wir ihm nach Gethsemane, vor
seine Richter nach Golgatha; nehmen wir Stand unter
seinem Kreuze und wiederum Stand am leeren Grabe,
daselbst auf dem Stein der Begebenheit; treten wir
näher überall, da der auferstandene Christus seinen
Jüngern erscheinet, und stehn wir noch dabei, wenn er
vierzig Tage nach seiner Auferstehung gen Himmel
fährt. Mancher Christ hat diese Gänge machen müssen,
und sie oft machen müssen, bis es geschah, was ich
vorhin beschrieben. Daneben will auch zugleich ein
anderer Weg fleißig gegangen werden, der in uns sel=
ber, indem wir zusehn, wer wir sind, wie unfrei, wie
befleckt, wie irdisch gesinnt, wie des Eitlen so voll, und
dem Eitlen ergeben, vergeblich das Streben, unnütz das
Leben und außer Stand, uns zu erheben; möchten aber
doch die herrliche Seele nicht so lassen hinüber schweben.
Werde dir selbst recht leid, so wird Jesus dir lieb.
Das Wort geb' ich als eine gute Regel zu vernehmen.
So sollen wir thun. Ich gebe nur dies an; es kann
nicht alles in einer Predigt gesagt werden. Wenn
Jemandem das genannte Thomasglück nicht auf kurzen
Wegen beschieden ist, so geh' er längere; werth ist es,
auch lebenslang darnach zu gehn.

Wenn es aber kommt, alsdann kommt es schnell.
Wie es an einer Stelle heißt: Gleichwie der Blitz auf=
gehet im Aufgang und scheinet bis zum Niedergang,

also wird auch sein die Zukunft des Menschensohnes.
Eben so müssen wir von der Erscheinung Christi in
uns sagen, die den Ausruf hervorbringt: Mein Herr
und mein Gott! Bei Vielen war keine Erwartung seiner
zu der Zeit, keine besondre Bereitung an ihrem Theile;
manchmal, wenn ein Mensch recht weit von Christo
abgewandt ist, ja sogar ist's geschehen, wenn er vor
Christo und allem Göttlichen sich abschloß, wie die
Jünger vor den Juden, und noch die Rede gesteigert,
selbst wenn Jemand Christum lästerte und verfluchte,
denkt an Saulus: ist's ihm widerfahren, was wir eine
Erscheinung Christi nennen, daß ihm die Seite gewiesen
wurde, darin er seine Hand legte, und ihm die Nägelmaale gezeigt wurden, darin er seine Finger legte und
gläubig auf der Stelle ward und ausrief: Mein Herr
und mein Gott! Ja, so geht's auch zu, hört es zu
eurem Trost, — geistlich wird es verstanden — die
ihr immer noch nicht oder sehr schwach nur zu dieser
innern Erscheinung des Herrn und Gottes gelangt seid:
Bleibt nur im Verlangen! Einmal kommt, und dann
schnell, das Erlangen, das selige Erlangen mit seinem
Ausruf. Höre das Wort auch, habe das Wort gehört auch, wenn ein Solcher unter uns: Du bist wohl
weit vom christlichen Glauben entfernt und weichst auch
der Predigt gern aus, die so von Christo zeuget; ja
wenn einmal ein Strahl seiner Erscheinung in deine
Seele fällt, schiebst du sofort den Riegel zu; denn diese
Helle magst du nicht. Wenn sie aber einmal kommt

in ihrer Stärke, mußt du sie wohl nehmen und wirst
nicht gefragt, ob du wollest. Doch höre einen guten
Rath an, diesen Rath: Es ist Erweisung einer besondern
Gnade, wenn dir solches geschieht; du darfst darum
auch kein Spiel mit derselben treiben. Entziehe dich
deinem Heilande nicht, wenn deine Seele dir noch ein
wenig lieb ist. Hätte er denn nicht auch den Jünger
hier in seinem Unglauben können verharren lassen?
Der wurde getadelt, daß er nicht Menschenzeugniß hatte
glauben wollen: was soll er sagen von dem, welchem
er nahe kommt und derselbe will ihn nicht erkennen?
Siehe zu, es ist eine Gnade, wenn Christus dir ein-
oder zweimal nahe tritt; er möchte es nicht wieder thun
und dich laufen lassen. Hat er doch ja über eine ganze
Stadt gesprochen: Und ihr habt nicht gewollt, darum
soll euer Haus auch wüste gelassen werden. Siehe zu,
daß nicht auch deine Seele, die es noch nicht ist, dir
wüste gemacht wird! Aber uns Allen ist mit dem Rath
gedient, der darin liegt, daß wir durch Gnade zu dem
Ausruf: Mein Herr und mein Gott! kommen. Sehet,
wir sind ja doch wie umgeben von den Mitteln, die
der Herr zu Gefäßen seiner Gnade theils gemacht hat,
theils neu macht, manche für die einzelne Seele besonders. Da ist das von ihm ausgegangene und vor
ihm hergehende Wort, in den Kirchen hört man es, in
den Büchern liest man es; die Sacramente werden vor
unsern Augen und Ohren verwaltet; Exempel von
Gläubigkeit und Glaubensseligkeit finden sich allerwärts,

14*

wer sie nur ansehen will; auch mit der Zunge der
Schicksale, beider, der angenehmen und der widrigen,
redet Christus zu uns, wenn wir ihn nur darin hören
wollen. Ist's nicht Gnade? und ist's nicht also, daß
wir derselben zu wenig achten? Wir wollen größere
Gnaden, wollen zu dem Ausruf hin: Mein Herr und
mein Gott! Da müssen wir aber die kleinern Gnaden
doch nicht verschmähn, sie sind Stufen zu den größern
und zu der größten, wie wir die kennen, die der Ausruf des Jüngers auch bei uns zu Wege bringet.

Wie kommen wir dazu? sei noch einmal gefragt.
Gnade ist es, aber die sich als eine zwingende erweiset.
Wir sehen es ja hier, der Jünger wird gezwungen.
Er hatte gesagt: Es sei denn, daß — sonst glaub' ich's
nicht. Das geschah aber; so mußte er nun. Ihr
Lieben, es mag Einige eine hohe Lehre dünken, sie
gehört aber zum A. B. C. des Christenthums, diese:
Freiwillig wird kein Mensch Christ, er muß dazu gezwungen werden, sonst thut er's nimmermehr; man
wächst auch nicht hinein, lebt sich nicht hinein, aber
man stirbt sich hinein. Das ist's, was nicht freiwillig
geschieht, sondern Zwang erfordert. Verlassen, verläug-
nen, entsagen, aufgeben, unterdrücken, dämpfen, kreuzigen,
tödten, das soll geschehn. Wer wird's thun, als der
muß? Es thut's Niemand; es sei denn, daß Christus
uns zwinge. Oder auch: wir müssen ihn zwingen,
und in solcher Weise, wie hier der Jünger, daß er sich
uns offenbart. Sei's denn unsre Sprache vor ihm:

Herr, wie ich dich wohl nennen will, Gott wie's ich
sagen will, wie's Andre thun, die Wege, die du gegangen bist mit ihnen, sind mir nicht bekannt: willst
du aber mich haben, ich kann einmal nicht von mir
und der Welt los, so mußt du mich nehmen; sonst bekommst du mich nicht. Ich soll dich bitten; ich kann
nichts anders, als dich bitten: Lehre du mich bitten.
Ich soll suchen, ich habe nichts zu suchen, o laß mich
das Suchen selbst finden; ich will über das Suchen
deiner als über einen gemachten Fund mich freuen.
Ich soll anklopfen, bei dir anklopfen; ach, dazu kommt's
nicht! Aber wenn du wolltest bei mir anklopfen und
dazu deine Stimme hören lassen als deine die deinige;
sonst thu' ich nimmer auf. Das ist Rede wie Thomas-
rede. Sind deren unter uns, bei denen es so steht?
Ich vermuthe. Denen ist also gesagt, wie sie zu dem
„Mein Herr und mein Gott!" kommen können. Thut
denn so, auf daß der göttliche Zwang bei euch eintrete.
Das soll aber nicht euch allein, sondern uns Allen ins-
gesammt gesagt sein. Wir haben Ursache, diesen Weg
miteinander zu gehen. Da ist bei uns Allen so viel
Gleichgültigkeit, die allein von seiner Gnadenmacht hin-
weggeschafft werden kann, und so viel Widerstreben
übrig, das allein seine Uebergewalt überwältigen kann.
Tritt herein mit deinem Friedensgruße, den die Jünger bekamen! - Hauch' uns wie die Jünger an und
laß uns den heiligen Geist nehmen! Zeige uns, wie

du der Jünger Einem zeigtest, deine Seite und deine Nägelmaale mit dem Verbot: Sei nicht ungläubig! und mit dem Gebot: Sei gläubig! so daß wir sagen im Gehorsam: Mein Herr und mein Gott! Zwing' uns, o Jesu, daß wir dich unsern Herrn und unsern Gott nennen müssen, und ein Jeder ausrufen müsse, wie der Jünger ausrief: Mein Herr und mein Gott! Amen.

Am Sonntag Jubilate 1847.

Ges. 490. Wenn, Gott, die Feinde deiner Lehre.

Er, wenn wir ihn nur frei bekennen, Wird vor
des Vaters Angesicht Die jetzt verschmähten Namen
nennen; Und strahlen werden sie im Licht, Im Lichte
seiner Herrlichkeit. Herr, mach' uns selbst dazu bereit!
— Denn für bereit zu strahlen im Lichte der Herr=
lichkeit Christi halten wir uns nicht, noch nicht, möchten
es aber mehr, ganz werden. Ob auch hie und da sich
erleuchtete, strahlende Stellen an uns finden, so fehlt
doch immer noch viel an der völligen Verklärung in
Christi Bild, nach 2. Cor. 3. An vielen Stellen sind
wir dunkel, schwarz, wie Sulamith im Hohenliede von
sich sagt, doch nicht lieblich, wie sie zugleich sagt; denn
unser Schwarzsein, da es sich findet, kommt nicht von
der Sonne her, welche diese Stellen gebräunt, geschwärzt
hätte, von der Gnadensonne, von der nicht, von Christo
nicht, sondern — nun, es bleib' ungesagt. Darum
sagen wir nicht und haben es ja auch nicht gesungen:
Wir sind bereit. Das Wort ist gewesen: Herr, mach'
uns selbst dazu bereit.

Auf solche Wahrheit, solche Bitte leitet uns auch unser heutiger Text, welchen wir geschrieben finden:

Matth. 10, 16—20. Siehe, Ich sende euch wie Schafe mitten unter die Wölfe: darum seid klug, wie die Schlangen, und ohne Falsch, wie die Tauben. Hütet euch aber vor den Menschen; denn sie werden euch überantworten vor ihre Rathhäuser, und werden euch geißeln in ihren Schulen. Und man wird euch vor Fürsten und Könige führen um meinetwillen, zum Zeugniß über sie, und über die Heiden. Wenn sie euch nun überantworten werden, so sorget nicht, wie oder was ihr reden sollt; denn es soll euch zu der Stunde gegeben werden, was ihr reden sollt. Denn ihr seid es nicht, die da reden; sondern eures Vaters Geist ist es, der durch euch redet.

Schwebe der Geist des Sohnes, schwebe des Vaters Geist über mir, dem Redenden, und über Allen, die mich hören.

Wir wollen nach diesem Texte reden

Von den abgewiesenen Predigern. Laßt uns betrachten:

1) Wie dies gethan werde zu unserer Zeit,

2) was darauf gethan werde von den Abgewiesenen.

1) Seine Boten, die er sendet, hat Christus noch, die er ausschickt mit dem Worte, Luc. 10. steht es: Wer euch höret, der höret mich. Das Amt hat er aufgerichtet, und vor die ganze Menschheit gestellt, in welchem Amte ihr zur Stunde hier mich stehen seht. Wie's aufgenommen werde von euch, was ich hiermit sage, ob's wohl oder übel gedeutet, unwahr, anmaßlich, amtsstolz genannt werde: ich kann es an dieser Stelle des Vortrags doch nicht verschweigen. Ist kein Prediger

im Land, an den ist auch kein Evangelium und überhaupt kein Wort Gottes darinnen. Nicht zur Unehre
des heiligen Bibelbuchs sei dies gesagt und was folgt.
Wie ihr denn ja auch Alle wißt, meine Theuren, wie
weit ich davon entfernt bin; welch' ein Liebhaber und
Verehrer desselben ich bin. Aber wie es da stehet,
ist's gleichsam fest geworden, die Predigt muß es
wieder in Fluß bringen, gleichwie es ursprünglich den
ersten Boten von ihrem Munde floß. Die geschriebenen
Briefe haben wohl nie eine Gemeinde zusammengebracht,
haben wohl nie einen Heiden bekehrt. Und was ein
Prediger jetziger Zeit zu bringen hat, ist eben das, die
mitfolgenden Zeichen abgerechnet, was die ersten Apostel
brachten, und mehr als jene Zwölf brachten, da sie nur
noch Jünger hießen und noch nicht Apostel. Die sollten nur erst predigen: Das Himmelreich ist nahe herbei
kommen. Jetzt wird anders, jetzt wird gepredigt: Es
ist da! Wir kommen daher und reden von Dingen des
Himmelreichs und laden Alle, die draußen sind; die
aber schon drinnen sind, werden zu reicherem Besitzthum,
zu festerer Ergreifung geführt. Gemeint ist's also:
Wir predigen Christum, welcher uns gemacht ist zur
Erlösung, zur Heiligung, zur Gerechtigkeit, Christum,
welcher, wohin er kommt, den Menschen zu einem andern
macht, welcher ein Licht in demselben wird und ein
Leben, Speis' und Trank dieses Lebens zugleich, nicht
der Same nur, sondern die Nahrung auch. Bis zu
der Zeit, da er kommt ist des Menschen Leben Tod.

Das sind die Prediger, die ein Pfingsten gehabt und
eine Berufung bekommen haben, die ihnen von der
Hand Gottes geschrieben und in ihre Hand gelegt ist;
sie treten auf, treten vor die Gemeinde so, also bevoll-
mächtigt. Wo sie es her haben, was sie bringen?
Schwärmer sind sie nicht, Enthusiasten, Inspirirte sind
sie nicht, die aus dem eignen Geist reden. Nein, sie
bringen das alte Evangelium, aber so, wie es neu in
ihnen geworden ist, mit der Kraft beider, des Glaubens
und des Bekenntnisses, die es in ihren Seelen gewonnen
hat; — und so geben sie es wieder. Werden sie angenommen mit demselben? Es geht in unserer Zeit, wie
es ging in jener Zeit, davon der Text redet. Sie
werden abgewiesen. Ich habe den mildern Ausdruck
genommen, daß ich eher zugelassen würde bei euch. Es
sind nicht lauter aufgehaltene Seelen, welche annehmen
wollen und ungeduldig sind. Ach wenn so Alle wären!
Es sind nicht lauter verschlossene Thüren, die alles bei
sich drinnen haben und haben binnen ihrer Thür genug.
Ach wenn das Alle nur wären! Was denn mehr?
Sie rufen hinaus. Wir wollen euch Prediger nicht,
was ihr uns sagt, das mögen wir nicht, zieht eure
Straße. Welche thun das? Wenn ich allerdings auch
sagen kann, Gott sei's gedankt, Christus hat ein Volk
in dieser Stadt, so kann ich doch nicht sagen aus
Apg. 10: Christus hat ein großes Volk in dieser
Stadt. Oder hätt' er doch? Nämlich in dem Verstande,
daß in Kurzem werden zusammen kommen Alle, die zu

dieser Gemeinde äußerlich gehören. Nun, er weiß ja,
was geschehen wird und bei welchen es nah' ist, daß
sie ihm zufallen. Er weiß es und er allein; ich meines=
theils muß nach den Zeichen der Zeit, wie ich sie zu
deuten verstehe, eher das Abfallen fürchten, als das
Zufallen hoffen. Indeß, ich habe nur zu sprechen vom
Abweisen. Wer weist das Evangelium ab? Das thun
Alle, die es selten hören, oder es gar nicht hören.
Wie, wie viel deren in der Stadt, in der Gemeinde,
Stadt und Land es gebe, weiß Jeder, der zuweilen
hier hereinsiehet. Er braucht auch des Einsehens nicht
einmal: die Wege, die Steige und die Straßen zeigen
es, wenn Kirchzeit ist. Ob denn Allen das Christen=
thum abzusprechen sei, welche nicht zur Kirche gehen?
Die Gegenfrage, ob es ihnen denn zuzusprechen sei?
Thue das Letztere, wer es kann; ich kann es nicht.
Und hab' es mein Lebtag auch nicht anders gefunden:
Die sich entfernet hielten von Kirch' und Altar, die
hatten so wenig Glauben als Bekenntniß; und von
denen wird das Evangelium abgewiesen. Denn jeden
Sonntag klopfen ja die Boten bei der ganzen Ge=
meinde an. Ich habe den mildern Ausdruck „abge=
wiesen" gewählt; der Text bietet sonst andre, stärkere,
schärfere. Sie sind allerdings auch zu nehmen. Nehm'
ich sie: Sie werden euch überantworten vor ihre
Rathhäuser. Das Publikum ist das Rathhaus und die
Flugblätter sind die Senatoren. Die gläubigen
Prediger werden angeklagt: sie halten die Leute von

der Arbeit ab; sie sprechen von Wirthshäusern und Theatern übel; sie wollen alle Menschen zu Muckern machen. Der stärkere Ausdruck ist nach dem Text; sie werden euch geißeln in ihren Schulen. Das sind die Stätten, wo die Wissenschaft getrieben wird, mündlich und in Büchern. Wie wird da in ihrer Vielen gesprochen von den Boten des Evangeliums: Das sind Leute des Stillstands und nicht des Fortschritts, welche die Vernunft verachten, diese herrlichste aller Gaben Gottes; sind Leute, welche der Tugend Hohn sprechen und den guten Werken, als wären die für die Seligkeit schädlich; rühmen ein fremdes Verdienst, das solle man gläubig und faul annehmen und die eigene Gerechtigkeit bis auf den letzten Faden ausziehen. So sprechen kann nicht geißeln genannt werden? Und man wird euch vor Könige und Fürsten führen um meinetwillen, spricht Christus. Ja, so wird in unsrer Zeit gethan: Diese Leute predigen, daß man Gott mehr als den Menschen gehorchen müsse, daß uns das edelste Gut, die Glaubens- und Gewissensfreiheit nicht zuständig sei; sie wollen uns unter Papier und Symbol zwingen; widerrathen jede nähere Verbindung mit dem Volk, turbiren also das bürgerliche Leben in seiner heiligsten Erscheinung. Ja, wenn es überhaupt noch ein Leben nach dem Tode und eine Seligkeit giebt, so lassen sie uns nicht selig werden, wenn wir nicht glauben; damit ängstigen sie schwache Gemüther, daß sie trübsinnig davon werden und wahnsinnig: darum

appelliren wir an die höchste Macht im Lande; sie
wehre ihnen! Oder genauer gesprochen, wie die Sachen
zu unsrer Zeit stehen: Ihr Fürsten und Könige, seid
gerecht und gebt uns Kirchen, darin unsre Leute für
uns predigen und nehmt sie jenen Predigern weg,
sammt den Kirchengütern, — und das nach der Kopfzahl.
Das sind die Abweisenden zu unsrer Zeit. Ob sie
sich nicht finden, wie sie zu Christi und der Apostel
Zeit sich fanden? — Das war der erste Theil.

2) Der zweite Theil. Was darauf gethan werde
von den Abgewiesenen, wie wir sie in milderem Ausdruck nennen.

Aber seid ihr denn auch, meine Lieben, in die
Sache, die es heute ist, hineingebracht, also daß das
Wort nicht über eure Häupter dahin geflogen? Und
wenn, wie ja vermuthet werden kann, sich unter eurer
Zahl die beschriebenen Abweisenden finden, ihrer Einige,
wie habt ihr es mit dem so weit gesprochenen Wort
gemacht? Habt ihr das auch abgewiesen? Das Wort
abgewiesen: die mündliche Rede bringe das stockende,
geschriebene Wort in Fluß? und habet ihr auch die
ganze Rede vom Rathhaus, von den Schulen, von
Fürsten und Königen abgewiesen, und vielleicht noch
mehr als das, habet sie unwahr, übertrieben, ver-
dächtigend, verläumderisch bei euch genannt? Ich weiß
es nicht, brauch' es ja auch nicht zu wissen, fahre zu
reden fort und zeige nach dem Text, was von den Abgewiesenen darauf gethan werde.

Sollen sie die Andern frei predigen, lehren, schreiben lassen und die Christenheit, oder darnach ihr Stand ist, die Gemeinde erfüllen und verwirren lassen mit falscher Lehre, ohne zu strafen die Widersprecher? Zugeständnisse machen und mehrdeutige Erklärungen geben, bei welcher jeder Theil denken könne, was er will? und einräumen oder zu verstehen geben, die Wahrheit könne vielleicht doch auch auf der Seite der Gegner sein? und mit Andern das Wort der Schrift, das zweimal vorkommende: „Der Gerechte wird seines Glaubens leben", dasselbige falsch mitsprechen: Jeder wird seines Glaubens selig, oder leben? Sollen die Boten des Evangeliums das? Davon steht im Texte nichts und nirgends steht, daß sie so thun dürfen. Was steht denn im Text, um bei dem zu bleiben? Das Eine, Feste ist: Seid klug wie die Schlangen und ohne falsch wie die Tauben. Ein sehr bekannt gewordenes Wort. Woher die erstern klug und die andern hornlos nach dem Griechischen, falschlos, aufrichtig, unschuldig, rein heißen, das weiß' ich in den Unterricht, bei den Schlangen nur erinnernd an Psalm 58, in welchem von der Schlange steht, sie stopfe ihr Ohr zu, daß sie die Stimme des Beschwörers nicht höre. Diese Klugheit hat den Namen Weisheit, Lehrweisheit bekommen. Nun, es giebt eine wahre, echte Lehrweisheit, welches die ist, welche schwere und leichte Speise unterscheidet, die ist, welche das Wort Gottes recht theilet, das Gesetz nicht zum Evangelium und das Evangelium nicht zum Gesetz macht, die ist, welche in beidem, im Lob und im Tadel Maaß hält, das thut und nach einer andern auch von Christo gegebenen Lehre das Heiligthum nicht vor die Hunde wirft, will sagen, da es offenbar ist, daß die Gotteslehre doch nur werde gelästert werden. So ist's mit der Schlangenklugheit hier gemeint, aber nicht gemeint ist, was man auch Lehrweisheit nennt in unsern Tagen, dies, wie vorhin gesagt worden: mehrdeutige Redensarten brauchen, Zugeständnisse machen, Einräumungen: „das Gegentheil könne doch auch vielleicht wahr sein, und Jeder werde seines Glaubens selig," was unlieb zu hören, das verschweigen. Nein, das ist wider die Taubenreinheit, die gleichfalls von den Boten Christi geforderte, daß sie diese beweisen sollten. Darum keine Hinterhalte, verlange man die nicht, gleichwie keine Verzuckerungen, kein Backwerk und kein Spritzbackwerk.

Das Wort soll vorgetragen werden nach seiner wahren Gestalt und das Bekenntniß geprediget nach allen seinen Gliedmaßen, Artikeln, und mit den Worten, in welchen es gegeben ist, da es hingehört, auch Gal. 1: Der ist verflucht. Solche Rede ist der wackre Stab, den ein Prophet zu sehen bekam, Jer. 1. und der soll es sein, der soll auch ein Adjunct und ein Jeder sein, dem diese Thür geöffnet wird, zum Zeugniß vor Gläubigen und vor Ungläubigen.

Zum Zeugniß über sie und über die Heiden. Wir unterscheiden zur Zeit nicht mehr so, doch bleibt

das Zeugnißgeben eine fortwährende Christenbotenpflicht.
Wer auch nur eine einzige Predigt in einem Jahr, in
Jahren hört, solche giebt's in Kiel auch, der muß Zeug-
niß zu hören bekommen.

Woher nehmen es die Abgewiesenen? Das ist
wohl ein manchmaliges Sorgen und in einem Maaße,
wie's wohl nicht alle hier bei dem vermuthen, der jetzt
gezenget hat, meinet er, und noch damit fortfährt.
Aber der Herr spricht: Sorget nicht, was ihr reden
sollt. Nun so will ich's auch bleiben lassen, wenn ich
mein Theil gethan. Das nenn' ich mein Theil, daß
ich bete und arbeite, ja arbeite in dem Verstande, daß
ich lese, forsche, wähle, wähle bis auf den Ausdruck,
soweit die natürlichen Kräfte neben vielfältigem anderm
Thun es verstatten. Ach, es sollte wohl manchmal mehr
geschehn. Und dann bring' ich hier, ob des Vaters Geist
durch mich reden wolle. So red' ich denn zu Allen,
welche abweisen, welche hier sind und welcher eine große
Zahl draußen ist, sie werden es zu hören bekommen doch.
Dies rede ich zum Zeugniß als ein wiederholt abge-
legtes Bekenntniß: Auf den ich den Confirmanden gewiesen habe, zwei hundert und mehr, der sei alleine das
Leben, der meine Rede gewesen vor mehreren hundert
Beichtenden in der stillen Woche und später, als bei
dem allein die Erlösung und Erneuerung und Heiligung
sei, den ich am stillen Freitag und Ostern gepredigt
habe, wie an den beiden Sonntagen und an einem
Mittwoch nachher: Christus ist der Sohn Gottes und

allein durch den Glauben an ihn haben wir das Leben. Womit ich hier aufgetreten bin fast jung und hier ge- standen bin fast alt und jetzt alt, dabei will ich auch stehen bleiben, so lange ich überhaupt stehen kann, und sehen. Es mögen geben, die nicht bleiben mögen, und mögen wegbleiben, die auch noch nimmer hier gewesen sind. Ist ihnen das Evangelium verdeckt, bleib' es ihnen verdeckt ihr Lebenlang, und bin ich ihnen ein Geruch des Todes zum Tode, 2. Cor. 2., fall' es auf sie, ich fälsche ihret- wegen Gottes Wort nicht, sondern in Lauterkeit, als aus Gott, vor Gott red' ich in Christo. Ich rede zur Warnung. Es klingt recht schön: Lichtfreund, freier Protestant; aber wohin führt Lichtfreundschaft und freier Protestantismus? Ihr wißt's ja, seht es aller Orten bei ach, so Vielen.

Seid männiglich gewarnt und bleibet unver- führt, und weist diese Warnung nicht ab, die ganze Predigt nicht und den Prediger nicht; laßet des Vaters Geist durch mich geredet haben Amen; in mir hat er. Amen.

Am zweiten Pfingsttage 1834.

Ges. 342. O, du allerbeste Freude ꝛc.

O, du Geist Gottes, insonderheit in dieser Stunde mache mich zu deinem Munde! —

Mehr als dieses kurze Bittwort für mich sei an dieser Stätte nicht gesprochen. Er, der angerufne Geist, der Zeuge ist aller Gedanken und der verborgnen That des Menschen, weiß es, daß ich vor ihm gestanden, gelegen bin, und gebetet habe um sein Mitmirsein für diese Stunde und in derselben. Denn ich achte, geliebte Zuhörer, eine Pfingstpredigt vor andern schwer. Um des Inhaltes willen, den sie haben soll, ist eine Pfingstpredigt schwer; es liegt so sehr im Unsichtbaren und auf dem Wundergebiet, wovon an diesem Feste zu reden ist. Schwer ist sie um des erhöhten Anspruches willen, der an den Vortrag gemacht wird; wenn auch Keiner jenes Reden mit Zungen, mit fremden, mit neuen Zungen, anzuhören begehrt, so soll doch einige entfernte Aehnlichkeit mit jenem Vortrag erscheinen, der gehört worden ist am ersten Pfingstfeste, kraft welches aus dem jüdischen Pfingsten ein christliches ward. Ja,

unnütz ist die Rede eines jeden Predigers, er verheidnet
das christliche Fest, es sei denn, daß er von dem heiligen
Geiste, von eben demselben, voll ist! Schwer heiße ich
die Pfingstpredigt vor andern darum, weil Hörer um
sie stehn in einer so großen Zahl, wie nicht immer,
und in einer Mannichfaltigkeit durcheinander, wie so
an den Sonntagen und an den andern Festtagen nicht.
Ihr Lieben Alle, wann seh' ich euch Alle so wieder
beisammen? Und was ihr heute bekommt, o, auf wie
lange Zeit muß das bei Vielen von euch vorhalten,
ehe sie es für nöthig halten, wieder einmal in die
Kirche zu gehn. Ob ich nicht könne ein Wort sagen,
das wie ein Seil ist um euch geworfen und läßt euch
nicht los und zieht euch alle Sonntag heran? Meine
Hoffnung ist um so schwächer, wenn ich daran denke,
wie Wenige sich am Sonntag vor dem Fest haben
auf's Fest bereiten lassen. Wie Jemand ackert, so
erndtet er; wie Jemand wetzet, so schneidet er; wie
Jemand zielet, so trifft er: ach, da haben Viele nicht
geackert, nicht gewetzet, nicht gezielet, noch desgleichen
gethan, was Vorbereitung heißen, und der Pfingstfeier
eine gute Wirkung verheißen kann. In der Feier
selbst, meinen sie, soll Alles ausgerichtet werden. Das
sind die Gründe, weshalb ich sagen kann: Eine Pfingstpredigt ist vor andern schwer.

Schwer oder leicht, wenn nur das rechte Wort
daher fliegt, das von Gott gegeben, vor welchem
Niemand entweichen kann, das von Gott begleitete

15*

Wort, welchem der Hörer, bereitet oder nicht, sein Herz darreichen muß! Das kann des Menschen Wort, wie er es redet, Andern und sich selber, nicht; denn es ist gar gering, arm und schwach. Ja, mit ihm vor eine Versammlung zu treten muß sich der Redende fast schämen. Wenn aber der Herr es nehmen will und legen von seinem Geist darein, so wird es einem Feuer gleich; es brennet, wie das brennet und ist gleich dem Hammer, der Felsen zerschmeißt; in andrer Art: gleich dem Tröpflein auf's Gras, Micha 5, das auf Niemanden geharret, noch auf Menschen gewartet hat. Die Meisten hier werden sich auf ein solches Wort besinnen, das auf sie, das an ihnen diese Kraft gewiesen hat, eine befremdende, daß sie sich nimmer hätten von ihm versehen. Wie ein Wölkchen kam ihnen das Wort vor, gleich einer Manneshand, aber es bedeckte schnell den ganzen Himmel über ihnen, also daß sie nirgends bleiben konnten vor dem Regen, der auf sie herabfloß. Nun, auf dergleichen etwas wolle der Herr mich rechnen lassen, daß es in dieser Predigt geschehe, dann soll auch gar nichts mehr davon gesagt werden, ob sie leicht oder schwer sei. Ich lasse vortreten den heiligen Apostel Petrus, wie der angefangen hat vor seinen Zuhörern zu reden.

Apostelgesch. 2, 14—19. Da trat Petrus auf mit den Elfen, hob auf seine Stimme, und redete zu ihnen: Ihr Juden, liebe Männer, und Alle, die ihr zu Jerusalem wohnet, das sei euch kund gethan, und laßt meine Worte zu euren Ohren eingehen. Denn diese sind nicht trunken, wie ihr wähnet; intemal es ist die dritte Stunde am Tage;

sondern das ist es, das durch den Propheten Joel zuvor gesagt ist: „Und es soll geschehen in den letzten Tagen, spricht Gott, ich will ausgießen von meinem Geist auf alles Fleisch; und eure Söhne und eure Töchter sollen weissagen, und eure Jünglinge sollen Gesichte sehen, und eure Aeltesten sollen Träume haben; und auf meine Knechte und auf meine Mägde will ich in denselbigen Tagen von meinem Geist ausgießen, und sie sollen weissagen; und ich will Wunder thun oben im Himmel, und Zeichen unten auf Erden, Blut, und Feuer, und Rauchdampf.

Solche Zeichen hat er ja auch gethan. Freilich zur Zeit derjenigen noch nicht, welche hier genannt werden; denn die sollen erst eintreten, wann der große und wunderbarliche Tag des Herrn kommt; der nicht ausbleibt, spricht der Gläubige, und kehrt sich an den Verzug nicht. — Aber Wunder von anderer Art sind geschehen in näherer Aehnlichkeit mit demjenigen, das an jenem ersten Pfingsten geschah, da der heilige Geist herab kam und that, wie ihr wisset. Nein, wahrlich nicht, des heiligen Geistes Ausgießung ist nicht jene einmalige und auf zwölf Männer beschränkte, sondern, wie auch der Apostel sagt: Euer und eurer Kinder ist diese Verheißung und Aller, die fern sind, welche Gott, unser Herr herzurufen wird. Mit den Entfernten sind unsre Väter gemeint, alle Völker des Heidenthums; deren Bekehrung ist das Herzurufen gewesen. — Fast zweitausend Jahre sind seitdem vergangen, — aber für jeden Einzelnen, so wahr Niemand als ein Christ geboren wird, ergeht derselbe Zuruf: Werde du ein Christ! Und da wir durch unsre Sünde uns stets wieder von Christo entfernen, schweigt der Ruf niemals: ein Fest

wie Pfingsten ist ein besonders lauter Ruf, auch die
Verheißung des Geistes zu empfahn, immer von Neuem
wieder zu empfahn. Die den heiligen Dienst am
Worte haben, rufen aus: Bringt eure Gefäße her,
um die himmlische Ausgießung aufzunehmen, gerade so,
wie in der frühesten Zeit. Oder in diesem Ausdruck:

Kommt und erfahret es, wie Gott der heilige
Geist eingehet in euren Glauben und in euren Gottesdienst und in euren Wandel. Denn diese drei sind es,
mit welcher hinankommend ihr einst das große Pfingsten
feiern werdet. Der Geist macht:

1) unsern Glauben: lebendig, gestaltet und einig;
2) unsern Gottesdienst: Gottes würdig, viel gesucht und erbaulich;
3) unsern Wandel: richtig, sicheres Schritts und
   fröhlich.

Das wollet euch in der weitern Rede gleichsam
unter die Augen bringen lassen.

1) Was auch für Klag' erhoben wird aller
Orten, daß so wenig Glaube, Religionsglaube versteht
sich, unter den Menschen sich finde, wir wollen heute
nicht in solche Klag' einstimmen; können es doch auch
in dieser Versammlung nicht wohl thun. Der Unglaube hat doch diese Zahl nicht zusammengebracht.
Aber anstatt dieser Klage will ich die Frage unter euch
werfen: Unterscheidet ihr denn auch einen Glauben, der
todt ist, und einen Glauben, der lebendig ist? O, wenn
nur aller vorhandene Glaube lebendig wäre! Das ist

es, woran es fehlet. Vor denen Petrus auftrat mit den elfen und redete sie an: Liebe Männer und Alle, die ihr zu Jerusalem wohnet, — glaubenslos waren die nicht, wußten ja von den großen Thaten Gottes etwas, selbst die unter ihnen spotteten, auch die mochten Glauben gehabt haben ebenfalls. So meinet auch meine Rede zu lauter Gläubigen zu gehn. Begegnet darum derselbigen auch mit eurem Glauben, daß wir ihn besehen, wie er zu nennen sei, ob todt oder lebendig. Ihr glaubet an einen Gott, der allmächtig ist, der allwissend und allgegenwärtig ist, der allgütig ist — daß ich dieses nur nenne. Ob dieser Glaube todt oder lebendig sei in euch, nehmt es ab daraus, ob ihr Ehrfurcht vor Gott, Vertrauen zu ihm, Liebe für ihn empfindet. Ich spreche, empfindet; wenn dieses nicht ist, ist der Glaube todt. Ihr glaubt an einen heiligen und gerechten Gott und der das Böse bestraft, ge= schieht's hier nicht, so in einer andern Welt. Eine andre Welt glaubet ihr, eine ewige Fortdauer unsres Seins, während welcher ein Jeder finden wird, was er durch sein Verhalten hier sich bereitet hat. — Doch dieser große Gedanke, wie wirkt er auf eure Seelen und womit erfüllt er sie? Wenn mit nichts, wenn Jemand doch so lebet, als wär' es im Tode mit ihm aus, wenn er gar nicht anders lebet, als derjenige, der an keine Unsterblichkeit glaubt: deß Glaube ist ein todter. Es sei an diesen beiden Proben genug. O, wenn doch die, die von ihrem Glauben bekennen müssen, daß er todt in ihnen sei, wenn diese doch wollten näher treten unter dieses mein Aussprechen ihres Glaubens und es sich wollten sagen lassen vor dieser ganzen Versammlung hier: Erschrecket vor euch selber. Gleichwie ihr euch erschrecken würdet, die blasse Furcht in eurem Angesicht und in allen Gliedern Angst, wenn ihr euch selbst todt sähet, im Sarge liegend, so werde euch bei der Wahrnehmung zu Muth, daß ihr todt im Glauben seid. Wieviel einer todt im Glauben ist, soviel ist er überhaupt todt, als Mensch todt, untheilhaftig alles Lebens, zu welchem ihn doch Gott erschaffen hat und hat ihn zu keiner unvernünftigen Creatur erschaffen. Und ihr wollt noch im Hause Gottes erscheinen, wollt noch die Feste der Christen mitfeiern, ein Pfingsten auch halten, des heiligen Geistes Fest? Komme der über euch hier, einem Brausen vom Himmel gleich und erfülle der eure ganze Seele mit der Furcht, daß ihr Beleidiger seid des Gottes, der euch nicht unbekannt ist, an den ihr euch doch so wenig kehrt, als wenn es keinen Gott gäbe, der euch die Aussicht in die Ewigkeit aufgethan hat, und ihr betragt euch den Heiden gleich, so wenig laßt ihr die Zukunft in eure Gegenwart eintreten. Ihr nicht zu Entschuldigenden, ihr seid des Fleißes nicht werth gewesen, der auf euren Unterricht gewendet ist, nicht der Gebete werth, die fromme Eltern für euch gethan haben, ihr seid nicht werth gewesen der Bibel und des Gesangbuchs, das euch geschenkt ist und der Schillinge Schulgeld nicht,

die für euch ausgegeben sind. Ihr Unwürdigen —
so schelte der heilige Geist euch und trete so bei euch
ein, ob nicht euer Glaube von den Todten aufwache
und sich lebendig zeige.

Aber es giebt deren, ich weiß es wohl, deren Glaube
ein todter zu nennen nicht ist, weil er irgend wie in ihnen
sich reget, irgendwas an ihnen bewirkt und unterscheidet sie hiedurch und dadurch von den Glaubens-
losen. Sie haben Gedanken an die Gottheit, freilich
noch mehr Gedanken über die Gottheit und nicht allein
Gedanken, ein Gefühl auch, das einem sanften Sausen
gleich, zu andern Zeiten einem starken Ergriffensein,
als würden sie von einem Wetter gefaßt, wie solches
in ihnen selbst, in ihrer tiefern Seele aufkommt, bald
so, bald von der Herrlichkeit des Himmels über ihnen
herabkommt, und ein ander Mal, daß von der Schön-
heit der Erde das Herz ihnen überwallet vor dem, der
das so macht. Ob ich's verwerfe? Nein, aber verlangt nicht, daß ich viel darauf gebe. Schon aus dem
Einen Grunde kann ich unmöglich viel darauf geben,
weil dieser Glaube — ich will es heißen — gestalt-
los ist: beides fehlt, der Umriß und was der Umriß
einfasset. Ich begehre, oder lasset mich sagen, das
Herz, welches sich selbst versteht, begehrt einen Glauben,
der in die Zeit gestellt ist und der in den Raum gestellt ist, eine Offenbarung Gottes in Begebenheiten.
So war Israels Glaube einer, der Gestalt doch hatte,
darin ein Gott, der Abraham in Mamre erschienen

war, und Mose im feurigen Busch, der von Sinai
herab seinen Willen kund gethan und mit dem Stabe
Sanft und mit dem Stabe Weh das Volk wie ein
Kind auferzogen und geleitet. Eine vollkommnere Gestalt hat unsre christliche Religion. Gott hat geredet
am letzten zu uns durch den Sohn, Jesum von
Nazareth, den Mann von Gott, der Zeit und unter
dem Volk, da er seine Mutter hatte, mit Thaten und
Wundern und Zeichen bewiesen als der Sohn Gottes,
welche der Vater durch ihn that, wie Petrus im weitern Wort
von Christo redete. Der Gestorbene, der Wiederaufer-
standene, der gen Himmel gefahren ist, der mit Wort und
Werk, mit dem Wort über sein Werk, wie beides in
unserm heiligen Buch vorliegt, der ist eine Gestalt und mit
ihm hat unser Glaube eine Gestalt, und eine behaltne
Gestalt; nämlich in Folge und in Kraft jenes Pfingst-
wunders, wo etwas geschah, das gesehen und gehört
wurde, hat sich die Kirche Christi gebaut mit Predigt
und Sacrament, in welcher Dienst Männer stehn aller
Orten und weiden die Heerde Christi, als geschiehet
selbst in dieser Stunde — das heiß' ich einen gestalteten
Glauben. Wie, stellt er sich euch nicht als vor Augen
dar? Ich denke, wer Augen hat, der sieht es und
kann es nicht ansehn, wer ungläubig ist, ohne daß ihn
ein Heimliches, sprecht lieber, ein Heiliges anweht; wer
aber Kenntniß des heiligen Geistes hat, der sagt, das
ist der Geist vom Herrn, wie er auf mich herabkommt
und will mich beschämen vor dieser Menge, als wüßte

sie, wie wenig Gestalt mein Glaube hat, wie weit ent=
fernt von Dem dort, deß Bild die gläubige Vorzeit,
Christum am Kreuze, in dies Gotteshaus gesetzt hat zum
Anschaun unter der Frage: Was gilt dir der? ist der=
selbe der Versöhner auch deiner Sünde? darum dein
Herr und dein Gott? In weß Seele deshalb eine
Bewegung entsteht, um deß Seele weht diesen Augen=
blick der heilige Geist, seinem Glauben eine Gestalt
gebend.

Eine Gab' ist der Glaube, beides nach dem, was
geglaubet wird, und daß dieses geglaubet wird. Den
Jemand sich selber giebt oder macht, der ist der rechte
nicht. 1. Cor. 12: Niemand kann Jesum einen
Herrn heißen ohne durch den heiligen Geist; — und
im dritten Artikel: Ich glaube, daß ich nicht aus
eigener Vernunft noch Kraft an Jesum Christum
glauben oder zu ihm kommen kann, sondern der heilige
Geist hat mich durch das Evangelium berufen, mit
seinen Gaben erleuchtet, im rechten Glauben geheiliget.
Und Christi eignes Wort über den Geist, Joh. 16:
Derselbe wird mich verklären; von dem Meinen wird
er's nehmen und euch verkündigen. Darum, was
Jemand nimmt von Seinem, von seinem Eignen, es
ist das Urtheil Gottes darüber gesprochen; das ist nicht
der rechte Glaube. Das kann er nimmer sein schon
aus dem Grunde nicht, weil er alsdann so verschieden
ausfällt, als die Zahl denkender Menschen groß ist:
Jeder hätte seinen besondern. So that ein Micha einst,

des Stamms Ephraim, Buch der Richter 17, er machte
ein Bildniß und richtete einen Gottesdienst in seinem
Hause an unter einem gedungenen, jungen Leviten.
Das hatte kein guter Geist ihn thun lehren, so sich
losreißen von dem Glauben Israels. Solches geschah,
als kein König in Israel war, und ein Jeder that,
was ihm recht däuchte. Was thun in unsern Tagen,
die nicht lassen Christum auf dem Königsstuhl sitzen
und achten auf den nicht, welchen er gesandt hat, daß
derselbe in alle Wahrheit leite, sondern verachten die
Stimme des heiliges Geistes? Wie Micha that in
Israel, so thun sie in der Christenheit und reißen das
Band der Einigkeit entzwei. So viele Häuser, so viele
Kirchen, und Prediger darin will ein Jeder selbst sein,
eigener Ansicht, wie er es nennt, folgend. Steuern
diesem Wesen, richtiger gesprochen, diesem Unwesen,
wer kann es? Des Einen Ja will so viel als des
Andern Nein gelten. Aber, wenn du kommst, heiliger
Geist, wenn dein allmächtiges Wort herabfährt auf die
Absonderlichen, ob ihrer so Viele sind in einer Gemeinde, wie nach der Pfingstepistel zu Jerusalem ver-
schiedne Stämme waren, Parther und Elamiter, sieben-
zehn an der Zahl, wenn du, Geist Gottes, sie an-
fassest, wie du dort gethan, alsbald thut Jedermann
vor seiner eignen Ansicht die Augen zu und der Grund
seines besondern Glaubens zerrinnet, wie Sand zerrinnet,
sein Glaubenssystem, wie er's gemacht hat, reißt aus
einander in allen seinen Fugen; da liegt der Bau, der

Sturm, in welchem du kamst, hat die Sparren ge-
knickt, die Nägel zerstreut, die Balken gebrochen, die
Mauern gestürzt, und auch die Grundsteine sind ver-
schoben. Wo nun hin? Da sieht der Obdachlose nach
dem Bau, welchen du aufgeführet und zieht ein, wo
er singen hört: Wir glauben all' an Einen Gott, wir
glauben auch an Jesum Christum, wir glauben an den
heiligen Geist, der in Einem Sinn gar eben hält die
Christenheit auf Erden. O, wenn du wolltest dich in
dieser Stunde so offenbaren!

2) entstehen auch so allein und erhalten sich auch
so allein die Gottesdienste, ich meine die öffentlichen
zunächst, bei einem lebendigen, gestalthabenden und
einigen Glauben. An den Gottesdiensten wollten wir
ferner sehn, wie auf dieselbigen der eintretende heilige Geist
wirke, sie Gottes würdig, viel gesucht und erbaulich machend.

Was in unsern Gottesdiensten sei Gottes würdig
oder Gottes unwürdig zu nennen, ich meine, daß sich
das als von selber zu Tage legt. Denn Viele sehen
den Gottesdienst als in ihr Belieben gestellt, ob sie
kommen alle Sonntage, nach dem Gebot des Herrn,
du sollst den Feiertag heiligen, oder ob sie kommen
nur einigemal im Jahr, die andern Tage bei ihrer
Arbeit bleiben oder ihrem Vergnügen nachgehn, allwo-
zu sie geladen werden. Ach, es ist gewiß aller nur
einigermaßen frommen Gemüther Betrübniß, zu welchen
Dingen man an diesen Pfingsttagen Morgens, Vormittags und Nachmittags hat öffentlich laden dürfen.

Kiel, so lässest du dich laden zur Schmach über dich und zur Schande? Auf einen wie zahlreichen Pöbel in dir wird Rechnung gemacht!

Doch die am Gottesdienste Theil nehmen und fehlen selten hier, wenn sie aber nur hier sind, um zu sehen und gesehen zu werden, bloß um zu hören oder gehört zu werden, Andrer nicht und sich selbst nicht vergessend, wenn sie hier sind: die gleichfalls sind in einem Gottes unwürdigen Gottesdienste begriffen. Um Gotteswillen sollen wir kommen, Gott zur Ehre, das ist das erste Gebot; darnach, was von dessen Erfüllung abfällt für uns, für unsre Besserung und Heiligung, für unsre Beruhigung und Erfreuung, daß wir das nicht verschmähn, ist das andre Gebot in Betreff der öffentlichen Gottesdienste. Trifft dieses Wort Einen, wie ein Pfeil vom Bogen, und macht es ihm einen Schmerz, daß er so selten nur Gott die Ehre giebt und daß er bei unsern Gottesdiensten immer vor der Thüre seines Herzens gestanden sei, Wache zu halten und keinen Gedanken einzulassen, der ihm nicht behaget. Der sich den Augenblick für einen Heuchler erklären hört oder für einen unwürdigen Gottesdiener in andrer Art, er weiß nicht, von welcher Stimme, noch wo sie her kommt. Ich weiß es und will's ihm sagen: Meine nicht, daß, der jetzt redet, es sei, sondern das ist der Geist, der in diesen Minuten das Würdige und das Unwürdige in unsern Gottesdiensten scheidet und der dich treibet, du Getroffener, daß du ein ander Mal

draußen lassest, was du so wenig wie einen Hund mit
herein nehmen darfst, sondern reinigest dich zuvor, und
tretest nicht anders ein, als um Gott im Geist und
in der Wahrheit anzubeten; wie Jesus gesagt hat, daß
der Vater solche Anbeter haben wolle. Im Geist;
d. h. nicht in deinem Geist, wahrlich nicht; meinen
und deinen Geist, den kennen wir wohl und wissen es,
wie wenig Wahrheit in dem sei. Aber hier ist ein anderer
Geist gemeint, jener, in welchem Johannes war, Offenb. 1.,
an des Herr Tage, jener Geist, in welchem und getrieben von welchem die heiligen Männer Gottes geredet
haben: in demselben sollen wir reden hören, beten hören,
beten und singen selbst. Sofern du nun in dieser
Sache Licht siehest, früher nicht gesehn, und spürest eine
heilige Bewegung in dir, so vorhin nicht verspüret —
ich meine nicht Einen Mann, du ganze Versammlung,
dich meine ich —, so ist dieses eine Bezeugung des heiligen
Geistes, daß er unter uns sei und uns zeiget, was
für ein Gottesdienst ein Gotteswürdiger sei und welcher
nicht, damit unsern Gottesdienst zu einem Gottes
würdigen machend.

Und in welcher Stadt, in welcher Gemeinde sich
das zuträgt während des Gottesdienstes, wenn der gehalten wird: es möchte nirgends fehlen, daß daselbst die
Gottesdienste auch viel gesucht seien. Hört mich
sprechen: viel gesucht, ich sage nicht, viel besucht.
Denn die Besucher nicht, sondern die Sucher sind die
Anbeter, wie der himmlische Vater sie haben will.

Aber wer bringt in die Seele das Suchen hinein?
Ihr sprecht, die Prediger; freilich es wirken die Prediger
viel dazu, doch die Hörer, behaupte ich, noch mehr,
wenn die nicht dem heiligen Geist widerstreben, der sein
Werk an ihnen hat wahrlich nicht in dem öffentlichen
Gottesdienst allein. Wenn in Jemandes Seele der
Gedanke mächtig wird: Was müssen doch die
Menschen um dich her von dir denken, daß sie dich
nimmer im Hause Gottes sehn? Ein Grieche der
alten Zeit wurde für einen Gottesläugner erklärt, weil
ihn Keiner hatte opfern sehen — was müssen die
Nachbarn, die Freunde, selbst die jungen Kinder von
dir halten? Wenn in Jemandes Seele der Gedanke
mächtig wird: Wem hängest du doch nach, wem gehest
du nach, während Andre dem Worte Gottes nachgehen?
Träber setzest du deiner Seele vor und könntest doch
Manna nehmen, sie damit zu nähren, das Brod,
welches dein Vater in Fülle hat und giebt es, o du ver-
lorner Sohn? Wenn in Jemandes Seele der Gedanke mächtig wird: Du sitzest in deinen Sorgen und
kauerst in deinem Leidwesen, an deinen Fingern nagend;
auf, gehe hin, wo eine ganze Gemeinde Gottesvertrauender
die Hände zu Gott erhebt und die Herzen auch, wo sie
hören den Gottestrost und haben eine Freude in ihrem
Leide! Geh' hin und siehe, wenn in den Versammlungen
da Einem und da Einem die Thräne zwischen den
Wimpern steht, eine Thräne, darin, wie im Thau-
tropfen die Sonne, der erhaltene Trost von Gott

glänzet: wenn solche Gedanken mächtig werden in Jemandes Seele, davon sage ich, der heilige Geist thut das und er thut dort, was wir nennen, die Gottesdienste zu vielgesuchten machen. Freilich, der Sucher Vermehrung wird auch keine Verminderung der Besucher sein.

Ich habe verschiedentlich darauf aufmerksam gemacht, daß ihr nicht Rührung und Erbauung für einerlei halten möchtet. Letztre ist die reinere und edlere Frucht der Gottesdienste. Erbauen heißet nicht, wenn nur etwas vorgeht in uns überhaupt und von angenehmer, zur Wehmuth stimmender Art, sondern ganz nach dem Wort, lieber Christ, daß du selbst ein Bau wirst, geworden bist, daß fortwährend an dir gebauet wird. Wenn du siehest, an dir wird etwas niedergerissen, oder zu Anfang, du selbst wirst niedergerissen als nicht wohnlich für eine Christenseele, bei der die drei himmlischen Personen sollen Herberg' finden, nicht wohnlich mehr, du mußt ein andrer werden; wenn du siehest, neu wird Grund gelegt und große Gedanken, schwere Gedanken, wie du sie nicht hattest seither, werden in dein inneres Leben geschafft, Felsen vergleichbar, so sicher, und keine lose Erde, du aber hast nur das Zusehn und wirst gehalten, sonst möchtest du das Werk an dir abhalten; wenn nun auf solchen Grund weiter aufgeführt wird, nicht, wie ein Apostel davon spricht, Holz, Heu, Stoppeln, sondern Gold, Silber, Edelstein,

2. Cor. 3, Feuerfestes, davon Du selbst eine innere Wahrnehmung hast: was ich nun werde und immer mehr werde, das ist, was ich nach dem Willen meines Schöpfers habe werden sollen und war es nicht und ward es nicht und würde es nimmermehr durch mich selbst geworden sein — Gott hat sich meiner angenommen, seine Gnadenhand hat er gelegt an mich, in seiner verborgnen Gottesmacht thut er solches an mir: das, liebe Brüder, heißt erbauen, von Rührung verschieden, und ist im Wort nur verschieden, in der Sache eins mit dem, was sonst die Schrift nennet, wiedergeboren werden, aus dem Samen des göttlichen Worts, aus dem Geist geboren werden und was sonst genannt wird: erweckt, bekehrt, gläubig, Christ werden. Uns ist heute das Wort „erbaulich" gekommen, der aber den Bau macht, ist Gott der heilige Geist und obwohl an keinen Ort gebunden, hat er doch vornehmlich diese Stätte gewählt, da Wort und Sacrament, das heilige Material, wie zur Hand ist: da auch sich finden, die erbauet schon sind und thun nun selbst dazu und können angeredet werden, Brief Jud. 14: Ihr, meine Lieben, erbauet euch auf euren allerheiligsten Glauben durch den heiligen Geist. So tritt der heilige Geist in unsre Gottesdienste ein.

3) Wenn jetzt die Predigt sich auf unser Drittes kehrt und kann demselben nicht so viel Wort geben wie dem Glauben und dem Gottesdienste gegeben sind — unsre

Zeit, vielleicht auch eure Auffassung verstattet es nicht —
so erklär' ich und als zum Uebergang: Das ist auch
nicht nöthig. O nein, wenn unser Glaube lebendig,
gestaltet und einig ist, wenn unsre Gottesdienste Gottes
würdig, viel gesucht und erbaulich sind, dann hat es
mit dem Wandel auch, wie man spricht, gute Wege.
Doch tritt der heilige Geist — und darum lassen wir den
Wandel ein Besonderes sein für unsere Betrachtung
— doch tritt der heilige Geist in denselben nicht bloß
durch die beiden Thüren des Glaubens und des Gottesdienstes ein, sondern ihn selbst nimmt er auch vor und
macht ihn: richtig, sichres Schritts und fröhlich.

Müßte das Jedermann von selbst, wie er wandeln
und seinen Gang richten solle, dann hätte Gott keine
Gebote gegeben; wüßte das jeder Christ von selbst, so
wäre uns nicht mit dem neuen Testament zugleich das
alte gegeben. Zwar steht im Neuen, Röm. 10:
Christus ist des Gesetzes Ende, allein was folgt? Wer
an den glaubet, der ist gerecht. Da folgt aber nicht,
daß derselbe alles wisse, was er zu thun und zu lassen
habe. Nun ist allerdings eine gute Kunde vom gött=
lichen Willen mit dem Glauben an Christum verbunden,
doch wahrlich, der geschriebene Buchstab' der göttlichen
Gebote ist nicht überflüssig neben dem Glauben. Sogar, meine Freunde, würden wir nimmer genug an dem
geschriebenen Gesetz haben, wenn wir des begleitenden,
auslegenden, anweisenden Geistes ermangeln müßten.

Darum betet David ja auch, Pf. 143: Herr, lehre mich thun nach deinem Wohlgefallen und dein guter Geist führe mich auf ebner Bahn, — an einem andern Orte: Leite mich auf rechter Straße. Und wes Endes hätten bei allen Vorschriften für unsern Gang die Apostel auf den heiligen Gang gewiesen und der ganzen Christenheit noch zugerufen: Wandelt im Geist! O, wer ist noch so reich an Glauben und noch so kundig der Schrift, der sich nicht einmal über das andre wie verlassen von beiden fände, daß sie in einem vorliegendem Fall ihm nicht sagen, ob dies oder das, ob dahin oder dorthin? Loslassen oder festhalten? Den Weg der Strenge gehn oder den der Nachsicht und Milde? So ist's ja in hundert Fällen des Lebens. Wie fänden wir uns zurecht, wenn wir nicht einen Ort fänden, um Gott anzurufen: Herr, lehre mich thun nach deinem Wohlgefallen! Und wie antwortet Gott? Nicht durch Stimmen vom Himmel herab, nicht durch Zeichen, die er uns giebt auf Erden, sondern daß er Gedanken weckt in unsrer Seele und Gefühle in unsern Busen senkt, die wir nehmen als Winke, die Gott giebt und heißen das eine Führung durch seinen guten Geist, lenken auf eine Straße, die wir für die richtige halten. O, wie Viele wohl stehen hier und sagen: Ja, so ist es, Gottes Geist macht unsern Wandel richtig, wenn der zu uns hertritt.

Und befestiget auch unsern Schritt auf der betretenen Bahn. Das stellt sich ja bei jeder bedeutenderen Ver-

änbrung ein und nach jeder 'entscheidenderen That, daß
nachher Bedenklichkeiten kommen, ob es auch möchte
recht gethan gewesen sein, Zweifel, ob auf unserm Weg
auch der Beifall Gottes uns begleite, Neigung, stille
zu stehn, umzulenken, abzulassen — o, da sind ja die
Vielen unter euch, die in Betreff ihres gewählten Be-
rufs z. B. in solchen Zweifeln und Bedenklichkeiten gehn,
ich sage richtiger, schweben: was kann euch Ruhe geben,
daß ihr euren Weg wandelt mit festem Schritt? Dies
wird uns vor allem nöthig alsdann, wenn uns mächtige
Hindernisse entgegen treten, wenn die Schwierigkeiten
sich aufthürmen, wenn das Gelingen ausbleibt, wenn
unsre Freunde, der eine so, der andere anders rathen,
wie Ost und West verschieden. Orakel giebts nicht,
die wir fragen, Wahrsager, Zeichendeuter nicht, die
wir beschicken können; sagt, was uns bleibet in solchen
Fällen, als der Geist, der in alle Wahrheit leitet, der
heilige Geist, welcher das Rechte recht lehret. Den
bitten wir, er macht unsre Schritte sicher.

Was immer uns denn auch begegnen mag: ob
auch das Gegentheil von dem, was wir des Wegs erwartet haben, und sollten wir durch die Traurigkeit
wandeln: der Geist Gottes schwebet über uns, der Geist
beschattet uns und macht, daß wir selbst dann fröhlich
wandeln. Es muß ja doch wahr sein — wir haben ja
so oft davon gelesen, davon gehört, wer es denn nicht
selber erfahren hat in sich —: das menschliche Gemüth

könne beides, zu gleicher Zeit traurig und fröhlich, niedergeschlagen und muthvoll sein, weinen vor Kummer und lachen vor Freude, wie wenn nicht Ein Gemüth, sondern zwei Gemüther in demselben Busen wären. Wem ist das zuzuschreiben? Das haben die Erfahrnen einer göttlichen Einwirkung zugeschrieben und haben es den bei ihnen eintretenden Freudengeist genannt, den Geist Gottes, als der kein Trauern liebt. Wie in dieser seiner Eigenschaft der heilige Geist auch den Jüngern verheißen worden, und sie haben ihn auch erhalten in dieser seiner Eigenschaft, sie, an denen er jedoch sich niemals hat gänzlich ausgegeben, sondern, wie geschrieben steht 1. Cor. 12: derselbe einige Geist theilt einem Jeglichen seines zu, nach dem er will. O, Geist Gottes, theile du uns auch mit und lasse in dieser Versammlung Keinen leer ausgehen! Wir bitten nicht um die Gabe, gesund zu machen, um die Gabe, Wunder zu thun oder zu weissagen oder in mancherlei Sprachen zu reden, daß du solche Gaben wieder erneuerst in unsern Tagen, sondern das bitten wir: mache du unsern Wandel richtig, unsre Schritte sicher und wenn uns Trübsal entgegen kommt oder die schon jetzt in Trübsal gehen, mache du fröhlich. Höre du jeden Seufzer, der aus beklemmter Brust aufsteiget, trockne du die Kummerthräne auch, die im Stillen geweint wird; Freudigkeit von dir, du ein freudiger Geist genannt von altersher, geuß über alle Traurigen aus, und den

Muth, der sie sagen läßt: geächtet und doch geachtet noch, wohl geschlagen, aber doch nicht geschlachtet, gedrängt, verdrängt und gedrückt, aber doch nicht unterdrückt, und nicht lange währt es. Du giebst zum Hoffen den Grund und zum Harren die Kraft; über ein Kleines, dann ist allen Sachen Wandel geschafft. Des wollen wir Alle froh sein, und so auseinander gehen. Amen.

Am Sonntag Trinitatis 1832.

Gef. 114. Lob, Preis und Ehre bringen wir.

Ihn lobe der Gesang und auch die Rede. Ihn
lobe der Sonntag und der Wochentag. Ihn lobe die
Versammlung und die Einsamkeit. Ueberall und zu
aller Zeit und in aller Weise sei Gott gelobt.

Es giebt keinen Stillstand auf dem ganzen Wege
eines Kirchenjahrs. Da folgt ein Fest nach dem andern
von Weihnachten an und zwischen ihnen finden sich die
Uebergänge bis zu Pfingsten, das wir feierten bei
unserm letztmaligen Hiersein. Doch da wir mit Pfingsten nur bis auf die Hälfte des Jahrs gebracht werden
und noch ein halbes Jahr vor uns liegt, das auch gar
kein Fest giebet: ob wir an dieser Stelle nicht besser
Stillstand machten, umkehrten und wieder den ersten
Adventsonntag feierten? Nein, geliebte Christen, wir
sollen, so ist es Anordnung von altersher, keinen Stillstand und keine Wende machen, sondern vorwärts gehn
und die andre Hälfte des Jahrs von demjenigen reden,

was die erste Hälfte uns zu reden gegeben hat. Gleichwie ihres Wegs jene zwei Jünger des Herrn nach
Emmaus gingen und redeten miteinander, heißt es, von
allen diesen Geschichten: so sollen auch wir reden von dem,
was einst äußerlich geschehen und jetzt wieder von uns innerlich erlebt worden ist. Oder in einem andern Gleichwie:
wir, den bearbeiteten und besäeten Feldern gleich, auf die
auch Gott der Herr hat regnen lassen, sollen jetzt auf-
sprießen, blühen, Frucht ansetzen und eine reife Frucht
werden. Wahrlich, das letzte Fest, da der heilige Geist
über unsre Seelen gekommen ist — der ist wie ein frucht-
barer Regen auf ein besäetes Feld gefallen — werde
nun, was an uns geschehen ist, an uns sichtbar!

Solches Wegs nun geht es alljährlich vom ersten
Advent bis zum letzten Trinitatis; und wie es geht,
die wir den Weg schon manchmal gemacht haben, das
sagt uns der Rückblick, das sagt uns der Blick auf
den gegenwärtigen Stand der Dinge auf dem christlichen Gebiete. Ist's nicht also, daß uns ganz befremdende Erscheinungen vor Augen kommen? Nenn'
ich Eine, diese: Sonntag für Sonntag treten in allen
Gemeinden eigends dazu berufene Männer auf, die das
Christenthum verkünbigen, dazu wird schon in den Schulen
die Jugend in der heilsamen Lehre unterwiesen, dazu
kommen noch die beiden Sacramente, Taufe und Abendmahl nebst der Beichte, und sonst noch werden die
Seelen mit dem göttlichen Wort angefaßt: und doch,
doch findet das göttliche Wort so wenig Eingang.

Wie mag das zugehen? Eine andre befremdende Erscheinung: Wer sind sie vornehmlich, unter welchen sich
eine Geneigtheit für Predigt und Gottesdienst zeigt
und überhaupt Uebung an der Gottseligkeit? Nicht wahr,
es sollten diejenigen sein, die vor Andern emporgehoben
sind durch Stand und Rang und höhere Erkenntniß
und schärfere Auffassungsgabe? Aber die gerade sind es
mehrentheils, welche sich am weitesten von der Kirche
und deren Werke entfernt halten. Wie kommt doch
das? Ich habe zwei solcher Erscheinungen genannt; es
kommen ihrer mehrere vor. Hab' es eure Zustimmung
auch, meine Lieben, wenn wir heute einmal über diese
befremdenden Erscheinungen auf dem christlichen Gebiete
einen Aufschluß suchen! Das Evangelium dieses Sonntags giebt uns einen solchen.

Joh. 3, 1—15. Es war aber ein Mensch unter den Pharisäern,
mit Namen Nicodemus, ein Oberster unter den Juden; der kam zu Jesu
bei der Nacht, und sprach zu ihm: Meister, wir wissen, daß du bist ein
Lehrer von Gott gekommen; denn Niemand kann die Zeichen thun, die
Du thust, es sei denn Gott mit ihm. Jesus antwortete und sprach zu
ihm: Wahrlich, wahrlich, ich sage dir: Es sei denn, daß Jemand von
neuem geboren werde, kann er das Reich Gottes nicht sehen. Nicodemus
spricht zu ihm: Wie kann ein Mensch geboren werden, wenn er alt ist?
Kann er auch wiederum in seiner Mutter Leib gehen, und geboren werden?
Jesus antwortete: Wahrlich, wahrlich, ich sage dir: Es sei denn, daß Jemand geboren werde aus dem Wasser und Geist, so kann er nicht in das
Reich Gottes kommen. Was vom Fleisch geboren wird, das ist Fleisch;
und was vom Geist geboren wird, das ist Geist. Laß dich's nicht wundern,
daß ich dir gesagt habe: Ihr müsset von neuem geboren werden. Der
Wind bläset, wo er will, und du hörest sein Sausen wohl; aber du weißt
nicht, von wannen er kommt, und wohin er fährt. Also ist ein Jeglicher,
der aus dem Geist geboren ist. Nicodemus antwortete, und sprach zu

ihm: Wie mag solches zugehen? Jesus antwortete und sprach zu ihm:
Bist du ein Meister in Israel, und weißt das nicht? Wahrlich, wahrlich,
ich sage dir: Wir reden, das wir wissen, und zeugen, das wir gesehen
haben; und ihr nehmet unser Zeugniß nicht an. Glaubet ihr nicht, wenn
ich euch von irdischen Dingen sage; wie würdet ihr glauben, wenn ich
euch von himmlischen Dingen sagen würde? Und Niemand fährt gen
Himmel, denn der vom Himmel hernieder gekommen ist, nämlich des
Menschen Sohn, der im Himmel ist. Und wie Moses in der Wüste eine
Schlange erhöhet hat: also muß des Menschen Sohn erhöhet werden,
auf daß Alle, die an ihn glauben, nicht verloren werden, sondern das
ewige Leben haben.

Es ist zu keines Evangeliums Unehre gesprochen,
aber erwäget dies verlesene, ich wüßte doch keine, das
bei einem so reichen Inhalt zugleich so tief in den Grund
ginge. Daher ist ihm auch die passende Stelle für
den Sonntag nach Pfingsten gegeben. Die Lehre ist
vollendet, die Offenbarung geschlossen, mit der Offenbarung des heiligen Geistes geschlossen, da wird uns,
um so zu sagen, zuletzt die Constitution des Reichs
gegeben, die Charte unsrer Verfassung, was Gott der
König veranstaltet habe und was er nun von den Unter-
thanen erwartet, das sie thun und an sich thun lassen
sollen. Wir haben es bereits vorhin ausgesprochen,
welchen Gebrauch wir diesmal von diesem Evangelium
machen wollten, daß wir nämlich den in ihm gegebenen
Aufschluß herausheben wollten über mehrere befremdende
Erscheinungen auf dem christlichen Gebiete im Reiche
Gottes. Heißen wir die Predigt so: Aufschluß über
mehrere befremdende Erscheinungen auf dem christlichen
Gebiete, wie er uns in dem heutigen Evangelio gegeben
wird. Ich zähle diese befremdende Erscheinungen auf:

1) Daß die Lehre immer und allezeit dieselbe
bleibt,

2) dagegen ihre Verkündigung so sehr verschieden,

3) und noch verschiedener die Aufnahme bei denselben Hörern ist;

4) daß es überhaupt mit der Annahme des Christenthums so wenig von Statten geht,

5) daß nicht einmal die Gelehrten und Obersten
vornehmlich sich dem Christenthum zuwenden,

6) sondern fast nur das Volk sich dem Christenthume zuwendet, nach wie vor.

Es giebt noch mehrere solcher befremdender Erscheinungen; aber diese nur kann ich in dieser Stunde
vorstellig machen.

1) Mit allem Recht ist es eine befremdende Erscheinung auf dem christlichen Gebiete zu nennen, daß
die christliche Lehre immer und allezeit dieselbige bleibet.
Wo doch findet es sich also? Man lehre, was man
will, Wissenschaft, Kunst, Gewerk, Landbau und was
sonst einen Namen hat, es verändert sich ja mit der
Zeit, es ist ja die Anweisung, wie die Sachen anzu-
greifen sind nach jedem beträchtlichen Zeitraum verschieden, ja schon nach einem Zeitraume von fünfzig
bis hundert Jahren meistens der früheren Lehre völlig ungleich, oftmals entgegengesetzt. Wozu immer ein Mensch
gemacht werden soll, die Lehre dazu ist verschieden;
und bloß die Lehre, wie Jemand ein Christ werde, die
soll unveränderlich sein? Das ist wohl befremdlich.

Und nicht allein steht diese Lehre seit fünfzig, seit hundert Jahren fest, sondern seitdem der evangelische Griffel angesetzt hat zu schreiben; nicht allein stehet es in zwei, drei, vier Grundlehren fest, sondern wie sich derselbe Johannes ausdrückt: da darf weder etwas davongenommen, noch dazugethan werden. Man forsche noch so tief und erfahre von noch so Weitem, seien der Entdeckungen am Himmel und auf Erden und unter der Erde noch so viele, und werde alles, was Wissenschaft heißt, bereichert noch so sehr: es bleibt die Lehre des Evangeliums doch allezeit dieselbe, und noch wer 1832 über diesen verlesenen Abschnitt predigt, soll bleiben bei dem, wie Anno 832 und wie von Anfang her darüber geprebigt worden ist. Wie kommt das doch? Das Evangelium giebt uns den Aufschluß. Das weist uns einen Lehrer, wie ihn auch Nicodemus nennt, von Gott gekommen, als den er sich ge- und bewiesen hat durch die Zeichen, die Niemand thun kann, es sei denn Gott mit ihm, der im Himmel gewesen ist und doch im Himmel geblieben ist in nie aufgehobener Gemeinschaft mit Gott. Es sagt, was der bringt, ob das könne veränderlich sein und verbesserlich, ob das nicht müsse so bleiben, wie er es gemacht hat, immer und allezeit ganz dieselbe Lehre? Wär's eine Menschenlehre, so würd' es mit ihr, wie mit allem Menschenwerk sein; nun es aber eine Gotteslehre ist, muß sie, muß sie eine unveränderliche, nicht zu vermindernde, nicht zu vermehrende, stets dieselbige Lehre sein. Und daß sie es ist, kann uns, wenn dies bedacht ist, nicht weiter befremden.

2) Mehr aber, als daß sie stets dieselbige ist, mag es Viele befremden, daß sie in ihrer Verkündigung so sehr verschieden ist. Ja, diese Verschiedenheit tritt uns allerdings auf dem christlichen Gebiete entgegen und ist keine geringe, sondern eine große und daher eine befremdende. Sie ward schon wahrgenommen zu der Zeit, als noch die heiligen Apostel die einzigen Verkündiger waren; Johannes spricht nicht wie Jakobus, und Paulus nicht wie Petrus. So war es immer, so weit wir Nachricht haben; Chrysostomus verkündigte nicht wie Augustinus, und Basilius nicht wie der Syrer Ephrem; so war es bei Allen, von welchen immer Denkmäler ihres Vortrags auf uns gekommen sind. Seit der Reformation Luthers sind diese Denkmäler in großer Zahl vorhanden, seit einem halben Jahrhundert in sehr großer. Und wie verschieden ist unter den gegenwärtigen Predigern des Einen Verkündigung der Gotteslehre von der des Andern! Nur zwei dazu Berufene, liebe Gemeinde, höre; und wer sie hört, muß sagen: Wie ungleich! Das ist allerdings befremdend, da sie doch ja sämmtlich das Christenthum predigen. Wie kommt das doch? Das Evangelium giebt uns den Aufschluß. Darin heißt es V. 11: Wir reden, was wir wissen, und zeugen, was wir gesehn haben. Ja wohl, und kein Andrer, als der etwas vom Christenthum lebendig weiß, und mit Geistesaugen,

die ihm geöffnet werden, gesehen hat, sollte vor einer christlichen Versammlung auftreten. Allein, da hat der Eine mehr gesehn, der Andre weniger, da hat der Eine dies gesehn, jenes der Andre; wie denn ja das Reich Gottes nicht ein kleines Kirchspiel, sondern ein weites Reich ist und reich, nicht arm, sondern reich an Vorkommenheiten von den alltäglichen an bis zu dem Seltensten und Seltsamen, ein weites und reiches Gebiet, worin, wer sich umsieht und Acht giebt, stündlich ein Neues entdeckt. Was jetzt in einem so noch nicht gesehenen Lichte sich zeigt und sein Zeugniß haben will, der Prediger giebt dieses Zeugniß nach Maaßgabe, wie der erleuchtende Gottesgeist mit den sehenden Augen und den hörenden Ohren auch die redende Zunge giebt, dies Zeugniß auszusprechen. Nicht wahr, so die Verschiedenheit angesehn, kann sie uns nicht befremden?

3) Eher befremdet das, daß dasselbige Zeugniß desselben Zeugen unter denselben Hörern eine so verschiedene Annahme findet. Gewiß, diese Verschiedenheit ist viel größer, als die, von der wir eben gesprochen haben. Es wird keine einzige Predigt gehalten, die nicht ein Beispiel dazu giebt. „Und ihr nehmet unser Zeugniß nicht an," heißt es im angezogenen elften Verse. Die finden sich fortwährend, das Zeugniß ganz Abwehrende, durchaus nicht an sich kommen Lassende, und nicht zuweilen, sondern die es beständig thun, und nicht in einzelnen Theilen, in minder bedeutenden, dem Einzelnen frei gestellten Nebentheilen und unwesentlichen

Artikeln, sondern die auch nichts annehmen und alles von sich weisen. Das sind oft Personen einerlei Geschlechts, Alters, Standes, einer Bildung, Personen, die sonst in Allem auf's Vollkommenste mit einander übereinstimmen, aber wenn sie ein Urtheil über die Lehren des Christenthums abgeben, wie Ost und West weit von einander stehn. Wie kommt das doch? Das Evangelium giebt uns den Aufschluß. Die Lehren selbst sind darnach. Die sind nicht von solcher Verstandesklarheit wie das Einmaleins, die können nicht vor die Augen gestellt werden wie ein Gebäude durch den Riß und ein Land durch die Karte: nein, das christliche Gebiet ist ein andres; da kann nichts augenscheinlich gemacht werden, da muß selbst der Verstand sich bescheiden lernen und die Vernunft sich gefangen geben, gleichwie man das Sausen des Windes freilich hört, aber nicht weiß, woher er kommt, noch, wohin er fähret. Also ist ein Jeglicher, spricht Christus, der aus dem Geist geboren ist. Das ist unsre Lehre, des Christenthums Anfang, Mitte und Ende: wie aus dem Wasser und Geist der Mensch von Neuem geboren wird oder in anderm Verstande des Urworts von Oben, vom Himmel geboren wird, und, wie er in diesem neuen Gottesleben erhalten, geschützt, gefördert wird. Das sind die Sachen, die auf christlichem Gebiete allein eine Berechtigung zum Vortrage haben. Kann es befremdlich sein bei solchen Sachen und deren Gestalt, wenn der Vortrag bei denselben Hörern die verschiedenste Aufnahme findet? Redet selbst bei euch davon, ihr Lieben; vergleicht's, wie ihr jetzt höret und wie ihr ehemals hörtet, wie ihr noch gegenwärtig zu verschiedener Zeit ganz verschieden hört. Je nachdem ihr eben steht, versteht ihr auch: übel, wenig, wenn es mit eurem inwendigen Menschen übel, wohl dagegen, wenn mit ihm es wohl stehet. Daher kann euch die verschiedene Aufnahme, die das Zeugniß findet, in der That nicht befremden.

4) Sowie auch dies nicht befremdlich ist, daß es überhaupt mit der Annahme des Christenthums so wenig von Statten gehet. Geben wir dem Seufzer Raum: Ach, wie wenig! Laßt die Gedanken nicht zu weit gehen in entfernte Länder, unter die Heiden, unter deren große, immer noch so sehr große unbekehrte Zahl. Nein, wir wollen in der Nähe bleiben, in dieser Stadt, in unsrer Gemeinde. Geht es darin von Statten, rasch oder langsam, viel oder wenig? Ihr wißt es selbst. Ich rede allein von mir und für mich: Sechszehn Jahre sind es bald, seit ich hier stehe, und was ich mir zusprechen darf vor dem allwissenden Gott — sonst bin ich klein und stumm vor ihm und bitte ihn nur um Vergebung — aber das ist dem allwissenden Gott bekannt, daß ich nie ohne Fleiß und ohne Gebet, nie vor der Versammlung aufgetreten bin, als mit der Absicht, der christlichen Wahrheit Zeugniß zu geben und das Reich Gottes zu mehren mit meiner Arbeit. — Wie ist's gediehen, gelungen in der genannten nicht kurzen Zeit? Hat das Wort einen guten Eingang gehabt?

das Christenthum eine willige begehrte Annahme? Ihr
wißt es selbst. Daß es keine beß're, keine allgemeinere,
keine gründlichere, keine beständigere Annahme gefunden,
woher kommt doch das? Das Evangelium giebt uns
den Aufschluß. Laßt einer Wendung des Apostels mich
bedienen, 2. Cor. 11, 4, wo es heißt: Denn so, der
da zu euch kommt, einen andern Jesum predigte, den
wir nicht geprediget haben, oder ihr einen andern Geist
empfinget, den ihr nicht empfangen habt, oder ein andres
Evangelium, das ihr nicht angenommen habt: so ver-
trüget ihr's billig. Das kann ich ebenfalls von vielen
Gemeindegliedern, ich sage nicht: von allen, aber von
vielen Gemeindegliedern sagen. Wenn ich einen andern
Jesum, als den Charfreitags-Jesum, einen andern Geist,
als den Tauf= und Pfingstgeist, ein andres Evangelium,
als das von der nöthigen neuen Geburt aus dem Geist
und von dem Leben im Glauben an den erhöheten
Menschensohn geprediget hätte, sie hätten es nicht allein
in Güte vertragen, sondern mit Beifall angenommen;
und wenn meine Predigt einen Jeden bleiben ließe, wie
er ist und den Schlechten nicht beschämte vor seinem
Gewissen, so würde sie bei Vielen eine bessere Aufnahme finden. Aber seht, ich darf ja nicht, wie sie
es begehren. Es steht ja des Menschen Sohn vor
mir, der vom Himmel gekommen ist und hat, was ich
lehren soll, mitgebracht — darf ich daran ändern! —
und hat keine leichter zu fassende Lehre gegeben —
darf ich, kann ich leicht machen, was er schwer

machte? — und hat allen Menschen ohne Unterschied
gesagt: Ihr müsset von Neuem geboren werden —
darf ich sagen: Das ist nicht nöthig? oder: es hat noch
Zeit damit? — Sie wollen aber nicht daran, Fleisch
und Blut sträuben sich, Augenlust, Fleischeslust und
hoffärtiges Wesen sind drei gar mächtige Stimmen
dawider: Darum kann es nicht befremden, wenn es mit
der Annahme des Christenthums überhaupt so wenig
von Statten geht,

5) daß nicht die Gelehrten einmal und die Ober=
sten nicht sich vornehmlich dem Christenthum zuwenden.
So ging's schon im Anfang. Nicodemus, ein Oberster
unter den Juden, ein Meister zugleich in Israel, nein, er
konnte für das Mal noch nicht in die Rede des Herrn
hinein — später ist's besser gegangen, wie bekannt.
Allgemein heißt es Joh. 7, 48: Glaubet auch irgend
ein Oberster oder Pharisäer an ihn? Und so hat es
sich gewiesen zu aller Zeit und in aller Welt. Die
Großen waren nirgends, nie vornehmlich die sich dem
Christenthum Zuwendenden. Wir lieben zu reden von
uns Nahem. So sehen wir es auch bei uns. Sehet
an ihre Plätze, da sie sein sollten und anhören die
Lehren des Christenthums: da werden sie größtentheils
nie gesehen. Meint Jemand, es sei so nur am Nach=
mittag, so seht euch am Vormittag nach ihnen um; und
meint ihr, sie seien nur eben nicht in dieser Kirche?
Findet ihr sie denn in den andern? Und doch sollten
die Gelehrten und Obersten es vornehmlich sein, die

17*

sich dem Christenthum zuwendeten. Einmal, sie haben doch meistens den bessern Unterricht erhalten in ihrer Kindheit und Jugend, so daß sie auch das bessere Verständniß haben sollten der Dinge, die hier vorkommen; dann, sie haben doch die größere Entledigung von Nahrungssorgen und Lebensnoth, so daß ihnen Fuß und Herz freier ist, um hierher zu kommen; dann, ihr bürgerlicher Stand, da sie stehen, der höhere, sollt' es ihnen zu einem größren Bedürfniß machen, daß sie allezeit suchten zu haben, woran sie sich hielten in ihrer Höh'. So sollten sie billig auch bedenken, wie das, was sie thun und nicht thun, die Kraft des Beispiels zeiget und in dem einen Falle so heilsam wie im andern verderblich wirket. Nicht wahr, da kann man wohl sagen: Wie kommt doch das? Unser Evangelium giebt einen Aufschluß. Wie es mit dem Einen Obersten und Meister ging, so ging es mit den meisten andern bis auf diesen Tag: Der Oberste will nicht in die Allgemeinheit hinein: ihr müsset von Neuem geboren werden, und von dem, was er ist, wozu er sich gehoben hat, nicht das herabsetzende Wort gelten lassen: Was vom Fleisch geboren ist, das ist Fleisch. Der Gelehrte begehrt zu wissen: Wie mag solches zugehen? — und will erst verstanden, begriffen haben, bevor er glaubt. Die Geburt aus dem Geiste, aus einem Geiste, welcher nicht der seine, sondern der Geist Gottes, leuchtet ihm nicht ein. Ist er ja mit seinem Geiste alles zu richten und alles zu schaffen geübet! Schon die irdischen

Dinge kann er als Wirkungen des göttlichen Geistes, der an den Seelen der Menschen arbeitet und sie neu machen will, unter den Gesichtpunkt eines fremden Thuns, einer an ihm wirkenden Gnade nicht bringen, und glaubt sie daher nicht. Vollends die himmlischen Dinge — daß jener Schlange gleich, deren Anschaun vom leiblichen Tode befreite, der Menschensohn mußte ja, m u ß t e erhöhet werden nach dem Rathschluß der göttlichen Liebe, damit Alle, die an ihn glaubten, nicht verloren gingen, sondern das ewige Leben hätten — an diese himmlischen Dinge zu glauben, daran ist eben ihr irdisches Wissen, gleichwie ihr irdischer Stand ihnen ein Hinderniß, davon sie sich hindern lassen und nicht zu Dem kommen, der von nichts anderm spricht, Glauben begehrt und eine Geburt aus dem Wasser und Geist; sie kommen deshalb nicht zu Christo, wenden sich dem Christenthum nicht zu, sondern ab — von Natur, natürlicher Weise — darum kann uns auch diese Erscheinung nicht befremden und wir sagen: So mögen sie denn! Gott wolle, Gott wird sie nicht ganz, nicht bald aus seiner Gnade fallen lassen; er bringe sie, ob auch spät noch, in sein Reich. Sende, o Gott, wie es im prophetischen Worte Jer. 16, 16. heißt, Fischer nach ihnen aus, die sie fischen, und viele Jäger, die sie fahen auf den Bergen und Hügeln und in den Steinritzen!

6) Welches Standes sind denn diejenigen, welche sich vornehmlich dem Christenthume zuwenden? Die

Obersten und die Gelehrten sind es nicht. Dagegen jetzt wie immer und hier wie allerwärts ist es, was man so nennt, das Volk; das wendet sich vornehmlich dem Christenthum zu. „Sondern das Volk", heißt es in der angezogenen Schriftstelle Joh. 7., „sondern das Volk, das nichts vom Gesetze weiß". Ja · dieses war es zu Christi Zeit. Alles Volk hing ihm an und hörete ihn. — Und immer noch, wo eine Zahl, die so heißen kann, sich zum Anhören der Lehre vom Reich versammelt, finden wir sie aus der Volksklasse bestehend. So ist auch das bekannt, daß meistens in den Gemeinden auf dem Lande eine festere Anhänglichkeit an's Christenthum und eine größere Lust an der Verkündigung der Lehre vom Reich Gottes gefunden wird. Die Personen aber, die Zahl, welche man beisammen das Volk nennt, diese sind mit Leibesarbeit belastet, zum Theil mit der unvernünftigen Creatur mehr als mit Menschen im Umgang, von früher Kindheit schon an die Arbeit gestellt, nach zurückgelegter Kindheit mit nur dürftiger Ausrüstung ihres Geistes in's weite Leben gewiesen; sie sind wie abgeschnitten bleibend ihr Lebenlang von jeder höhern Anregung durch Menschen und durch Bücher, mit nur drei Büchern etwas bekannt, mit Katechismus, Gesangbuch und Bibel. Und von diesen Büchern sagt man noch, und nicht ohne Grund: Das erste ist vergessen und in den beiden andern verstehn sie wenig. — Und diese Armen, das Volk, weisen

sich dennoch als die besten Christen, sie halten noch
vornehmlich auf Gottesdienst und Predigt und sind vor
Andern dem Christenthum zugewandt. Da mögen wir
wohl sagen: Wie kommt doch das! Unser Evangelium
giebt uns einen Aufschluß. Das „Ihr — ihr müsset
von Neuem geboren werden". — Dies allgemeine,
häßliche „Ihr" für die Gelehrten und Obersten, welches
sie entfernt hält, ist ein anlockendes und gewinnendes
„Ihr" für Alle, die man zum Volke zählt. Wer
nimmt sich sonst ihrer an, und bekümmert sich um ihr
Seelenheil? Ihrer Leibeskräfte bedient man sich und
die Reichen leben zum Theil von den Armen; die
Hohen stehen nur so hoch, weil sie als mit ihren
Füßen auf den Geringen stehen. Hier bietet sich ihnen
nun Jemand an, der sie zeitlich und ewig beglücken
will und ihnen ein Leben aufthut, in das sie können
geboren werden, wozu er selbst hilft, in welches Lebens
Besitz wahrlich ein Himmel schon auf der Erde besessen
und alle Mühseligkeit vergessen wird vor der gefundenen
Ruh' und Erquickung. Das Evangelium giebt uns
einen Aufschluß, weshalb besonders die aus dem Volk,
wie sie immer gethan, auch noch jetzt so dem Christen=
thume sich zuwenden: Die können sich keine Sittenlehre
schaffen und keine Glaubenslehre construiren aus dem
Eigenen, finden sich auch nimmer gereizt, es zu versuchen,
legen die Finger nicht an die Stirn oder das Haupt
in die Hand, sinnend, grübelnd; sondern falten ihre

Hände und hören als Betende zu; wie sie denn Betende wirklich sind, wenn der vom Himmel gekommene, durch Zeichen, die er thut, sich kräftig als der Sohn Gottes erweisende Jesus ihnen den Heilsweg zeigt. Ein Vorgänger selbst und Muster in allem, steht er mit ausgebreiteten Armen vor ihnen und ruft: Kommt her zu mir! und in seinen Augen sehen sie die göttliche Liebe, die göttliche Gnade, das göttliche Vergeben aller begangenen Sünden, und ewiges Leben für sie, das erworben ist, erworben wird für einen Jeden durch seinen Versöhnungstod. Sie wissen's, warum er, wie einst die Schlange in der Wüsten, erhöhet werden mußte; nämlich auf daß Alle, die an ihn glauben, nicht verloren werden, sondern das ewige Leben haben. Töne sind das, Klänge, unter dem Volk von der Zeit der Väter her bekannt und auch denen, die sie hören zum ersten Male, sogleich bekannt werdend, wo nur der Widerspruch nicht ist, wie er beim Volk nicht ist, wo der Hochmuth nicht hindert, wie er beim Volk nicht hindert, und wo kein Wissensdünkel im Wege steht, wie er beim Volk nicht im Wege stehet. Daher ist es denn das Volk vornehmlich, welches solchem Wort nachgehet, für uns keine befremdende Erscheinung mehr.

So habe ich denn sechs solcher auffallender Erscheinungen bei der christlichen Lehre eurer Aufmerksamkeit vorgeführt und habe, meine ich, über sie Licht gebracht mittelst des heutigen Sonntagsevangeliums. Es

wäre nun noch umher zu gehen mit dem soweit Gesprochenen, daß Jedem gewiesen würde: siehe, dazu und
dazu mußt du das Gesprochne nun brauchen. Es mag
dem Geist überlassen bleiben, der, wie er die neue Geburt bereitet, gleichfalls in alle Wahrheit leitet. Amen.

.

Am Sonntag Trinitatis 1847.

Gef. 390. Ich bin getauft auf deinen Namen.

Als mehrentheils dieselbigen, liebe Brüder, die wir miteinander das frohe Pfingstfest gefeiert haben, sehn wir uns heute wieder. Zu einer Festfeier freilich nicht, wir haben den Sonntag Trinitatis. Oder doch zu einem Feste? Einigen hier ist es nicht unbekannt, den Andern werd' es gesagt, daß in frühern Jahrhunderten, in den frühesten nicht, dieser Sonntag ein Fest geheißen und als ein Fest in den Kirchen gehalten ist. Name und Feier sind indessen schon lange wieder verschwunden, in unsern Landen und in der lutherischen Kirche wenigstens. Dies Vorkommen, die Einführung eines Festes und die Wiedereinziehung desselben oder die Verminderung seiner Tage kann befremden. Woher schreibet sich das? Es ist eine Sache der Kirchenordnung oder der Kirchenregierung, die führt ein und zieht ein nach ihr zustehendem Rechte, geleitet darin wie von dem Bedürfniß, so von der Theilnahme, der stärkeren oder schwächeren oder auch ganz erloschnen

Theilnahme der Gemeinden. Konnte dieser Sonntag doch auch nicht wohl ein Fest bleiben, dieweil ihm fehlete, was doch eigentlich ein Fest zu einem Fest in gewöhnlichem Verstande macht, welches ist eine Begebenheit. So ist's ja bei Pfingsten, Himmelfahrt, Ostern, Stillfreitag, Gründonnerstag und Weihnachten, allen liegt eine Begebenheit zum Grunde, die sich des Tages einstmal ereignet hat. Eine solche hat der Sonntag nach Pfingsten nicht, Grund dessen ist dieser Sonntag ein Fest nicht.

Dagegen, Geliebte, in dem Lichte, Glanze eines Festes steht dieser Sonntag doch, in den Strahlen des Pfingstfestes, gleichwie das gesehen wird an den Sonntagen nach Ostern. Schon sein Name, den er hat und giebt ihn allen folgenden Sonntagen bis zu Ende des Kirchenjahres, Trinitatis, der Dreieinigkeit, schreibet sich von Pfingsten her als von einer besondern Offenbarung Gottes des heiligen Geistes, welche sich an diesem Feste gewiesen hat. Aber Sachen auch, nicht der Name bloß, Sachen auch gehen von Pfingsten auf diesen Sonntag über und wollen geprediget werden. So geschieht's auch nach dem Evangelio dieses Tages, worin — es ist das Gespräch Christi mit Nicodemus — des heiligen Geistes und seiner verborgnen Wege gedacht wird und gewiesen, daß wir wie aus dem Wasser müßten geboren werden, sonst sähen wir das Reich Gottes nicht. Da ist wieder das Wort m ü s s e n, laßt es, wie es thut, Erinnerungen unter euch wecken, wenn ich sage:

Das Wort ist ja unser Winterwort. Näher noch aber,
als es dies Evangelium thut, stellt derjenige Text unsern
heutigen Sonntag zu Pfingsten und in dessen Bestrah-
lung, der Text aus der Reihe, nach welcher wir dieses
Jahr gehen. Hört ihn verlesen, wie er steht:

Matth. 28, 16—20. Aber die elf Jünger gingen in Galiläa auf
einen Berg, dahin Jesus sie beschieden hatte. Und da sie ihn sahen,
fielen sie vor ihm nieder; Etliche aber zweifelten. Und Jesus trat zu
ihnen, redete mit ihnen, und sprach: Mir ist gegeben alle Gewalt im
Himmel und auf Erden. Darum gehet hin und lehret alle Völker, und
taufet sie im Namen des Vaters, des Sohnes und des heiligen Geistes;
und lehret sie halten Alles, was ich euch befohlen habe. Und siehe, ich
bin bei euch alle Tage, bis an der Welt Ende.

Wir lassen von diesem Texte nichts an seinem
Ort stehen, wir bringen jedes Wort desselben in Bewegung, meine Lieben, wenn wir

die eingesetzte Taufe

zum Thema machen und von ihr reden so:

1) nach ihrem Wesen, worin das besteht,

2) nach ihrer Formel, die bei ihr zu sprechen ist,

3) nach ihrer Verbundenheit mit Lehre, die ertheilt werden soll,

4) nach der Gewalt dessen, der die Taufe eingesetzt

5) und nach dem Trost, den derselbe mit ihr
   verbunden hat.

1) Wollen wir den Text mit einer Frucht vergleichen, so unterscheiden wir an demselben Kern und
Schale. Die Benennung des einen Theils: Schale
ist aber mir und gewiß auch Andern nicht recht würdig,

laßt uns dafür Einfassung sagen, also Kern und Einfassung, herumliegende Einfassung. Die Taufe, die
Christus einsetzet, ist der Kern.

Hört, ihr Lieben, von der Taufe predigen. Was
ist sie ihrem Wesen nach? worin besteht sie? Dieses
zuerst. Wir Alle haben sie empfangen. Es ist kein
Sonntag, an welchem nicht getauft wird, und an den
meisten Wochentagen auch wird sie in unsrer Gemeinde
verrichtet. Zwei Sacramente haben wir, davon die
Taufe das eine ist, von Christo eingesetzet, wie wir gelesen, gleichwie das andre Sacrament, das heilige
Abendmahl auch auf seiner Einsetzung ruhet, dem guten
festen Grunde. So fragen wir dem wohl, worin sie
bestehe, was ihr Wesen sei. Wir geben zur Antwort:
Das Wasser, womit getauft wird, ist das Wesen nicht,
obwohl das Wasser nicht fehlen kann, es ist die Schale
um den Kern oder seine Umfassung, Einfassung. Nach
anderweitiger Lehre ist das Wesen das Wort Gottes,
so mit und bei dem Wasser ist, in welchem Worte der
heilige Geist ist, der, nämlich der heilige Geist, dem
Täufling gegeben wird zu einem neuen, höhern, in ihm
beginnenden Leben. Das ist Schriftlehre, und ist
Kirchenbekenntniß von der heiligen Taufe. Doch
nehmen wir heute d i e Lehr' an von der Taufe, wie
sie in dem heutigen Text uns gegeben wird. Ja wohl,
darin findet sich auch Lehre, worin die Taufe besteht.
Es soll in den Namen des Vaters, Sohnes und
heiligen Geistes getauft werden. Hiernach sagen wir:

Der Taufe Wesen ist ein Wohin, und ein jedes Wo=
hin hat ein Woher, Vonwoweg, ein Woheraus. In
den Namen, — d. h. dessen soll es sein, dem soll es
angehören, den sehen wir dabei an für den Herrn und
Eigenthümer, welchen der, die Getaufte durch die Taufe
bekommen. Wer ist es? Der dreieinige Gott — so
fahren wir fort in der Rede — dessen das Kind (wir
taufen ja allermeist Kinder) wird durch die Taufe,
dessen ist es nicht vor empfangener Taufe, in dem Ver=
stande nicht sein, wie es sein wird durch die Taufe;
und so völlig in Herrschaft und Eigenthum, wenn aller=
dings auch in gewissem Maße, gehört das Kind nicht
dem Dreieinigen, eh' es getauft worden. Wessen ist
das Kind denn bis dahin? Freunde, hier sind Tiefen,
davor uns grauen kann; gehn wir daran vorüber und
lassen es genug daran sein zu sagen: Des dreieinigen
Gottes Kind ist es nicht, sonst hätte die Taufe kein
Wohin, sonst würde mit dem Kinde nichts vorgenommen,
sonst würde es nicht genommen und nicht gebracht, und
die Taufe hätte kein Wesen, beständ' in nichts, wär'
eine Einfassung die nichts enthielte, leer und hohl.
Aber durch die Uebergabe und durch das Zueigengeben
bekommt sie Inhalt und Bedeutung, Werth und Würde,
Gott gegeben, nennen wir es Weihe, Heiligkeit. Hören
es alle Hörer. Getaufte, die ihr Alle seid, hört ihr
es, wessen ihr geworden, wem ihr zu eigen gegeben,
wen ihr zu eurem Herrn bekommen habt! Und diese
Frage hinterdrein: Es liegt zwar in unsrer frühesten

Zeit, daß wir durch die Taufe Gottes geworden sind, und wer das nicht geblieben, der ist Gott entlaufen, seinem rechten Herrn entlaufen; wird auch zuweilen gedacht daran? Laufe Jemand noch so weit, noch so lange, das Zeichen seines Herrn behält er doch beständig, das wird nicht abgerieben, verbleicht nicht, verwächst nicht; — das tragen die Verdammten noch an sich in der Hölle.

2) Gehen wir zu einer andern Vorstellung über. Unser Text giebt uns die Formel, die bei der Taufe zu sprechen ist. Hier stellt sich Sprachliches und Sachliches dar. Ihr lest in euren Bibeln i m Namen des, und manche Prediger taufen noch wohl mit dem Wörtlein i m, wie ich selber jahrelang gethan habe. Nun, wenn es nur im rechten Glauben geschiehet. Nicht aber darf der Prediger glauben, er stände zu taufen da im Namen d. h. im Auftrag und in der Vollmacht Gottes, wie er allerdings im Auftrag und in der Vollmacht Gottes copulirt und absolvirt, die Ehen einsegnet und in der Beichte die Vergebung der Sünden spricht. Nein, so ist's nicht bei der Taufe. Und dennoch, meine Lieben, ob ein Prediger auch in diesem irrigen Verstande des Wortes „im" die Taufformel spricht, bleibt seine Taufe doch eine gültige und nicht minder segensreiche, als wenn gesprochen wird: i n den Namen; gleichwie das andre Sacrament, das Abendmahl, auch dann gültig ist und seine Kraft hat, selbst wenn der darreichende Prediger für seine Person im Unglauben

handelte. Es ist eben gesagt, wie es heißen sollte: in
den Namen; es ist hierdurch also die Richtung angegeben, wohin der Täufling durch die Taufe gebracht
werden soll, wessen Eigenthum er werden soll. Dies
findet sich auch in dem griechischen Grundworte so;
eben wie auch Röm. 6 in der deutschen Bibel gelesen
wird: in Jesum Christum getauft sein. Wenn aber
nach der zweiten Pfingstepistel Apostelgesch. 10 stehet:
und befahl sie zu taufen in dem oder im Namen
des Herrn, so mögen wir das nehmen als: auf Befehl,
nach Gebot des Herrn. Dies ist, was sprachlich ist
bei der Taufformel.

Wir betrachten auch das Sachliche an ihr. Da
ist es nun zuerst die heilige Dreieinigkeit, welche sich in
diesen wenigen Worten darstellt, und hiermit das ganze
Christenthum; in zwei nicht vollen Druckzeilen lesen
wir das kürzeste Glaubensbekenntniß wahrlich; allerdings das noch kürzere ist: Jesus Christus — das
aber doch als ein Bekenntniß die Deutlichkeit des Tauf-
formulars nicht hat. Gott hat sich gewiesen, der Eine
als Vater, als Vater des Sohns, Eines Sohns,
welcher ist Jesus Christus, — hat sich gewiesen als
Sohn, als Sohn des Vaters, der er von Ewigkeit gewesen, und hat zur erfüllten Zeit unsre Menschheit
angenommen — hat sich geoffenbart als heiliger Geist.
Und diese drei Personen der Einen Gottheit haben sich
jede in dem Werke unsers Heils besonders gewiesen, mit
Bibelwort: Der Vater ziehet zum Sohne, der Sohn

hilft zum Vater kommen und der heilige Geist hilft
zum Sohn zu kommen, als der in uns den Glauben
wirket. Das wird uns in der Taufformel vorgestellt.
Christen, allwann ihr ein Kind taufen lasset oder ihr
verrichtet einen Gevatterdienst, so denkt an diesen Inhalt
der Taufformel: Ich taufe dich in den Namen c. Wir
fragen nun: Was liegt darin: Ich taufe dich — in diesen
Glauben, zu diesem Bekenntniß? Dies lieget darin,
daß der Weg zum Glauben und Bekennen nicht der
gewöhnliche sei, einer erlangten Ueberzeugung aus er=
wogenen Gründen — wo blieben wir dann auch mit
unsern Kindern! — sondern dahin werden wir auf ge=
heimem, verborgnem, sacramentlichem Wege geführt,
welches ist die Taufe mit der Verleihung des heiligen
Geistes, als der es allein ist, durch welchen das Herz
verordnet wird, Apostg. 13, zurecht gestellt, bereit ge=
macht wird für den Glauben zum Gläubigwerden.
O, wenn das besser bedacht würde, daß der Glaube
des Weges kommt, so würden Viele gläubig werden,
die es jetzt nicht werden, und gläubig bleiben, die es
jetzt nicht bleiben. Dazu zweimal: leider, leider!

3) Das ist Lehre gewesen. Lehr' ist alle Predigt.
Wahrlich, meine Lieben, seit die Predigt in den letzten
Jahren nicht mehr Lehre getrieben in dem Maße wie
früher, hat sie ihren Boden verlassen und ihr bestes
oder ihr eigentliches Werkzeug aus der Hand gelegt, in
vermeinter Absicht, anderswie besser zu nützen z. B.
als Ermahnung, als Tröstung. Damit hat sie sich um

einen großen Theil ihres Ansehens und ihrer Wirksamkeit gebracht. Dies sei nur gelegentlich gesagt. Wir
gehen den Weg unsers Textes und betrachten die eingesetzte Taufe nach ihrer Verbundenheit mit Lehre, wie
es nach des Herrn Gebot sein soll. „Und lehret sie
halten alles, was ich euch befohlen habe" ·ist Textwort.
Da sehen wir es, bei der erhaltenen Taufe soll es nicht
bleiben, Lehre soll folgen auf sie. — Folgen auf sie?
nicht auch voraufgehen? Freilich, im Text steht: und
lehret alle Völker und taufet sie. Meine Lieben, es
läßt sich heute besonders darnach an, als wenn ich die
lutherische Uebersetzung berichtigen wollte, kann es aber
nicht wenden. Alle, die der Grundsprache kundig sind,
wissen, daß in derselben ein Wort steht, welches heißet,
zu Schülern, Jüngern machen, und dieses zu Jüngern
Machen geschieht in der Weise, wie Christus angiebt,
in der zweifachen Weise: Taufet sie und lehret sie.
Allerdings, wenn, wie damals so jetzt noch, Juden und
Heiden zum Christenthum gebracht werden sollen, da
muß Wort, Verkündigung, Botschaft voraufgehen, als
geschrieben steht Röm. 6: Wie sollen sie glauben, von
dem sie nicht gehört haben! Hingegen da, wo es stehet
wie bei uns, daß die Eltern gläubig sind und wollen,
daß ihre Kinder es auch werden, fangen wir nach Vorschrift mit der Taufe an und fahren mit Lehre fort
nach ihrer beider Verbundenheit. Seht, das hat die
Schulen erbauet für die Heranwachsenden, und das hat
die Kirchen erbauet für alle Menschen, daß sie darin

Lehre empfangen, wie sie jetzt zur Stunde gegeben ist
und wird. Was ist zu nehmen? Christus spricht:
Was ich euch befohlen habe. Das geht auf beides,
was wir glauben und was wir thun sollen, um durch
ihn selig zu werden. Also nicht, was ein Lehrer bei
sich selbst ersinnet oder aus Büchern, Gesprächen und
sonst woher sich verschafft, das ist nichts Befohlnes;
was es doch sein soll. Alles das soll gelehrt werden,
es mag geglaubt oder nicht geglaubt, angenommen
oder verworfen, gern oder ungern gehört werden, doch
soll es gelehrt werden. Alles soll gelehrt werden und
das Christenthum hat seine Fülle, hat Dimensionen,
Ephes. 3: Breite, Länge, Tiefe und Höhe. Ihr
Lieben, ich steh' als Lehrer, als Prediger über vierzig
Jahre in Versammlungen mit Lehre, doch ist zu Zeiten
mir, als wenn ich noch kaum angefangen. Wolle der
Herr mich weiter bringen zum eignen und zu eurem
Heil. Zu eurem — wie stellt ihr euch zu der Lehr',
von mir oder Andern vorgetragen? Finden sich auch
in eurer Zahl solche, die dessen überhoben zu sein
meinen, die glauben, sie wüßten das alles? Vom Gesetze steht Ps. 19: Auch wird dein Knecht dadurch erinnert. Lasse man das auch von der Predigt des
Evangeliums gelten! Ich meine, der Erinnerung an
das Evangelium sind wir noch mehr bedürftig, als der
Erinnerung an Gottes Rechte und Gebote. Noch einmal: Wie steht ihr zu der Lehre? Finden sich auch in
eurer Zahl solche, welche sagen oder bei sich denken:

das ist keine für mich; ich schreibe mir mein Evangelium selbst? Nur so gefragt; und dann gesagt: Thue das Keiner.

4) Denn wir haben es zu thun mit Einem, der Gewalt hat. Der die Taufe eingesetzt und die Lehre befohlen hat, die gehalten werden soll im Glauben und Thun, der spricht — wir haben es gehört —: Mir ist gegeben alle Gewalt im Himmel und auf Erden. Welch' ein Wort ist das? Auf Erden ist's nur einmal gesprochen. Hier ist keine Wahl als zwischen den beiden: Es ist Wahrheit oder es ist Wahnsinn! Wären Leugner der Gottheit Christi unter euch, so würd' ich denen sagen: Nur heraus, ihr haltet ja dies Wort für Wahnsinn! Noch einmal sei's ausgesprochen: Jesus spricht: Mir ist gegeben alle Gewalt. Da ist auch nicht die Auslegung offen, alle Gewalt heiße nur: durch meine Lehre und den Geist in ihr, durch mein Leben und die Exempelkraft in demselben u. dgl. Was gehet das die Gewalt im Himmel an, von der er uns sagt, daß er sie auch habe? Spinoza, ein philosophischer Jude, hat gesagt: Wer mich überzeugt, daß Jesus habe Lazarum auferweckt, der macht mich zu einem Christen auf der Stelle. Ich meine, bei wem dies unser Wort eingeht, einbricht, einschlägt, der wird auf der Stelle ein Christ, glaubt an den Sohn Gottes, und glaubt damit auch an Lazari Auferweckung. Er, der die Gewalt hat, der hat die Taufe eingesetzt, davon wir reden, und ist also der Mann, welcher in Irdisches

ein Himmlisches zu legen vermag, in das Wasser den heiligen Geist — der kann Lehre geben und Befehl dabei, daß wir sie annehmen und halten sollen. Meine Zuhörer, wie thut ihr? wie mit der Taufe, die ihr empfangen? wie mit der Lehre, die euch vorgetragen wird und dies an Stellen, die ihr wohl kennet? Mit ihren Predigern habt ihr wenig oder nichts zu schaffen, doch ist ihretwegen auch ein Befehl gegeben, welcher heißt in Form einer Lehre, die er den Jüngern giebt: Wer euch höret, der höret mich; und durch einen Apostel hat er eigends Befehl gegeben: Seid Hörer des Worts. So will es, der Gewalt hat. Falle diese Rede hin, wo ein Boden ist.

5) Die Lehre von dem Gewalthaber, der die Taufe eingesetzt und die Lehre mit ihr verbunden hat: Taufet sie und lehret sie. — Und nun noch das letzte aus dem Text, das wir nennen einen Trost, den er der Taufe angebunden, jedem Getauften als Angebinde gegeben hat: Und siehe, ich bin bei euch alle Tage bis an der Welt Ende. Ihr Lieben, wer ist, der nicht fürchte, daß er, schwach wie er ist, seinen Taufbund nicht zu halten vermöge? Ach, wer kann es in eigner Kraft! Er will bei uns sein. Und uns ist doch wohl gedient mit ihm, der Gewalt im Himmel hat und auf Erden. Auf Erden sind wir mit unsrer Noth, im Himmel ist er mit seiner Gewalt; doch er hat die Gewalt beiderwärts und er ist bei uns. Ein Tag ist nicht wie andre Tage, es giebt so trübe, schwere Tage,

die Nächte dazu gerechnet, wo wir meinen, ganz verlassen zu sein, von Gott verworfen und in eine böse Gewalt gerathen zu sein. Fürchten wir uns in solchen Tagen nicht. Denn der Gewalt hat, ist bei uns alle Tage. Wie er es gewesen und sich erwiesen in vergangnen Tagen, wird er es auch in den kommenden sein, alle Tage bis an der Welt Ende. Nur zu ihm uns gehalten! und er selbst hilft, daß wir es können. Und wenn es ist, wie's bei Einem gewesen, als wenn uns ein Satansengel mit Fäusten schlüge, 2. Cor. 12, so läßt er uns den Trost mit seiner Gnade zugehn: Meine Kraft ist in den Schwachen mächtig — und diesen Trost hier: Ich bin bei euch. Hinaufgedacht nur, hinaufgefleht: Herr, ich bin dein seit der Taufe und durch sie, und was ich nicht mehr bin, das will ich wiederum werden: du Gewaltiger, hilf mir! Und wenn wir sein Werk auf der Erde, seinen Bau hier bedrohet sehn, seine Kirche, die sein Wort hat und seine Sacramente verwaltet, wenn wir sehen, daß Menschen aus dieser laufen, ihrer Väter Behausung verlassend, und bauen sich selber Kirchen, auf neuer Bekenntnisse Grund —: mögen sie das, wir fürchten uns nicht; haben sie Gewalt oder bekommen sie Gewalt, so ist dessen Gewalt doch größer, des Wort und Sacrament sich rein gehalten bei uns, und der selber auch bei uns ist, wie er verheißen hat: Siehe, ich bin bei euch alle Tage bis an der Welt Ende. Und deß Wort ist Ja und Amen; seins aber ist unser Amen.

Am erften Sonntag nach Trinitatis 1832.

Gefang 660.
Habe deine Luft am Herrn!
Bei dem Herrn ift Freud' und Leben;
Und er wird (denn er giebt gern)
Dir auch, was dir dienet, geben.
Seine Liebe beut dir an,
Was dein Herz nur wünfchen kann.

Diefe Luft am Herrn, davon der Gefang fagt,
zu wecken, wo fie fchlummert, und wo fie noch nimmer
vorhanden gewefen wäre, fie dafelbft hervorzubringen,
wo fie aber in guter Regfamkeit vorhanden ift, in der
Seele zu erhalten, und zu erhöhn durch heilige Befriedigungen: das zu thun ift von den Abfichten unfrer
Gottesdienfte eine, und ift lange die letzte nicht. Möchte
diefe Abficht erreicht werden bei Allen; wo nicht bei
Allen, bei Vielen doch, bei Einigen, bei Diefem und
Jenem; wenigftens aber möchte ich, daß doch Eine
Seele, wenn auch nicht mehr, mit geweckter und be-
friedigter Luft an Gott allemal den Gottesdienft ver-
ließe. Diefe Luft ift unfer Leben, ift unfer rechtes
Leben. Infonderheit foll unter den mehreren Theilen

des öffentlichen Gottesdienstes die Predigt es sein, welche
sich die Erweckung und Befriedigung dieser Lust zu ihrem
Ziel setzet, zu ihrem Geschäfte macht. Sie nimmt
oder ihr wird gegeben ein Wort Gottes; das soll sie
dazu brauchen; damit soll sie ihren Weg gehen zu den
Herzen der Hörer, und aus solcher Blume ein ganzes
Blumenbeet machen, wenn sie es kann. Für den heutigen Sonntag ist der Predigt die Erzählung gegeben
vom reichen Mann und dem armen Lazarus. Diese
Erzählung, Geschichte oder Gleichniß, was von beiden
sie denn sei, läßt uns in das zukünftige Leben blicken
und auf die Verbindung zwischen diesem gegenwärtigen
und jenem zukünftigen Leben. Das thut auch — es
werde zuvor bemerkt — das Evangelium, welches wir
bei Anfang des Kirchenjahrs haben, am zweiten Advent. Nachdem mit dem ersten Advent für die erste
Hälfte des Kirchenjahrs, und mit dem Sonntag Trinitatis für die zweite Hälfte des Kirchenjahrs die
Thüren der heilsamen Lehre aufgethan sind, läßt eine
alte gute Ordnung der Kirche sogleich beidemale ein
Evangelium eintreten, welches die sich um dasselbe ver-
sammelnden Hörer über das gegenwärtige Leben wie
hinweg in die zukünftige Welt hineinversetzet. Gelte,
ihr Lieben, uns das, wofür es gewiß gelten soll, nämlich daß alle Verkündigung, die hier geschieht, ihre Kraft
erhält und behält durch die Vorstellung, wie es mit uns
werde in jener Welt, wohl oder übel, sehr wohl oder
sehr schlimm, durch die Vorstellung von Feuer und

Wasser, von Segen und Fluch, von Leben und Tod
oder dessen, was noch viel schlimmer als der Tod ist.
Dies soll die Hörer locken und schrecken zu aller weitern
Rede, auf daß sie die suchen mit Begier und Aufmerksamkeit. Unser heutiges Sonntagsevangelium erträgt
wohl, was die Kraft an den Gemüthern betrifft, die
Vergleichung mit jenem des zweiten Advents. Ja, von
allen fünfzig, sechszig Evangelien des ganzen Kirchenjahrs möchte keins so viele Wirksamkeit gewiesen haben
zu allen Zeiten, als unser heutiges gewiesen hat, zumal in früherer Zeit; keins mag so viele Gute beim
Guten erhalten haben, so viele Böse vom Bösen los-
gebunden haben, zumal in früherer Zeit. Und ist's
jetzt nicht mehr so? Was ist's, da das Evangelium
doch wirklich ganz dasselbe geblieben ist? Die Hörer
sind nicht dieselben geblieben; allerlei Urtheil und Red'
ist unter ihnen aufgekommen zu unsrer Zeit, was seine
Kraft bei Vielen schwächet. Es sei unser Werk in
dieser Stunde, dies abzuwehren.

Luc. 16, 19—31. Es war aber ein reicher Mann, der kleidete sich
mit Purpur und köstlicher Leinwand, und lebte alle Tage herrlich und
in Freuden. Es war aber ein Armer, mit Namen Lazarus, der lag vor
seiner Thür voller Schwären, und begehrte sich zu sättigen von den Brosamen, die von des Reichen Tische fielen; doch kamen die Hunde, und
leckten ihm seine Schwären. Es begab sich aber, daß der Arme starb,
und ward getragen von den Engeln in Abrahams Schooß. Der Reiche
aber starb auch, und ward begraben. Als er nun in der Hölle und in
der Qual war, hob er seine Augen auf, und sahe Abraham von ferne,
und Lazarum in seinem Schooß, rief und sprach: Vater Abraham, erbarme dich meiner, und sende Lazarum, daß er das Aeußerste seines

Fingers in's Wasser tauche, und kühle meine Zunge; denn ich leide Pein in dieser Flamme. Abraham aber sprach: Gedenke, Sohn, daß du dein Gutes empfangen hast in deinem Leben, und Lazarus dagegen hat Böses empfangen; nun aber wird er getröstet, und du wirst gepeiniget. Und über das alles ist zwischen uns und euch eine große Kluft befestiget, daß die da wollten von hinnen hinab fahren zu euch, können nicht, und auch nicht von dannen zu uns herüber fahren. Da sprach er: So bitte ich dich, Vater, daß du ihn sendest in meines Vaters Haus; denn ich habe noch fünf Brüder, daß er ihnen bezeuge, auf daß sie nicht auch kommen an diesen Ort der Qual. Abraham sprach zu ihm: Sie haben Mosen und die Propheten; laß sie dieselbigen hören. Er aber sprach: Nein, Vater Abraham; sondern wenn einer von den Todten zu ihnen ginge, so würden sie Buße thun. Er sprach zu ihm: Hören sie Mosen und die Propheten nicht, so werden sie auch nicht glauben, ob Jemand von den Todten auferstände.

Ob das verlesene Evangelium in einem Zusammenhange mit den vorhergehenden Worten stehe? Mir will's nicht scheinen; lassen wir das aber dahin gestellt sein, um so mehr, da unser Evangelium eines solchen Lichtes, wie ein nachgewiesener Zusammenhang es geben könnte, wahrlich nicht bedarf; es hieße bei hellem Tage ein Licht anzünden. Es werde denn hingenommen von uns, wie es für sich dasteht, und unsre Predigt darüber sei, heiße:

Eine Abwehr dessen, was die Kraft dieses Evangeliums bei Vielen schwächet. Nämlich was man hört als Urtheil und Rede darüber, davor es seine Kraft nicht zeigen kann, welches ist:

1) daß die Lehre in so bildlicher Rede gegeben sei,
2) daß in den Reichthum und in die Armuth eine solche Entscheidung gelegt sei,

3) daß eine so große und befestigte Kluft gewiesen sei,

4) daß Lazarus selig geworden sei ohne Christum,

5) daß aller augenscheinliche Beweisgrund uns
verweigert sei.

Was hiemit angegeben ist, davon halte ich, es
sei das Vornehmlichste, was man wider dies Evangelium
redet und damit seine Kraft schwächet. Halten wir's
von ihm ab.

1) Eine bildlose Rede wird begehrt, in solchen
wichtigen Dingen — ja wichtig genug ist das ewige
Leben und die ewige Verdammniß —; da will man
sich der Unbestimmtheit und Vieldeutigkeit der genom-
menen Bilder nicht anvertrauen, da soll es eigentliche,
bestimmte Rede sein. Wir müssen sagen, Bilder sind
allerdings hier, können sagen, die ganze Erzählung ist
Bild, und was man eigentliche Rede nennt, findet sich
kaum darin, sobald es über die Schwelle des gegenwärtigen Erdenlebens tritt. Eine Seele, die getragen
wird, die von Engeln, die in Abrahams Schooß getragen wird — das Hinüberblicken, Hinübersprechen
über die große Kluft, die Flamme, die heiße Zunge,
die Fingerspitze in's Wasser getaucht — sind Alles
Bilder, wie zu den Augen gesprochen und durch die
Augen gehört. Das ist's aber, wie es Viele nicht
wollen und verwerfen einen so gemachten Vortrag; daher denn auch ein so gemachter Vortrag an ihnen seine
Kraft nicht hat. Aber so gebe man uns einen Augen-

blick Gehör, wenn wir in der begehrten bildlosen Rede
also sprechen:

Fürs Erste. Christi Worte sind es; der hat in
solchen Bildern von den künftigen Dingen gesprochen;
der Schöpfer selbst ist's, der das Gehör und die Zunge
und auch das Verständniß, das in dem Menschen ist,
geschaffen hat — Joh. 1. Col. 1: alle Dinge sind
durch ihn geschaffen. — Ihm, der selber das Wort
heißt, welches ist seiner Namen einer, ist es doch
gewiß zuzutrauen, daß er in allen Fällen die rechte
Rede führen, den rechten, der Sache angemess'nen Ausdruck brauchen werde. Den Meister selbst sollten wir
ehren wollen, einen andern Ausdruck, als den er gebraucht hat, begehrend von ihm? Wahrlich, das gebührt
sich nicht! Für's Andre. Die Sache ist· ja von der
allergrößten Wichtigkeit, darüber wir in dieser Erzählung
eine Lehre bekommen von Christo. Was ist sie anders,
als eine an uns gelangte Bezeugung aus der andern
Welt, zu verhüten, daß wir, die noch Lebenden, nicht auch
kommen an den Ort solcher Qual, wenn wir gestorben
sind. Und nun anzunehmen, Christus habe dies nicht
in solchem Ausdruck bezeugt, wie es der Sache ange-
messen ist, habe sich so ausgedrückt, daß man um der
von ihm gebrauchten Bilder willen die Lehre selbst nicht
fasse oder gar verwerfe: nein, das wäre lästerlich von
Christo geurtheilt. Er, welcher Aussätzige rein machte
und eine verdorrte Hand wieder gesund machte, er sollte
mit Fleiß undeutlich geredet haben und unüberzeugend

in einer Sache, da Leib und Seele verderben kann in
die Hölle? Für's Dritte. Wie kann hier die Bildlichkeit seiner Rede ihre Verständlichkeit hindern und ihre
Ueberzeugungskraft? So wenig, sage ich, daß im Gegentheil seine Rede leichter verstanden wird und tiefer überzeugt, als wenn sie wo möglich in eigentlichen Worten,
was man so nennt, gegeben wäre. Wo sind, die die
Bilder nicht verstehn? Es ist die kindliche Sprache.
Und wo sind, die durch ein Bild nicht stärker gefaßt
und eingenommen werden, als wenn dieselbe Lehre ent-
kleidet gegeben wird, auch wenn sie so gegeben werden
kann? Es ist die Sprache, die auch dem größten Gelehrten wohl zusagt. Geb' ich ein Beispiel solches Ausdrucks aus dem alten Testament, Sprüchw. 30, 17:
Ein Auge, das den Vater verspottet und verachtet der
Mutter zu gehorchen, das müssen die Raben am Bache
aushacken und die jungen Adler fressen. Wer versteht
es nicht? Und ein Beispiel aus dem neuen, Luc. 6:
Zeuch zuvor den Balken aus deinem Auge, und besiehe
dann, daß du den Splitter aus deines Bruders Auge
ziehest. Wer holt sich aus solchem Bilde nicht sogleich
die gegebene Lehre heraus? oder vielmehr gefragt: Wer
braucht sie erst herauszuholen? Sie ist mit dem bild-
lichen Worte in Einem gegeben. So verhält sich's mit
unserm bildvollen Evangelium gleichfalls. Wer hört es
und hört nicht heraus dieses: Es giebt zwei Oerter in
der andern Welt, einen angenehmen und einen unange-
nehmen, schrecklichen; — dieses: der angenehme Ort ist

nicht für die, so auf Erden glücklich und groß gewesen
sind, ebenso wenig wie der unangenehme Ort denen bestimmt ist, deren Leben hier doch einmal ein unange-
nehmes gewesen ist, nein, das Evangelium zeigt uns
einen umgekehrten Fall; dieses: Wohin wir kommen,
dahin oder dorthin, darüber wird entschieden nach dem
hier geführten Leben; — dieses: Die Einen wie die
Andern wissen von einander; — dieses: Sie sind geschieden von einander; — dieses: Da wird so wenig
aus dem Himmel wie aus der Hölle ein Bote geschickt
auf die Erde, wir haben genug, wenn wir die in der
Bibel enthaltenen Belehrungen der heiligen Männer
hören! — Das ist's ja, was uns in dem Evangelio
vorstellig gemacht wird und wahrlich nicht erst durch
diese meine Angabe, sondern ein Kind fasset den Vortrag
des Herrn so. Daher lassen wir den Einwurf nimmermehr gelten, daß um der Bildlichkeit willen diese Lehren
des Herrn von der Zukunft nicht anzunehmen seien.

2) Wo es eher einer Nachhülfe bedürfen möchte,
das ist in dem zweiten Genannten: daß in den Reichthum und in die Armuth eine solche Entscheidung gelegt worden sei. Ja, der reiche Mann kommt in die
Hölle und in die Qual, der arme Lazarus an den Ort,
wo Abraham ist. Allerdings, hier ist ein etwas ge-
naueres Zusehn erforderlich. Aber Christus hat dabei
auf verständige und anderweitig unterrichtete Hörer
Rechnung gemacht, die es wissen, daß Armuth an sich
oder gar mit Schlechtigkeit verbunden noch nicht den

Himmel aufthue, und daß der Reichthum an sich, und
wenn er auch mit Tugend verbunden ist, nicht in die
Hölle bringe. Das könnt' ich ja fragen, ihr Lieben, wen
immer aus eurer Zahl, so viel weiß ein Jeder. Aber
seht, was wird uns gewiesen als Gesinnung des reichen
Mannes? Alle Tage herrlich und in Freuden leben, in
Purpur und köstliche Leinwand sich kleiden, darin des
Armen vergessen und seiner eignen Seele, was die begehret, vergessen — letzteres wird angedeutet damit,
daß er sein Gutes damit empfangen habe, sein Gutes,
was ihm das Gute war: herrlich und in Freuden leben.
—: Beſſ'res kannte er nicht, um Höheres, Edleres bekümmerte er sich nicht, der sinnliche Mensch; das brachte
ihn, nicht sein Reichthum, sondern dieser Gebrauch des
Reichthums, brachte ihn in die Hölle. Wo soll er
denn auch sonst hin? Der Himmel ist doch keine ange-
messene, zu geschweigen eine verdiente Stätte für einen
solchen, wie man sich jetzt wohl ausdrückt, Lebemann
Und wenn daneben Lazarus uns vorgestellt wird in
seinem Hunger, in seinen Leibesschäden, wie er uns von
Christo vorgestellt wird neben dem reichen, Gott und die
nothleidenden Menschen vergessenden Prasser: denken wir
dann wohl an einen solchen Armen, der sich selbst in
Armuth und Krankheit gebracht hat? Gewiß nicht; sondern
an einen Armen und Leidenden, der es ist durch Gottes
Schickung — Lazarus, heißt es, Lazarus dagegen hat
Böses empfangen — welches er geduldig trägt und
hat es von Gott angenommen, greift zu keinem ver-

botenen Rettungsmittel: sondern trägt sein Kreuz geduldig, bis Gott es ihm abnimmt. Sagt, ob es denn befremden könne, wenn wir ihn im Himmel sehen, da er nach ausgestandenem Leiden von Gott getröstet wird? Nein, das befremdet uns nicht, und so den Armen wie den Reichen angesehn, dürfen wir nicht sagen, daß in den Reichthum und in die Armuth zuviel Entscheidung gelegt sei. Denn ihre Zustände sind es nicht gewesen, sondern ihre Gesinnungen, die haben den Einen in den Himmel, den Andern in die Hölle gebracht. Ihr Reichen, von welcher Gesinnung seid ihr bei eurem Reichthum? Arme, Dürftige, Sieche, mit welcher Gesinnung tragt ihr eure Gottesverhängnisse? Armer, wie trägst du deine Last? Reicher, wie stillst du deine Lust? Das entscheidet, das.

3) Unser Evangelium soll stehn und wir halten Jeden ab, der dieses herrlichen Evangeliums Kraft mit seiner Widerrede bei sich schwächen will. Nein, erfahre seine ganze Kraft, o Mensch, zum Heile deiner Seele. Es läßt dich zwei Orte sehn und eine Kluft zwischen den beiden. Höre das Wort noch einmal: Und über das Alles ist zwischen uns und euch eine große Kluft befestigt, daß die da wollten von hinnen hinabfahren zu euch können nicht, und auch nicht von dannen zu uns herüberfahren. So heißt die Stimme aus dem Ort der Seligen zu den Unseligen hinab. Das sei zuviel, meinet man, und giebt daher das ganze Evangelium auf als eine unrichtige Lehre von der andern Welt-

als eine wenigstens so nicht annehmbare, so nicht glaub-
hafte. So nicht? Wie denn? Da haben ihrer Viele
vieles gedeutet zur Milderung; ihrer Viele — selbst in
der lutherischen und reformirten Kirche, darunter Gelehrte von Ruf und Ruhm, auch fromme christliche
Männer — haben den Ort, der im Text die Hölle
heißt, Hades im Griechischen, nicht wollen die eigentliche Hölle, den Ort der ewigen Verdammniß sein lassen,
sondern bloß einen Sammlungsort sämmtlicher abge-
schiedner Seelen, mit mehrfacher Abtheilung, meistens
mit dreien, als in der Richtung von oben nach unten
gelegen. Oben, die von da noch vor dem jüngsten
Tage in den Himmel kämen, nämlich wenn sie von
dem wenigen ihnen beim Uebergang noch anklebenden
Schlechten durch einige Büßungen vollends wären gereinigt worden, oder sie seien doch harrend daselbst auf
eine noch kommende, seligere Zeit. In der Mitte be-
fänden sich die, an denen sich viel Schlechtes fände,
jedoch einiges Gute noch, wie hier am reichen Mann
die Liebe, Sorg' und Fürbitte für seine fünf Brüder,
als an welchem Guten die erbarmende Gottesliebe einen
Anknüpfungspunkt hätte, um vermittelst härterer Büßungen noch einmal Selige aus ihnen zu machen, Himmels-
bewohner. Unten, ganz unten, seien die, die schon,
wenn sie sterben, — ihrer gänzlichen Verderbtheit wegen
wie aufgegeben von Gott, der ihre Unfähigkeit sich je
zu bessern vorhergesehn — in der eigentlichen Hölle
wären, die wir gewöhnlich so nennen. Dazu muß ich

sagen: Es ist mehr menschliche Vernunft als göttliche Offenbarung in solchen Annahmen von den Oertern der andern Welt, und wenngleich einige Schriftstellen, dunkle sind's, dafür zu sprechen scheinen, andre Schriftstellen, klare sind's, sprechen dawider, gleichwie es unser Evangelium thut. Hier ist die große Kluft wahrlich kein Graben, den man überschreiten, oder ein seichtes Wasser, durch das man waten kann, — wenn es anders etwas heißen soll. Hier ist eine Kluft: es geht nicht und nirgends an, her= oder hinüberzukommen: Hier ist die befestigte Kluft, die nicht zu erweitern, auch nicht zu verengen oder zu verschieben ist, daß man sie umgehen könnte. Dazu das eigentliche Wort, wenn eins kann eigentlich heißen: nicht von dannen zu uns herüberfahren. Da spreche, wer Sprache hat und Verstand, ob dies anders könne und solle verstanden werden als von einer ewigen Scheidung, von nur zwei Orten in der andern Welt, von nur Einem Himmel und nur Einer Hölle. Ist's harte Rede, ich habe sie nicht hart gemacht, ist's eine entsetzliche Lehre, ich habe die entsetzliche Lehre nicht gelehrt; der sie aber gelebt hat, wird mich oben mit ihr erhalten und sich selber, und sollte sich's ja anders befinden als hier gelebt, so wird er sich deshalb zu rechtfertigen wissen, gleichwie seinen ehrerbietigen Knecht auch, der es nicht hat wagen wollen, hinterher abzugehen von seines Herrn Wort. Die ihr seines höret und meines; meines ist es nicht, das aber ist meines: Bedenkt, was ihr thut, ob ihr

nicht zu viel wagt, wenn ihr wider dies und alles
Evangelium weniger als zwei und mehr als zwei Orte
in der andern Welt annehmet. Ich rufe noch nach:
Wie du stirbst, so fährst du; und wohin du fährst, da
bleibst du.

4) Gönnet, gebt unserm Evangelio seine ganze
volle Kraft, die es hat und schwächt sie nicht an euren
Seelen durch willkürliche Deutungen! Aber ich sehe im
Geiste deren, die das Sonntagsevangelium nehmen und
reden damit wider das Evangelium überhaupt, wider die
Botschaft von unsrer Seligkeit durch Christum, allein
durch Christum. Kommt heran! wir sind in dem Werke,
daß wir abhalten, was den Worten Christi einen Ein-
trag thut: ob wir euch nicht davon abhalten können.
Ihr sagt nach der Wahrheit: die Lehre der christlichen
Kirche sei, daß wir allein durch Christum selig werden
— und nun sprecht ihr weiter zu dieses Glaubens Ver-
kündigern: Seht ihr aber doch in diesem eurem Text,
daß Lazarus ohne Christum selig geworden ist? Ich
erwiedre: Ob eben Lazarus genommen ist, wird, um
unsern Glauben an die allein durch den Glauben an
Christum zu erlangende Seligkeit mit dem Anblick der
seinigen im Schooße Abrahams umzustoßen, ob Lazarus
oder Abraham oder welcher Andre aus den Geschlechtern
vor Christo genommen wird, gilt hier gänzlich gleich.
Allein deshalb möchte den Gegnern unsers Glaubens
mit Lazarus vornehmlich gedient sein, weil Christus
selbst ihn hier als einen Seligen vorstellet. Laßt mich,

19*

liebe Zuhörer, frei über diese Sache mich aussprechen.
Ich kann die Glaubensmeinung derer nicht theilen,
welche dafür halten, daß Abraham, Isaak, Jacob und
alle Frommen des alten Bundes sollten selig geworden
sein in Kraft des neuen Bundes, nämlich daß sie ge-
hofft hätten auf, geglaubt hätten an den kommenden
Messias. Sie mögen sämmtlich diese Hoffnung auf
den Trost Israels, wie sie genannt wird, gehegt haben,
von einer Wirkung indeß auf ihr Leben sehe ich in den
Nachrichten von ihnen keine Spur, sehe nicht die geringste Spur, daß sie deshalb, daß sie in Kraft dieser
Erwartung ihrem Leben eine besondre Gestalt gegeben,
von Bösen sich entfernt, zu gutem Werke sich fleißiger
gewiesen hätten. Davon haben sie uns selbst andre
Beweggründe vorgelegt, nämlich die Güte Gottes, die
Gerechtigkeit Gottes, die den Lohn und die Strafe nach
Befund des geführten Lebens über sie kommen lassende
Gottesgerechtigkeit. Und was die Vergebung der Sünden betraf, so ist's das Opfer gewesen, welches sie
brachten, die Reue, die sie bezeugten; gebe ich eurer
Aufmerksamkeit ein schönes Bibelwort, 2. Kön. 22, 19,
wo Gott dem Könige Josias sagen läßt: Darum, daß
dein Herz erweichet ist und hast dich gedemüthigt und
hast geweinet vor mir, so habe ich's auch erhöret, —
und der Vorsatz der Besserung, mit welchem Israel vor
den Herrn trat und sich Gnade holte, das allerdings, aber
von Gebrauch oder nur von Mißbrauch des Glaubens an
Christum lesen wir ja kein Wort. Sie sind bei ihrem

Glauben selig geworden in damals gewiesener Heils-
ordnung, halte ich dafür, ohne Christum, ja. Indeß,
Freunde, wer da meinete, daß jetzt noch, in der Zeit
des neuen Bundes, daß unter uns, denen der neue Bund
d. h. die in Christo erschienene und allen Menschen an-
gebotene neue Gottesgnade verkündigt ist und sonntäglich
verkündigt wird, daß in dieser Gemeinde, ich will ganz
bestimmt reden, da wahrhaftig das Zeugniß vom Heil
in Christo kein geschwiegenes, sondern seit Jahren und
auf vielen Canzeln verkündigtes ist, da noch behaupten
wollen, daß unser einer auch könne ohn' Christum,
ohne den Glauben an ihn in den Himmel kommen,
zur Christenseligkeit kommen: wer dieses meinet, der
mag fertig werden mit mir und mit meinen Gehülfen
im Dienst am Wort, aber wie er bei sich fertig wird
mit Christo selber, der doch gesagt hat: Wer da glaubet
und getauft wird, der wird selig werden, — der doch
gesagt hat: Niemand kommt zum Vater, denn durch
mich — der doch hat sagen lassen: Es ist in keinem
Andern Heil, ist auch kein andrer Name den Menschen gegeben, darin sie sollen selig werden als der
Jesusname — wie, die solches hören und glauben's
nicht, die solches nicht hören und wissen doch, wo und
wann sie es könnten hören — wie die im Leben ruhig
und im Sterben getrost sein können, ich versteh' es
nicht. Wenn eine Seligkeit für sie ist, ein Himmel,
für die unter ihnen, welche Gott weiß wodurch, ge-
blendet, Christum nicht erkennen und thun gleichwohl

einigermaßen, was Gottes Geboten äußerlich gemäß
ist, hüten sich vor groben Sünden, und sind nicht ganz
ohne, was die Welt nennt, gute Werke, — wenn für
solche Gott einen Himmel hat und eine gewisse Seligkeit — ich bin nicht im Rath seiner Erbarmungen ge-
sessen —: doch Christenseligkeit und der Christenhimmel
kann es nimmer sein, denn sonst müßte am ganzen
Christenthum kein einzig wahres Wort sein. Lazarus
war ein Jude, auf den kann sich kein Christ berufen,
der kannte das Gesetz nur, den Christen wird das
Evangelium gepredigt. Gott ist der harte Mann nicht,
welcher da ernbten will, wo er noch nicht gesäet hat,
aber das muß ihm die größte Milde zusprechen, wo er
gesäet hat, daß er da auch zu ernbten begehren darf.
Ja, wenn du Christum nicht känntest, wie ihn Lazarus
nicht kannte, so solltest du auch mit Lazarus in den
Schooß Abrahams: aber mit dir steht die Sache anders.
Hüte dich vor Christi Wort, daß du nicht stehst unter
denen, zu welchen er sagen will: Ich habe euch nie
erkannt, weichet Alle von mir, ihr Uebelthäter; Matth. 25,
46: Und sie werden in die ewige Pein gehen. Wie's
in dieser Pein ist, sagt der reiche Mann: Sende Lazarum, daß er das Aeußerste seines Fingers ins Wasser
tauche und kühle meine Zunge.

5) Es sind deren unter euch, die sowohl wie in dem
Evangelium, oder vielleicht noch besser wie in den Evan-
gelien, auch in Schillers Gedichten Bescheid wissen; deren
Einer kann leicht bei sich sagen mit des Genannten

Wort: Sechstausend Jahre hat der Tod geschwiegen;
Noch kam kein Sterblicher aus seiner Gruft gestiegen,
Der Meldung that von der Vergelterin. Oder ausgedrückt, wie ich's sagte in der Ankündigung: Das
schwäche bei Vielen die Kraft unsers Textes, daß sie
einen augenscheinlichen Beweis begehrten, welcher ihnen
aber verweigert werde, und glauben daher nichts. Unser
Letztes: Die sind gleiches Urtheils mit dem reichen
Mann und finden seine Vorstellung gegründet. Laßt
uns in die Erzählung hineintreten. Der reiche Mann
hält dafür: Wenn Jemand von den Todten zu seinen
Brüdern ginge, dann würden sie Buße thun. Abraham
ist der Meinung, es helfe nichts und giebet den Grund
an: Hören sie Mosen und die Propheten nicht, so würden sie auch nicht glauben, ob Jemand von den Todten
auferstände. Wer soll bei uns Recht haben von den
Beiden? Muß man denn nicht einräumen, denke ich,
Abraham — der doch auch gewesen war, wo die fünf
Brüder noch, nun aber seit Jahrhunderten wandelte
und sah in dem himmlischen Lichte, und hatte einige
Menschengeschlechter mehr wie der reiche Mann von seiner
Höh' herabgesehn — der habe doch wohl die Sache
richtiger verstanden? Doch, treten wir lieber aus der
Erzählung heraus; der sie erzählt und Abrahams Wort
spricht, das ist ja Christus selber. Der ist es und
und nicht sowohl Abraham, Christus sagt: Hören sie
Mosen und die Propheten nicht, so werden sie auch
nicht glauben, ob Jemand von den Todten auferstände.

Darum, die einen augenscheinlichen Beweis von den
künftigen Dingen fordern und sind nicht zufrieden mit
dem, was die heilige Schrift uns lehrt, reden die nicht
wider Christum selbst damit? und möchten ihr Gut-
achten geltend machen wider Christi gethanen Spruch?
Unterlassen sie solches! Und wir, treten wir ihnen ja
nicht bei! Was mich betrifft, so will ich lieber, freilich
ein undenkbarer Fall, mit Christo irren, als mit Menschen Recht haben. Der Schein ist allerdings vorhanden.
Der reiche Mann begehrt nur Einen; wenn zehn, wenn
zwanzig, die wir begraben hätten, wieder kämen nach
längerer Zeit, bekannte, auch als wahrheitsliebende uns
bekannte Männer, und zeugten von dem Jenseitigen, da
sie gewesen, wie sie's gefunden: das wäre allerdings
ein starker Beweis. Aber seid aufmerksam darauf, wie
wie wir uns doch sollten sicher stellen dabei vor aller
Täuschung. In Leibesgestalt wiederzukommen ist ja
eine offenbare Unmöglichkeit, einmal, und wenn es ihre
Gestalt wäre wirklich, wer bürgte mir, daß nicht ein
anderes Wesen sich hätte in diese gekleidet und machte
für seine Absichten mit mir, vielleicht zu meinem Schaden,
mir etwas vor? Davon ließe sich noch mehr sagen.
Aber ich will nur das Eine vorstellen: Ein so erlangter
Glaube hätte die Wirkung nicht an mir, die der Glaube
auf Gottes Wort hat, es wäre kein Gehorsam unter
Gott darin, und dieser Gehorsam im Glauben, der ist
es doch allein, welcher meinem Glauben einen Werth
verleiht, daß mir dafür ein Lob von Gott widerfährt.

Ihm soll ich glauben und seinen beglaubigten Gesandten
allein, die er hat reden lassen, getrieben vom heiligen
Geist dazu, Mosen und die Propheten, Christum und
die Apostel. Die sind mir Zeugen vom Hier und vom
Dort, von der Gegenwart und von der Zukunft, und
außer ihnen nehm' ich weder einen irdischen Geist, noch
einen überirdischen, noch einen unterirdischen Geist an,
wer es auch sei und von wannen er auch komme. Ihm
Gehör geben, was er auch spricht, heißt sein Gehör von
Gott und Gottes Wort abwenden; das müsse Keiner thun!
Und wenn es in unsern Zeiten bei Vielen gar schwach
um ihren Glauben an ein Fortleben nach dem Tode
steht, wenn offenbar Meinungen über das Künftige im
Schwange gehn, bei welchen die Sünde grünt und das
Laster blüht und die größten Verbrechen zur Reise
kommen: das rührt alles daher, daß man hat Menschen-
pfündlein wider Gotteswort gesetzt und hat im vermeint-
lichen Besserwissen und Wissenwollen das Evangelium
vom reichen Mann und armen Lazarus verworfen.
Unser Keiner thue das, und was ihr heute darüber habt
predigen hören, habet das gehört, um dies Evangelium
in seiner Kraft, in voller, in aller Kraft an euch wirken zu lassen, wie es gewirkt hat in früherer Zeit, also
jetzt wieder, worauf ich heute ausgegangen — auch,
das gebe Gott! zum Ziele gekommen bin. Amen.

Am siebenten Sonntage nach Trinitatis 1818.

Ges. 750. Du sorgst, o Gott, was helfen unsre Sorgen!

Ich bin zufrieden! — Ist es wahr? So Viele von euch das Wort gesungen haben: „Ich bin zufrieden" — hat Jeder es mit Wahrheit gesungen nach seiner wirklichen Gesinnung und Empfindung? Du, auch du, mein Christ? Lasset mich Antwort nehmen aus der Seele aller Besseren, die hier sind; — doch, es soll hier nicht Einer für schlechter gelten, als der Andre, die Unterscheidung ist Gottes, — lasset mich als Antwort nehmen aus eurer aller Seelen: Ja, wir sind zufrieden! Hier, an diesem Orte sind wir zufrieden, wo wir uns hinan- hinaufgesungen haben zu der stillen, seligen Höhe des Glaubens und Gottvertrauens, so daß wir hinter uns gelassen haben die ganze Welt, und zu unsern Füßen sehen all' ihre Herrlichkeit. Jetzt, zu dieser Stunde sind wir zufrieden, da die größere Gottesnähe unser Herz erfüllt, da der Herr uns den Tisch bereitet, wie David es rühmet im 23. Ps., da er voll einschenkt uns Allen, die wir kommen mit dem

Durſte der Andacht, bei welchem geiſtlichen Male ver-
geſſen wird das leibliche Bedürfniß und in der Theilnahme an dem himmliſchen Gute hintenangeſetzt werden
alle kleinen weltlichen Sorgen. — Zu dieſer Stunde
ſprechet ihr, und an dieſem Orte kann Jeder von uns
ſagen mit Wahrheit: Ich bin zufrieden. — Ja, das
iſt die rechte Sonne des Sonntags, daß an ihm die
irdiſchen Sorgen, dieſe Nebel um die Seele, verſchwinden. Das iſt die Macht des Geſanges und die
Gewalt des Gotteswortes und der Segen gemein-
ſchaftlicher Andacht, daß davor weichen muß, was die
beſſere Natur in uns halten, anhalten, niederhalten
will, und uns alles Glück innerhalb des Irdiſchen
aufjagen, nachjagen, erjagen lehrt. Das ganze Gezeug:
Eitelkeit, Habſucht, Genußgier, Neid, Scheelſucht, Geld-
ſtolz, wie auch die eingebildete Armuth, Einbildung —
alles muß weichen, ſobald göttliche Gedanken ſich des
Herzens bemächtigen. Sie machen das Wort zur
Wahrheit, wenn geſungen wird: Ich bin zufrieden. —
Ich war es nicht, ſetzt die Aufrichtigkeit hinzu; aber
nun bin ich's, hier bin ich's!

Und bleibſt du es nicht? Fahre fort, mein an-
dächtiger Zuhörer, in der Aufrichtigkeit, dann wirſt du
ſprechen: Ach, ich fürchte, nicht! Es ſind Geſtänd-
niſſe manches Chriſten: Sobald ich meinen Fuß wieder
ſetze aus dem Hauſe Gottes und trete auf die Steine
der Gaſſe, legen ſich die vorigen Sorgen wieder wie
Steine auf mein Herz. Sobald ich die Straßen ent-

lang gehe und schaue nur rechts oder links, so fahren
die häßlichen Gedanken der Vergleichung mir wieder
durch die Seele, bald sind's neidische, bald hoffärtige
Gedanken; sobald ich in mein Haus trete, empfänget
mich, umfänget mich das ganze Heer weltlicher Angelegenheiten, eine Schaar Schwarmgeister, deren einer
mir meine Armuth zeigt, ein andrer mein vergebliches
Streben, ein dritter meine Schwachheit in Erfüllung
meiner Pflicht, ein vierter meine Versäumnisse und un-
ersetzlichen Verluste. Und wenn sie mich auch nicht
heimsuchen den Sonntag über, Montags stellen sie doch
sich ein und nehmen die Woche lang alles Gute und
Herrliche, was ich im Gotteshause gehört und erworben,
wieder weg; lassen keinen Gedanken übrig, daß ich am
neuen Sonntag wieder so arm bin wie zuvor und von
der alten Last der Welt beschweret bin, wie ich immer
gewesen. Wenn ich hier bin, so bin ich zufrieden;
wenn ich draußen bin, so bin ich's nicht. In dieser Stunde
bin ich's; später schon nicht mehr. Das ist, leider!
manches Christen Geständniß.

Das macht, daß Welt und Kirche, Irdisches und
Himmlisches so getrennt worden sind, wie sie es früher
in dem Maße nicht waren. Da gab es mit der häus-
lichen Andacht eine Kirchzeit mehr, als die einmalige
am Sonntage, und der frühere Glaube sah Gottes
Hand und Finger da wirksam, wo man jetzt lauter
natürliche Ursachen oder eine Schickung ohne den, der
sie schickt, wahrnimmt. Nur, wem im tiefsten Elend

unerwartet eine helfende Hand erschienen ist, und wer
aus großer Noth durch einen, wie man es nennt,
günstigen Zufall gerettet wird, dem läßt man es hin=
gehen, wenn der glaubt, daß noch Wunder geschehen.
Oder wenn ein theures Kind nun eben aus dem elter=
lichen Hause gehen soll zum eignen Erwerb, spricht der
bewegte Vater noch wohl: Gott segne dich, mein Sohn!
— Nur noch in solchen Fällen ist die Rede von
Gottes Segen, daran doch früher Alles gelegen war.
Wahrlich, wie man die Menschen zu Werke gehen sieht,
scheint Gott seine Hand gar nicht mehr dabei zu haben
und aus dem Regiment gedrängt zu sein von der
Menschen Selbstwissen und Selbstkönnen. Nun, da
ist's denn auch, als wenn Gott wirklich zurückgetreten
wäre und die Menschen machen ließe, so gut sie's
können ohne ihn. Es geht, wie's geht: Der Sohn ist
eben so reich, wie der frömmere Vater, der immer Gott
um Segen zu seiner Arbeit anlag; der Sohn wird
vielleicht noch eher reich. Doch wohin er nicht kommt,
das ist zu der Zufriedenheit, die nicht in dem Maße
der Güter, sondern im frommen Glauben, daß Gott
sie gegeben, in solchem Maße, viel oder wenig, sie ge=
geben, ihren Grund hat. Wohin er nicht kommt, das
ist zu der Dankbarkeit, mit der ein Frommer jegliches,
nicht gleichsam aus Gottes Händen, sondern wirklich
aus Gottes Händen kommen sieht. — „Du thust deine
milde Hand auf“. — Wohin er nicht kommt, das ist
zu allen den Tugenden, die aus solchem Glauben wie

Pflanzen aus fruchtbarem Erdreiche hervorgehen: Gott-
vertraun, Ergebung, Folgsamkeit, milder Sinn und
Wohlthun um Gottes willen. Dein Lebenlang —
sagte Tobias zu seinem Sohn — habe Gott vor
Augen und im Herzen — erst vor Augen, daß du ihn
erkennst in seinen Werken und Wegen. Hier offenbart
sich die Scheidung der alten und neuen Zeit, und hier
zeigt es sich, daß der Weg, welchen man jetzt einschlägt,
nämlich den von Innen nach Außen, der verkehrte sei.
Von Außen nach Innen ist der rechte — daß wir
Gott erst erkennen vor uns, um ihn dann aufzunehmen
in uns. Und das ist die Stätte, wo eine Betrachtung
des göttlichen Segens ein Licht verbreitet über alle
Wahrheiten unsers Glaubens, gleichwie dieselbe, was
die Absicht der Predigt zunächst ist, uns führt mitten
in unser öffentliches und häusliches Leben hinein. Wir
stellen diese Betrachtung an und gehn ihr nach, wie
das heutige Evangelium uns leitet, unter dem stillen
Anruf, daß er, der allein den Segen hat, auf unsre
Betrachtung ihn legen wolle.

Marc. 8, 1—9. Zu der Zeit, da viel Volks da war, und hatten
nichts zu essen, rief Jesus seine Jünger zu sich und sprach zu ihnen:
Mich jammert des Volks; denn sie haben nun drei Tage bei mir verharret und haben nichts zu essen; und wenn ich sie ungegessen von mir
heim ließe gehen, würden sie auf dem Wege verschmachten. Denn Etliche
waren von ferne gekommen. Seine Jünger antworteten ihm: Woher
nehmen wir Brod hier in der Wüste, daß wir sie sättigen? Und er
fragte sie: Wie viel habt ihr Brode? Sie sprachen: Sieben. Und er
gebot dem Volke, daß sie sich auf die Erde lagerten. Und er nahm die
sieben Brode, und dankte, und brach sie, und gab sie seinen Jüngern,

daß sie dieselbigen vorlegten; und sie legten dem Volke vor. Und hatten ein wenig Fischlein; und er dankte, und hieß dieselbigen auch vortragen. Sie aßen aber und wurden satt; und hoben die übrigen Brocken auf, sieben Körbe. Und ihrer waren bei vier tausend, die da gegessen hatten; und er ließ sie von sich.

Da ist das Thema, da sind die Theile der Predigt in dem verlesenen Evangelio:

Vom Segen Gottes.

1) Er kommt meistens zur Zeit der Noth,

2) und knüpft sich an ein vorhandenes Geringes,

3) will aber von Gott erbeten und —

4) wie wunderreichlich er auch kommt —

5) doch sorgfältig bewahrt sein.

Auf diese Art und Eigenschaft des göttlichen Segens führt uns das heutige Evangelium.

1) Was da geschieht, meine Zuhörer, die Speisung der viertausend Mann, es geschieht zur höchsten Noth. Jesus spricht: „Mich jammert des Volks; denn sie haben nun drei Tage bei mir verharret und haben nichts zu essen; und wenn ich sie ungegessen von mir heim ließe gehn, würden sie auf dem Wege verschmachten". Das ist des himmlischen Helfers Weise, wie sie erkannt worden ist vor Alters schon. Denn der Spruch ist älter, wie wir Alle sind, welcher diese Gottesweise mit den Worten angiebt: Wenn die Noth am größten, so ist Gott am nächsten. Dieses Nahestehen, dies Hinzutreten Gottes, sein Hinzulegen von dem Seinen zu unsrer Armuth, sein Mitanfassen unsers

Werks bei unsrer Schwachheit sind das freundliche, günstige Wetter in unsern Schicksalen, bei welchem allein der äußre und innre Mensch gedeiht, das aber der Mensch so wenig in seiner Macht hat, wie jenes, das über der Erde steht und über die Felder geht. Das nennen wir den Segen Gottes. O, ich muß mich wohl einlassen auf diese nähern Bezeichnungen und Beschreibungen dessen, was göttlicher Segen ist; denn wie das Göttliche überhaupt fremder geworden ist, so der Gottessegen insonderheit. Mit dem Glauben daran ist auch der Verstand davon abhanden gekommen, fremd geworden dermaßen, daß auch das Wort „Segen Gottes" schon aus der Sprache zu verschwinden anfängt. Daher — um nur eine zu nennen von den vielen Erscheinungen, welche hervorgehn aus dieser veränderten Denkart der Menschen — daher kommt das Treiben und Trachten in jenem bürgerlichen Stande besonders, wo der Mensch rechnet, berechnet und mittelst Kraft der Zahl eindringen will in's Leben. Das hieß früher Gottes Segen, der den Ertrag pflanze in das Einmaleins und in's Wachsen bringe nach dem Fortschritt der Procente. Jetzt aber macht man das ganze Leben mehr oder weniger zu einem Rechenerempel, rechnet sich aber Armuth zum Facit heraus, und steht dann darüber mit Kopfbrechen: da sollte doch etwas andres kommen; — bis Manchem der Kopf bricht auf die eine oder andre Weise. Nun, dann steht denn der Mensch wieder am Anfange mit denen auf einer Stelle, welche den ersten

Anfang noch machen sollen, und dabei auf den Segen
Gottes rechnen, denselben zu ihrem größern Nenner
machen, ihren frommen Glauben zum Zähler. Dann
lernt er auch so thun, von der Noth gelehrt. Ich
will mich wenden zu den Gesegneten Gottes, deren gewiß viele in dieser Versammlung mein Wort trifft, um
es von ihnen bestätigen zu lassen, daß Gottes Segen
meistens zur Zeit der Noth komme. Kennt ihr jene
drei Tage im Evangelio, die ihr habet harren müssen,
bis Gott mit seinem Segen herzutrat? Ihr sprecht:
wir kennen sie wohl, und es sind uns drei lange Tage
gewesen, länger als drei Jahre. Wir sahen Andre,
die weit zurück gewesen, uns weit voraus kommen, und
begriffen nicht, wie? Andren, die doch unsrer Meinung
nach offenbar sich die Sache weniger angelegen sein
ließen, gerieth es besser. Andre, die weder den Verstand, noch die Geschicklichkeit, noch die Aufmerksamkeit
und den Fleiß bewiesen, die doch von uns bewiesen
wurden, wurden reich und wir blieben arm; sie er-
reichten ihr Ziel und wir blieben fern, sie fanden Alle
das Glück des Lebens, das sie zu suchen schien, während
wir Suchende es nirgends fanden, durch keinen An-
schlag desselben habhaft werden konnten. Wir wurden
müde, das Herz im Busen schmachtete, der Weg schien
sich nicht abzukürzen, es senkte die Nacht sich herab,
Bangen umfing uns, Zweifel stiegen auf, wie Assaph,
Ps. 73, fragten wir: Soll's denn umsonst sein, daß
mein Herz unsträflich lebet? umsonst die Arbeit und

der Schweiß und die Sorgen? und siehet Gott mich
nicht weinen? Hast du, Gott, auf der weiten Erde
bloß für mich keinen Platz, kein Brod? Das ist gewiß
die Erfahrung Vieler von euch, und immer die Antwort
von Gott, welche der Herr seiner Mutter gab: Meine
Stunde ist noch nicht gekommen. Sie kam und eure
drei Tage waren um. Es kam der Segen Gottes zur
Zeit der Noth mit vollen Händen

2) und knüpfte sich an ein vorhandenes Geringe.
So fahren wir fort des göttlichen Segens Art zu beschreiben. Wir lesen es aus dem Evangelio. Sieben
Brode und ein wenig Fischlein war's, aus dem durch
den Wundersegen so' viel ward, daß einige Tausende damit gesättigt werden konnten. Wer that es? Derselbe,
welcher auch wohl hätte können Brod vom Himmel
fallen lassen, wie er gethan in der Wüste Arabiens;
derselbe, welcher auch wohl hätte Steine in Brod ver-
wandeln können, welches der Versucher dem Gottessohn
zutrauete. So kann die Allmacht, aber es ist ihre
Weise, daß sie den Wundersegen an ein vorhandenes
Geringes knüpft, gleichwie geschah vor den Augen
Gehasis, des Prophetenschülers, 2. Kön. 4, welcher
sprach: Was soll ich hundert Mann an dem geben!
gleichwie geschah bei der Wittwe zu Sarepta, 1. Kön. 17,
das Mehl im Cad wurde nicht verzehret und dem Oel-
kruge mangelte nichts; gleichwie noch geschieht, wo nur
mit gläubigen Augen die Sache wird angesehn. Es
ist Erfahrungssache. Da frage ich denn wiederum die

Gesegneten des Herrn, daß sie antworten nach ihrer Erfahrung, du, der du zu ansehnlichem Vermögen gekommen bist, womit hast du angefangen? was konntest du Gott vorhalten vor einigen Jahren und ihn bitten: Segne das, o Gott! Wieviel war's? Du willst sagen: Nichts; — freilich ein nichts gegen den jetzigen Reichthum, oder wirklich nichts, wie Jacob auch nichts hatte, als den Stab, da er über den Jordan ging. Oder war es ein Kleines doch, mit dem du anfingest? Wie, sind hier nicht Mehrere in dieser Stadt, bei denen Gott aus dem Wenigen viel gemacht hat, die ihre Thaler konnten im Dunkeln zählen und es jetzt nicht vermögen bei des Tages Länge? Nach einer andern Vorstellung: der seine Familie ernährt mit seiner Hände Arbeit, wie viel wohl braucht er in einem Jahre für sich und die Seinigen, daß sie satt werden und Kleidung haben? Es ist eine Summe, er erschrickt vor diesem Ueberschlag, wo soll's herkommen? Und es kommt doch, wie es ja immer gekommen ist. Ein Schilling, auf dem Gottes Segen liegt, schaffet mehr, als zehn Schillinge, bei welchen kein Segen ist. Der Ungläubige wird stutzig davor, und Gott macht doch alle Tage solche Exempel. Der Ungläubige will's wahrnehmen, doch er vermag's nicht, es ist Algebra Gottes und ihm fehlet das unbekannte X, welches ist der Segen des Herrn, ohne den solche Aufgaben nimmer gelöst werden können, und wenn auch alle natürlichen Ursachen würden zusammengezählt; ohne den Segen Gottes, der auf das Geringe gelegt

20*

worden, erklärt es sich nimmermehr. Tröſten ſich deß
Alle diejenigen, welche in Sorgen gehn über ihre Armuth,
daß ſie ſo wenig haben. Seht, es braucht nur ein
Geringes, wenn der vermehrende Segen Gottes kommt!
Tröſten ſich deß Alle diejenigen, welche nichts haben und
Gott nichts zeigen können als ihre beiden Hände, die
ſie betend zu Gott erheben: aber Gott braucht auch
nicht mehr, um den Anfang bei ihnen zu machen. Es
ſind ſo viele junge Leute hier, die wohl mit zagender
Seele vor der Welt ſtehen: Wie komme ich durch? es
iſt eine lange Reiſe, und ich bin arm. — Wieviel haſt
du denn? Ihr Dienſtboten, ihr Handwerker, die
wenigen Mark in eurem Käſtlein werden zureichen,
wenn Gott ſeinen Segen dazu thut. Und ihr Familien-
väter, tröſtet euch deß, wenn ihr euren Vorrath und
euren Erwerb unzulänglich findet und fürchtet, zuletzt
noch in die Wüſte zu gerathen und verſchmachten zu
müſſen auf dem Wege mit eurem Weibe und den lieben
Kindern, — tröſtet euch deß: Gottes Segen knüpft ſich
an ein Geringes an — ſollt's auch nur Brod und
Waſſer ſein, 2. Moſ. 23, 25., haben wir ja doch eine
Verheißung: dem Herrn, eurem Gotte ſollt ihr dienen, ſo
wird er ſegnen dein Brod und dein Waſſer; — du
ſeufzeſt: wenn ich krank werde; lies weiter: — und
ich will alle Krankheit von dir wenden.

3) Der Segen Gottes kommt meiſtens zur Zeit
der Noth, knüpft ſich an ein vorhandenes Geringes, will
aber von Gott erbeten ſein. Wie wir ſehen den

Herrn thun. Und er nahm die sieben Brode und
dankte; und hatten ein wenig Fischlein und er dankte:
darnach — darnach? das Wort ist mißgläubig —
darauf, auf dieses Gebet, erfolgte es, daß so wenig
so viel ward. Der Segen Gottes will erbeten sein.
Wir haben die Vorzeit auch hierin zum Muster, wer
kann es leugnen? sie betete mehr, als wir thun. Ich
erinnere mich Eines Gebetes um den himmlischen Segen,
das ich in meiner frühsten Kindheit habe sprechen hören
von Manchem — o, daß auch wiederum Manche und
auch hier es nicht verschmäheten, mit diesen schlichten
Worten den großen Segengeber anzuflehen! Es heißt:
„Laß dich, Herr Jesu Christ, Durch mein Gebet bewegen,
Komm in mein Haus und Herz, Und bringe du den
Segen. All' Arbeit, Müh' und Kunst Ohn' dich nichts
richten aus, Wo du in Gnaden bist, Kommt Segen in
das Haus". Soll ich mich einlassen auf einen Kampf
mit dem Widerspruch? Das ist das rechte Amt der
Predigt, da die Welt ja in beständigem Widerspruch
mit der Kirche steht, daß sie, die Kirche, die Gemeine
der Gläubigen und deren Sache vertheidige und nach
Vermögen die Ungläubigen herüberziehe. Man spricht:
Wozu ist's nöthig, daß wir unsre Noth erst Gott vortragen? Christus spricht selbst, Matth. 6, 32., Euer
himmlischer Vater weiß, daß ihr deß alles bedürfet! —
Stehet nicht mehr da? Wissen und Wollen ist doch
zweierlei. Daß Gott auch wolle thun, wie er weiß,
daß uns nöthig sei, dazu sollen wir ihn bewegen durch

unser Gebet. Ihn bewegen durch unser Gebet, spricht
man, das ist eine unwürdige Vorstellung. Nun, wenn
ihr würdiger lehren könnt, als die Bibel gelehret hat,
die weiset uns sonst auf Abraham, 1. Mos. 18, wie
der doch Gott zu bewegen suchte und der Allmächtige
ihm Gehör gab — oder ich lege das Wort Christi
vor, wo er durch ein Gleichniß lehrt, daß man
allezeit beten und nicht laß werden sollte, Luc. 18, im
Anfang. Dann: hat er uns nicht auf's Vaterunser gewiesen? und wie betete er selbst! Das sei genug; ich
setze nur hinzu: Wenn es sich denken ließe, daß Gott
das Bitten verboten hätte, jeder Fromme hielte dann doch
die Sünde der Uebertretung so vieler guter Gedanken
alltäglich Gott vor. Allein haben diejenigen denn mehr,
spricht man, die um Gottes Segen bitten? sind sie
reicher, zufriedner, glücklicher? Ja, das sind sie! Sie
haben mehr, welche ihr Gut auf Bitte von Gott er-
langt — ich sage: haben ihr Gut; von denen, die
nicht beten, muß man sagen: das zeitliche Gut hat sie,
hält ihr Herz inne, hält ihre Seele besetzt. Auch haben
sie mehr, wenn es auch weniger ist nach der Zählung;
denn was die Beter haben, jegliches hat das pretium
affectionis d. h. den besondern Werth einer lieben
Hand und eines theuren Andenkens, es ist ihnen ein
Gottesgeschenk. Das ist, was sie glücklicher macht, zu-
friedener, reicher. Da kann Jemand lange beten, spricht
man, wenn er nicht arbeitet, so bekommt er doch nichts.
Ein nichtiger Vorwurf; denn wer betet, der arbeitet

auch, es öffnet die Augen, wo zu thun ist, es erfüllet das Herz mit freudiger Lust, an die Arbeit zu geben, daher auch Luther gesagt: Gut gebetet ist halb gearbeitet, es gießt in jede Ader Leibes und der Seele die Kraft der Beharrlichkeit. Wir geben den Einwurf zurück: Da kann Einer noch so lange arbeiten, wenn er nicht betet, bekommt er doch nichts. Nehmen kann der, was Andre liegen lassen, an sich reißen und raffen, was Andre als eine Sünde scheuen. Und wer weiß, wozu es ihm in's Haus gegeben ist, ob als Wohlthat oder als Strafe — als Segen nimmermehr; denn der liegt mit dem einen Ende gebunden an Gottes Hand und mit dem andern Ende an unser Gebet, er will erbeten sein.

4) Und mancher Beter empfängt mehr, als um was er gebeten hat. Sehen wir in's Evangelium oder vielmehr, durch das Evangelium gewiesen, auf jenen Vorgang, den es beschreibt. Schaffet, daß sich das Volk lagere. Eine nicht kleine Zahl, es waren bei viertausend Mann. Sie zu sättigen mit dem geringen Vorrath, das war die Absicht und das Gebot des Herrn, aber es geschah mehr, es blieben noch sieben Körbe übrig. Sehet, so wunderreichlich kommt zuweilen der Gottessegen! Was lieget zu unserm weitern frommen Nachdenken daran? Einmal dieses, daß wir schätzen selber, wie viel, wie wirklich sehr und wunderreichlich uns von Gott gegeben sei. Jagt darum den alten Feind weg, der immer kommt, uns in solcher Betrachtung zu

stören, darein redet von seinen natürlichen Ursachen.
O, was ist hier Natur? Es ist alles Gnade für den,
der von der Höhe des Glaubens herab die menschlichen
Dinge ansieht! Was ist Menschenwerk? Es ist alles ein
Gotteswerk und ein Wunder, und kein Unterschied dazwischen, es fließt in einander zu Einem breiteren Strom,
wie zwei Bäche aus verschiedenen Quellen, die unter
der Erde d. h. verborgen dem gewöhnlichen Blick wie
aus Einem Urquell entspringen. Gott hat uns Allen
wunderreichlich gegeben. Ich rufe euch weg von dem
Tisch, auf dem die leibliche Speise steht, haben wir
nicht vielleicht schon zu lange dabei verweilet? Noch
Eins lasset mich sagen davon: Wer mit Gebet und
frommen Gedanken Mahlzeit hält, der empfänget ein
zwiefaches Brod, das leibliche zur Erhaltung des Leibes;
und die Vorstellung: das giebt ein gütiger Vater mir!
das lässet er mich gesund genießen, um diesen Tisch hat
er gepflanzt als Oelbäume meine Kinder — oder was
sonst die Andacht mit sich führt, das ist das geistliche
Brod zugleich, das Jesus meinte, wenn er sagte,
Joh. 11, 32., Ich habe eine Speise, da wisset ihr
nicht von; die höhere Speise nach sacramentlicher Art,
dazu das Gebet, welches ich eher gehört: Komm, Herr
Jesu, sei unser Gast und segne, was du uns bescheeret
hast. — Aber ich wollte euch abrufen von diesem
Speisetisch nach eurem Arbeitstische, zu verstehen in
euren Beruf: was euch da Gutes widerfährt und von
welchem Segen ihr darin begleitet seid. Hier sind so

Manche, deren näherer Beruf es ist, für das Wohl
Anderer in geistlicher, rechtlicher, bürgerlicher Hinsicht zu
wirken: Wir, schwache Menschen, was können wir?
Je mehr wir ausrichten, desto klarer wird uns die Erkenntniß, daß wir's nicht sind, daß Gott es ist mit
uns, durch uns, der solches thut; je höher unser Verdienst steigt nach dem Urtheile der Menschen, desto kleiner
wird es nach unserm eignen Urtheile, immer geringer unser
eigener Antheil, — so daß wir zuletzt nichts weiter wollen,
als Gott mit uns machen lassen, und wir ausrufen mit
David, Ps. 115: Nicht uns, Herr, nein, nicht uns, deinem
Namen gebührt die Ehre. Ich denke mir einen Jugend-
lehrer, der eine Zahl Kinder um sich hat und seit
Jahren um sich gehabt hat, die er gewiesen auf den
rechten Weg zu Gott und gestärkt durch das fromme
Wort seines Mundes — welch' wunderreichlicher Gottessegen auf einem solchen Manne ruht. Ein Andres, das
wir daraus lernen, daß Gottes Segen oft wunderreich
kommt, ist, daß wir um so stärker Vertrauen
fassen zu ihm. Er ist der reiche Mann und giebt
sich nimmer arm; Menschen müssen geben nach ihrem
Vermögen, er nach seiner Allmacht aus der ewigen
Fülle immerdar. Seinen Freunden giebt er's schlafend,
heißt es Ps. 127. Welcher ist sein Freund? Fasset
das Wort, Hohel. 5, 2: Ich schlafe, aber mein Herz
wachet. — Wo das Herz, wenn auch der müde Leib zur
Ruhe gesunken ist, von dem letzten Gebete, mit dem sich
der Fromme Gott befohlen hat, noch hin zu ihm steht,

— der ist ein Freund Gottes, dem giebt er's schlafend, für den arbeitet Gott fort, wenn er das Werk niedergelegt, und schaffet Gedeihn über des Menschen Erwarten; da kann Gott das Segnen nicht bleiben lassen, und sollt' er den Segen legen, wenn sein Freund noch kein Gefäß hat, auf einen andern Mann, — wie bei Joseph auf Potiphar. Und hier steht Beides immer in gleichem Verhältnisse: je weniger du haben willst, desto mehr bekommst du — denke an Salomons Gebet —, je ärmer du bist an Vertrauen zu dir selbst, auf die eigne Kraft, desto reicher ist Gott mit seiner Gnade da, desto näher mit seines Segens Macht, je schwächer und kleiner du, desto stärker und größer Gott, je tiefer du die Ebbe deiner Armuth gehn lässest, desto höher läßt Gott die Fluth seiner Segnungen steigen und macht dich zu einem Wunder vor Vielen, dich selber zu einem Haushalter seiner Gnade für die Brüder.

5) Auch die Kunst der Haushaltung mußt du lernen und üben, mein Christ. Wie wunderreichlich auch Gottes Segen kommt, will er doch, fünftens, sorgfältig bewahrt sein: „und hoben die übrigen Brocken auf", erzählt der Evangelist. Ebenso heißt es in dem Evangelium von einer andern wunderthätigen Speisung, am Sonntag Lätare: Sammelt die übrigen Brocken, daß nichts umkomme. Hier tritt eine solche Seite der Sparsamkeit hervor, meine Zuhörer, dieser wirthschaftlichen Tugend, daß von ihr auch auf der Kanzel, die sonst nicht alles verträgt, die Rede sein

kann. Es ist diese Seite: weil das zeitliche Gut eine Gottesgabe ist, sollst du es ehren als solche, und, wie sich's gebührt, mit ihr zu Werke gehn. Wohl darfst du denken: o, es hat Gott noch viel mehr, er kann ja wiedergeben alle Tage, darum will ich, was er mir giebt, auch nicht an mich halten; ich habe seinen Segen, darum will ich ausstreun mit vollen Händen davon und nicht achten auf Kleinigkeiten. Recht also, der Christ muß der größte Verschwender sein; nur daß er's sei, um Gutes zu stiften durch seine Mittheilungen, allerlei nützliche Werke zu fördern auf Erden, Menschen zur Freude und Gott zu Ehren; zunächst möge er die Hungrigen speisen und die Nackten kleiden, als wonach auch Christus fragen wird an jenem Tage, ob wir's gethan. Nun, in solchem Werke achten wir nicht auf Kleinigkeiten, wir geben aus fremdem Gute; Herr, wir geben von dem Deinen, heißt es im Gesang 773. Von der andern Seite soll der Christ auch der genaueste Wirth sein, als der keinen Schilling unnütz ausgiebt — wir haben bald das Evangelium vom ungerechten Haushalter — und immer denken: ob Gott mich segnen werde fortan, ebenso reichlich wie bisher, das weiß er und das weiß ich nicht. Vielleicht will er mich führen in eine Wüste: sei's, daß mich die Pflicht ruft und ein unwiderstehlicher Trieb, den er geweckt, bei dem die Sorge für das Zeitliche muß vergessen werden, gleichwie das Volk aus Liebe zum Worte Christi auf sein leibliches Bedürfniß zu achten vergaß — o, die schöne

Vergeßlichkeit! — oder daß Gott mir seinen Segen
entzieht eine Weile, nachdem seine Weisheit gefunden,
es sei genug für mich, wenn ich's nur wollte zu Rath
halten. Denn nicht immer speiset Gott an vollen
Tischen. Warum läßt Jesus das Brod aufheben?
Einmal, weil sich gebührt, ehrerbietig mit Gottes Gaben
umzugehen, dann, weil eine Brosamenzeit kommen kann,
daß man in derselben noch habe ein Weniges, um nicht zu
verschmachten, daß ein Geringes vorhanden sei, daran Gott
seinen neuen Segen dann knüpfen könne. O, wie Viele
haben das aus der Acht gelassen und Gottes Segen ver-
geudet, meinend unbefugt, er höre nie auf und sie waren
am Ende damit noch lange vor ihrem Ende. Das gab
denn ein trauriges Alter, hätten gern die Brosamen
gehabt, die in frühern Jahren von ihrem eignen Tische
gefallen; und hatten auch die nicht einmal. Solche
arme Menschen gehen allerwärts umher. Sie seien uns
eine wandernde Lehre und eine Erinnerung an Jesu
Wort: Sammlet die übrigen Brocken. Ihr zunächst,
die ihr Kinder habt, gebet auf solche Lehren Acht, und
höret noch einmal, was ich euch sagte an einem der
vorigen Sonntage: Sorget für eure Kinder, auf daß
der todte Vater ihnen gebe, was sie von dem lebendigen
Vater nicht haben können! Ich setze hinzu: Lasset
etwas zurück, damit man auf euren Sarg nicht eure
Schlüssel lege zur Erklärung, die brauche man nicht.
Wenn ihr mich aber fragt nach Grenze und Regel —
wie weit sollen wir gehen in der Sparsamkeit und wie

weit in der Wohlthätigkeit? — eine Regel weiß ich
nicht; sucht ihr sie auch nicht, der fromme Sinn trifft's
schon. Das höhere Leben, das wahre Christenthum ist
erhaben über das Regelwerk und vernimmt allzeit, ich
möchte sagen, unmittelbar, was dermalen recht und vor
Gott wohlgethan sei.

„Und er ließ sie von sich“. Gehen auch wir, meine
Brüder, die wir ebenfalls bei Christo sind Gäste gewesen. Nehmen wir sein Wort mit! Ob unser Leben
uns auch erscheine als eine Wüste, wir sind versorgt!
Und ob uns, Entbehrenden, die drei Tage auch noch so
bald nicht um sind, wir sind doch auf diese Fälle versorgt.
Sing', bet' und geh' auf Gottes Wegen, Verrichte
treu, was er gebeut, Und so erwarte seinen Segen
In kindlicher Zufriedenheit. Denn wer zu seiner Zuversicht Ihn wählet, den verläßt er nicht. Amen.

Am zehnten Sonntage nach Trinitatis 1845.

Gef. 652. Nach dir verlangt, o Mittler, meine Seele.

Am vorigen Sonntage stand im Terte: Was hülf's dem Menschen, wenn er die ganze Welt gewönne und nähme Schaden an seiner Seele; oder was kann der Mensch geben, daß er seine Seele wieder löse? Die wir allesammt den einen oder andern Schaden genommen haben, wir haben doch einen Trost: Wir sollen nicht verloren werden, Gott will, uns soll geholfen sein. Denn, dazu kam sein Sohn auf Erden Und nahm den Himmel siegreich ein, Und spricht durch seinen Geist uns zu: Kommt her zu mir, bei mir ist Ruh'!

Das thut sein ewiges Erbarmen, Das allen unsern Schaden heilt, Wodurch er uns mit offnen Armen, Uns zu befrei'n, entgegen eilt, Weil ihm sein Herz vor Mitleid bricht, Wir kommen oder kommen nicht.

Unser Gesang vorher und dieser genommene Predigtanfang, sie beide lassen wieder eine Predigt erwarten, die recht auf das Christenthum, auf das schriftmäßige,

kirchliche · und erfahrungsmäßige Christenthum zugehet.
Mag's so auch nicht Allen recht sein, giebt es auch unter
euch deren, die lieber aus der allgemeinen Religion, wie
man ein gewisses Ding nennt, einen Vortrag höreten:
nein, ich will kein Verschweiger der Wahrheit sein und
will nicht als ein Fälscher des göttlichen Wortes mit
diesem Worte vor euch stehn. Flachs lässet sich in die
Heede hecheln, das soll dem Text nicht widerfahren
durch meine Ungeschicklichkeit oder durch meinen Muth-
willen. Behüte mich Gott davor! Wahrlich, um so viel
willkommener sind mir diejenigen Texte, darin so viel
Christenthum ist und wohl noch mehr, als in unsern
altüblichen Sonntagsevangelien, je mehr es gegenwärtig
eine Zeit in der Christenheit ist, bestimmter, in der
evangelischen Kirche, die ganz vornehmlich Lehre, Zeugniß, Bekenntniß, Vertheidigung des Christenthums. drin-
gend fordert. Was von Anfang an, so lange ein
christliches Glaubensbekenntniß in der Welt gewesen ist,
so lange Kinder und Erwachsene getauft worden sind,
wie viele Spalten und Risse und getrennte Kirchen auch
entstanden sind, doch als Christenthum gegolten und
sich behauptet hat, sammt der Quelle, daraus die Lehre
nach der Apostel Zeiten geschöpft ist, aus der die Lehre
stets gereinigt ist, mit der sie sich allezeit wider An-
griffe gestärkt hat, die heilige Schrift: das wird verworfen in unsrer Zeit von einer namhaften Prediger-
zahl und von mehreren tausend Laien. Das Feld wird

weiß zur Erndte; allein es wird, noch ehe die Erndte
anfängt auf dem Felde des kirchlichen Lebens, auch bei
uns ein Aufruf ergehn und ein Zusammentreten geschehn: „Wir haben das alte Glaubensbekenntniß abgethan, kommt ihr Brüder, und werdet frei, gleichwie
wir's sind." Das komme oder das bleibe aus, wir
lassen uns nicht im Schlafe finden. Männiglich soll man
wissen, was verworfen wird, wenn das Christenthum
verworfen wird; alle Schwachen sollen gestärkt, alle
Schwankenden befestigt und alle Festen noch mehr
befestigt werden; wie denn damit in Zeiten auch, da
solche Gefahr eben nicht ist d. h. zu jeder Zeit, etwas
Heilsames gethan wird. Unser theures Christenthum
kann nimmer zu wohl gekannt werden, nimmer zu viel
geprediigt werden. Der Text stehet:

Luc. 19, 1—10. Und er zog hinein und ging durch Jericho. Und
siehe, da war ein Mann, genannt Zachäus, der war ein Oberster der
Zöllner und war reich, und begehrete Jesum zu sehen, wer er wäre,
und konnte nicht vor dem Volk; denn er war klein von Person. Und
er lief vorhin, und stieg auf einen Maulbeerbaum, auf daß er ihn sähe;
denn allda sollte er durchkommen. Und als Jesus kam an dieselbige
Stätte, sahe er auf, und ward seiner gewahr, und sprach zu ihm: Zachäe,
steig' eilend hernieder; denn ich muß heute zu deinem Hause einkehren.
Und er stieg eilend hernieder, und nahm ihn auf mit Freuden. Da sie
das sahen, murreten sie Alle, daß er bei einem Sünder einkehrete. Zachäus aber trat dar, und sprach zu dem Herrn: Siehe, Herr, die Hälfte
meiner Güter gebe ich den Armen, und so ich Jemanden betrogen habe,
das gebe ich vierfältig wieder. Jesus aber sprach zu ihm: Heute ist
diesem Hause Heil widerfahren, sintemal er auch Abrahams Sohn ist.
Denn des Menschen Sohn ist gekommen, zu suchen und selig zu machen,
das verloren ist.

Soll der ganze Text die Predigt werden, wie wir zu thun pflegen? oder nur ein Wort aus demselben, was ja auch geschieht? Es findet sich in demselben ein Wort, um das sich ziemlich alles Andre stellt; nehmen wir das, bewegen wir das und heißen das Thema so:

Die Bewegung des Worts Jesu: Steig' eilend hernieder; denn ich muß heute zu deinem Hause einkehren. Die mehrfältige Bewegung dieses Worts sei diese:

1) Ob Jesus überall noch spricht, Anderes und Dieses.

2) Er spricht Dieses zu einem Aufgestiegenen; — suchen wir auch eine Höhe!

3) Nicht Stand, Alter, Reichthum, nichts soll uns abhalten, es zu thun.

4) Wer ist hinaufgestiegen und sitzt schon lange da?

5) Nun, seine Zeit hat Christus; doch kommt er, sieht auf und ruft hinauf,

6) Dann aber sollen wir auch eilend herniedersteigen,

7) weil er nicht in den Baum hinauf unser Heil ruft, sondern er will es in unser Haus bringen.

1) Welches Falles nach dem Terte Zachäus war — er hatte Jesum noch nicht gesehen — des Falles sind auch Viele in unsern Tagen, sie haben ihn noch nicht gesehen, haben lange und viel von ihm gehört, doch ihn noch nicht gehört und gesehen. Zachäus bekam ihn zu sehen, hörte sich gerufen, angerufen von ihm; — wir bewegen unser Textwort mit der Frage, ob Jesus überall noch

spricht, Anderes und auch wohl dieses noch spricht?
Was Glaube, was Christenthum sei, läßt sich auf viele
Weisen sagen, hier sagen wir auf diese Veranlassung so:
Rechter Glaube an Christum, wahres Christenthum
spricht: Christus spricht noch, Anderes, auch Dieses;
— und Unglaube, falscher Glaube, falsches Christenthum
scheidet sich ab, stellt sich besonders dar in diesem Punkte
und spricht: Christus spricht nicht dieses, noch Anderes;
er spricht gar nicht mehr. Sie nennen es noch Christenthum, die das Letzte denken, und haben also nur von
Christo Hinterlassenes, welches ist seine Lehre, wie viel
sie eben von der gelten lassen, seine Geschichte, so weit
sie ihnen nicht zu Fabeln und Mythen gemacht wird,
und in seiner Geschichte sein Beispiel, wohin dasselbige
auch paßt, und nicht zu unsern ganz andern Lebens-
verhältnissen. Das giebt denn ein Christenthum, wenn
wir es mit ihnen so nennen wollen, das unser
Herr Jesus Christus im ersten rohen, mangelhaften
Entwurf in die Welt gebracht hätte, daran die Menschen denn fortarbeiten, fortbilden, formen und wieder
umformen könnten, daß vielleicht von dem Ursprünglichen
kaum noch etwas bleibet, am wenigsten Christus, die
Person darin bleibet, noch gegenwärtig bleibet. Christen,
das ist unser Christenthum nicht. Wir haben einen
allzeit und überall gegenwärtigen Christum, der in eben
dem Werke begriffen ist, das unser Text an seinem
Ende nennt: suchen und selig machen, das verloren ist;
der, wie er einst durch Jericho gegangen ist, immer

noch durch jede Statt, durch jeden Ort gehet, wo er
eine Verkündigung hat, und thut noch allezeit innerlich
und geistlich, was er in den Tagen, als er sichtbar auf
Erden ging, äußerlich und leiblich gethan hat: ruft,
heilt, hilft, tröstet, weckt, bewahrt, holt Irrende her,
richtet Gefallene wieder auf, erfreut und segnet die
Seinen. Und was er sagt, wird erfahren, er kommt, angerufen und auch unangerufen, wie er es kann, denn er ist
Gott von Ewigkeit, und wie er es will, abermals,
denn er ist Gott, nicht der Gott, nicht ein Gott auch,
sondern wie er sich genannt und erwiesen hat: Sohn
Gottes! Gleichwie Gott sein Thun in der Schöpfung hat
und im Worte, so wirkt er im Christenthum ebenso, das
Christi Schöpfung ist, darin er Thun und Reden hat.
Auch ein Wort wie dieses hat er für dich: Steig'
eilend hernieder.

2) Hier spricht er zu einem Aufgestiegenen dieses
Wort; suchen auch wir eine Höhe, um Jesum zu sehen!
Die weitere Bewegung dieses Worts folge: Das ist
die Ursache, weshalb Viele Jesum nicht zu sehen und
zu hören bekommen, in ihrem ganzen Leben nicht, weil
sie immer auf ebner Erde bleiben, und steigen um Jesu
willen, wenn er durch gehet, nicht auf einen Baum.
Zachäus hatte das Begehren; und klein von Person,
wie er war, stieg er deshalb auf einen Baum, wo ihm
noch mehr, als er begehrt hatte, geschah: er hatte nur
sehen wollen, aber er wurde gesehen und angeredet.
Sei's uns gegebene Lehre, daß wir auch so thun.

Bleiben wir nicht unter dem Volk, trennen wir uns
von dem Haufen, der uns nichts sehen läßt, sind wir
auch nicht gerade klein, sind Andre doch größer; laufen
wir voraus wie Zachäus, und thun wir wie der. Ach,
immer beim und im und unterm Volk bleiben, da es
dick stehet, das führt zu nichts. Was wollen wir aber
die Höhe nennen, zu der hinan wir steigen sollen, den
Maulbeerbaum? Ich nenne zwei für einen. Der eine
Baum ist das Gebet. Was ist uns geläufiger zu
sagen von diesen beiden: Wir werfen uns zum Gebet
nieder? oder, wir erheben uns im Gebet? Ich denke,
Eins ist uns so geläufig in unsern Gedanken, wie das
Andre. Nun, dann kennen wir das Gebet ja als eine
Höhe, als einen Baum, in den wir steigen. Werd' es
denn gethan. Beten wir: O Jesu Christ, du bist der
allzeit Gegenwärtige und Vorübergehende, meine Seele
begehret dich zu sehen und, so du wolltest, auch von
dir gesehen zu werden, bin ich auch nicht Abrahams
Sohn, wie Zachäus es war, so trag' ich deinen Namen
doch und bin ein Christ genannt, komm' und mache
mich zu einem Christen; ich meine, ich muß dich sehen,
brauche nur dich einmal zu sehen, siehe darum, du Wan-
delnder, auf zu mir. Eine andre Höhe, ein anrer
Baum, wohin werd' ich weisen? Es ist ganz nahe.
Dies hier, unsre Versammlung, unser Werk hier. Ja,
sag' ich, nicht allein ist Jericho hier in dieser Stunde,
sondern wer seine Seel' in die Andacht giebt, als wenn
ihm allein geprediget würde, hat an dem Worte Lust

oder möchte Lust daran haben, der ist weggegangen aus dem Volk seiner anderweitigen Gedanken und sitzt allein auf dem Zweig eines frommen, christlichen Begehrens, derselbige thut, was Zachäus, und erfährt, was Zachäus.

3) Weil er klein war, stieg er auf einen Baum. Ach, wenn die Menschen sich nicht so groß von Person wüßten, als die alles übersehen, in alles hineinsehen, über allen Parteien stehen, können sich selbst alles schaffen, auch den Glauben, die Religion und bedürfen Christi nicht, der vor dem Volk gepredigt; denn Jeder selbst dünkt sich ein Christus, ein Gottmensch. Freilich, bei denen trägt sich nichts zu von demjenigen, was wir predigen. Sie wissen sich in einer Höhe, auf einem Baum, wir lassen sie und sagen: Sie sind im Traum. Dagegen, meine lieben Zuhörer, vor denen ich mit meinem Zeugnisse von Christo steh', ich weiß unter euch Einige, möchten es Mehrere sein, als von denen ich es weiß, die ein Verlangen haben, Jesum zu sehen, nur daß sie doch nicht darum auf einen Baum steigen. Klein finden sie sich, zuweilen sehr klein, aber dann ist's Alter, dann ihr Stand, dann ist's ihr Reichthum, der sie abhält vom Aufsteigen. Zachäus ließ sich durch nichts abhalten. Knaben, junge Leute klettern auf die Bäume, er war ein Mann; Leute vom Pöbel thun es, er war ein Oberster der Zöllner, und angesehn wie er durch Alter und Stand war, so war er's auch durch sein Vermögen, er war reich. Das alles aber hielt ihn nicht ab. Lasse sich Keiner abhalten, was auch es bei ihm ist, das ihm abhält.

Allwenn es in seiner Seele aufkommt, wie es denn zugeht mit einem solchen Aufkommen in seiner Seele: Du hörest doch so viel von Jesu, was er thue bei dem und dem wissen, die nicht genug von seiner Gnadenmacht, an ihnen gezeigt, zu reden, zu rühmen. Gehe denn auch einmal nach ihm aus, steig' auf den Baum, daß du ihn siehest. Laß die Leute sprechen: Der Alte will sich noch bekehren, der vornehme Mann will noch vornehmer werden und seinen Standesgenossen ein Exempel geben oder, ihn muß etwas drücken, eine geistliche Armuth bei seinem leiblichen Reichthum oder ein Körperliches bei seinem äußerlichen Wohlsein, — was es denn auch ist, das sie sagen, dies oder Andres; Zachäus ließ sich auch nicht abhalten, eurer Keiner lasse sich abhalten!

4) Wir bewegen aber das Wort des Herrn, und bringen es hiernach, viertens, zu denen hin, welche schon vor längerer Zeit auf den Baum gestiegen sind und sitzen da, harren aber vergeblich auf einen Blick und auf ein Wort von Jesu. Ja, Zachäus hat nicht lange geharrt, das ist wahr. Aber den Harrenden ist zu sagen: Seid ihr denn auch auf dem Baum des rechten Begehrens? Da haben wir auch ein biblisches Exempel von einem nicht rechten. Herodes hatte längst begehrt, Jesum zu sehen, denn er hatte viel von ihm gehört, hoffte, er würde ein Zeichen von ihm sehen; er bekam aber weder Zeichen, noch ihn zu sehen, denn, — es ist allgemein richtig — wer kein Zeichen von Jesu sieht, der sieht auch ihn nicht und bekommt ihn nicht

zu hören. Herodes fragte ihn mancherlei, Jesus aber antwortete ihm nichts, sah ihn vielleicht nicht einmal an. Hiernach prüfe Jedermann sein Verlangen, ob es auch rechter Art sei, reiner Art. Indessen, wir sind nicht hart: es kann das Verlangen rechter, reiner Art sein, und wird doch nicht alsbald befriedigt; es kann so stark sein, wie es immer bei Zachäus gewesen sein mag und in seiner Art noch reiner, nämlich, Christum wirklich als den Heilbringer, Lebengeber, Sündenvergeber, Hader- stiller, Friedebringer — du Stiller unsers Haders wird in „Allein Gott in der Höh' sei Ehr'" oftmalen hier gesungen — zu sehn, und auf wem ein leibliches Kreuz lieget, daß seine mächtige Hand es leicht mache, — seht, Lieben, das kann bei unser Einem sich wirklich finden, wie das bei ihm sich ja nicht fand, wir sitzen auf dem Baum und harren, daß er komme, aber er kommt nicht und sieht nicht auf. Was ist das?

5) Nun, seine Zeit hat er, doch kommt er, sieht auf, spricht hinauf, wie er hier that. Dessen können wir gewärtig sein mit aller Gewißheit. Wie er nicht alle Tage durch Jericho ging, so dürfen wir nicht erwarten, daß er eben zu uns komme, wenn uns ver- langt, ihn zu sehen. Trauen wir ihm zu, er weiß die rechte Zeit. Wer hat ihm gesagt, da säße eine red- liche, ihn begehrende Seele auf dem Baum? Er weiß wohl, was im Menschen ist, Joh. 2 im letzten. Aber aus bleibet er nicht, denn bei ihm findet sich ein Muß. Ich muß, spricht er, ich muß heute. O, das ist der

gar köstlichen Worte Christi eine, das er hier spricht:
Ich muß, heute. Also auch eine Nöthigung seinerseits,
wie es liegt in dem zu Anfang gesprochenen Gesangvers: Weil ihm sein Herz vor Mitleid bricht, wir
kommen oder kommen nicht. Hat er ein mitleidiges
Herz für die Nichtkommenden, wird es ja nimmer für
die Kommenden fehlen. Die um seinetwillen auf den
Baum steigen, sind ja die Kommenden, Gekommenen.
Brüder, welch' ein Trost! Da sind ja Etliche hier, denen
heute das Heute, das Jesus spricht mit dem Muß dabei,
recht erwünscht wäre, doch kann ich nur sagen, aus
bleibet er nicht, er sieht hinauf und spricht hinauf.
Ich muß, denn sein Verlangen ist gar stark. Ich
muß, denn seine Noth um mich ist gar groß. Ich
muß, denn ich habe jetzt seinen Glauben bewährt gefunden. Ich muß, denn länger ihn warten lassen,
das würde ihn zur Verzweiflung bringen, ich muß zu
ihm: Steig' eilends hernieder, ich muß heute zu deinem
Hause einkehren.

6) Dann aber sollen wir auch eilends herniedersteigen. Zachäus that es. Was will uns das sagen:
Steig' hernieder? Wenn wir nicht auf dem Baum des
rechten Verlangens säßen, so verstände sich das Wort
leichter, aber wir nehmen an, Jemand findet sich auf
dem rechten Baum. Dann heißt das Wort soviel als:
Du sollst den ansehen, der dich ansieht, sollst antworten
dem, der zu dir hinaufruft, sollst zu dem kommen
glaubens- und vertrauensvoll, der mit solchem Blick

und Worte bis so weit zu dir gekommen ist d. h. Du
sollst glauben, bis du siehest. Und wie wir uns nicht
sollten vom Aufsteigen abhalten lassen, so soll uns auch
am Hinabsteigen nichts hindern, kein Zweig oder eine
Einklemmung zwischen den Zweigen. Wir sollen nicht
zweifeln, ob's auch der rechte Jesus sei, nicht fragen,
was er uns denn wolle, nicht Scheu haben, so wie wir
da sitzen, vor ihn zu treten, als geziemete sich's nicht
vor diesem Herrn und wir müßten uns zuvor noch zube-
reiten. Dies, Solches, wie sonderbar es auch ist, hat
sein Vorkommen unter den Christen und gar nicht
selten. Es ist der Glaube, der' noch im Unglauben
steckt, es ist der Unglaube, mit welchem der Glaube
noch behaftet ist, der uns sprechen läßt: Ich muß Jesum
noch deutlicher sehen, er muß mir dies noch einmal
sagen. Zachäus ließ es sich nicht zweimal sagen. „Und
er stieg eilend hernieder und nahm ihn auf mit Freuden.“
So wir auch. Er kam eher herunter als hinauf. Wir
lesen nicht, daß er eilends hinaufgestiegen, aber eilend
herunter, das steht da. Machen wir's auch so, und frisch!
sei es auch mehr ein Hinabfallen als ein Hinabsteigen.

7) Was soll denn noch mehr geschehen? Ist's
nicht genug, daß uns Jesus gesehen und zu uns gesprochen hat? Nein, nicht dahinauf ruft er das Heil,
sondern er will es in unser Haus tragen. Das Haus
bedeutet die größere Nähe, die nähere Erklärung im
längern Verweilen und ein Vertheilen des Guten, was
der Besuch bringet, an Mehrere. Zachäus im Baum,

Christus an der Erde, nicht so, Christus will zu ihm in's Haus treten, so will er bei uns auch einkehren. Was wird geschehn, wenn er bei uns im Hause ist? Da kommt Gespräch und Rede. Zachäus spricht von sich, wie er mit seinen Gütern es mache und wie in den Fällen, da er Jemand Unrecht gethan, betrogen habe. Christus tadelt es allerdings nicht, allein er spricht auch keine Silbe Lob. Es kommt diese Rechtschaffenheit, sowie diese Mildthätigkeit nicht in Betracht, er hört es, als hörte er's nicht, sondern spricht: Heute ist diesem Hause Heil widerfahren; — mit diesem seinen Erscheinen darin und weil er ihn aufgenommen mit Freuden. Merken wir es uns! Man sollte denken, ein solches Haus bedürfe keines Christus, da fände sich so viel Gutes, daß ein Mehreres daselbst überflüssig sei. Nein, nicht vorhin war in diesem Hause das Heil, sondern nun erst, heute. Glückliche Häuser, die ein solches Heute in ihrer Hauschronik haben, einen Tag, an welchem Jesus eingekehrt ist. Die sind gerettete, beseligte Häuser. Des Menschen Sohn ist kommen, zu suchen und selig zu machen, das verloren ist: Was ist das gesagt! Müssen wir davor nicht stutzen! Also Zachäus, denn der ist es doch wohl und zu allernächst, dieser Mann ist verloren und sein Haus ist verloren, wenn nicht Christus dahinein kehrt: Ja, das ist es, das ist er, verloren; denn Christus ist allein das Heil, da er hinkommt und wenn er aufgenommen wird, wie von Zachäus, mit Freuden. Fahre zurück hiervor, wer nicht

davor Stand halten kann, und wähle sich ein andres
Christenthum, einen andern Christum, als diesen, der
so spricht. Ich habe ja nicht gesprochen, sondern es
ist sein Wort. Darum sollen wir zuerst aufsteigen,
um Jesum zu sehen, und dann herabsteigen, um ihn
in's Haus zu nehmen, auf daß wir nicht verloren gehn,
sondern selig werden mit unsern Hausgenossen, wenn
diese, was seinen Anfang hat bei einem, das weiter lassen
ausgehn, ausstrahlen über sich und in ihre Seelen
eingehen.

Der Text ist zu Ende und die Predigt auch. Nur
werde ihr Ende noch an ihren Anfang geschlossen so:
Das ist das Christenthum heutiger und allzeitiger Verkündigung. Lassen wir sie kommen mit ihrem andern,
wie sie uns drohen. Da Christus eingekehrt ist, werden sie ihn nicht austreiben, und möge Satan es anfangen, wie immer er's wolle. — Amen.

Am elften Sonntag nach Trinitatis 1847.

Ges. 493 v. 1—6. Es kommt das Heil allein von Gott 2c.

Wollet, was ihr zum Theil auch ohne Erinnerung thun würdet, diesen Gesang in einer späteren Tagesstunde bis zu Ende lesen. Daß wir ihn ganz singen, läßt seine Länge nicht zu, am wenigsten heute da Einige von uns gerufen sind zu einem andern Gottesdienst nach diesen Vormittag. Es ist seit jeher viel gehalten auf diesen Gesang und mit Recht; denn er ist ein Glaubensbekenntniß unsrer lutherischen Kirche, einer Predigt gleich, die einen Text hat, und dieser Text ist der Spruch Röm. 3: So werden wir nun gerecht ohn' des Gesetzes Werk, allein durch den Glauben. Jene mit unsern Singen gehaltene ist aber hier bei dem sechsten Verse, weil derselbe sich an unsern heutigen Text anschließt, an dessen letztes Wort, das Christus spricht und von sich: Des Menschen Sohn ist kommen, zu suchen und selig zu machen, das verloren ist. Die letzten gesungenen Worte heißen: Wer an dich glaubt und ist getauft, dem ist die Seligkeit erkauft, der nur geht nicht verloren.

Der nur, nur? Was geschieht denn Allen, die nicht glauben? Ein Prediger zur Reformationszeit, Speratus, hat den Gesang gemacht, den Mann kennen Wenige, bekannt aber ist Jesus Christus, und bekannt ist, wer dieser ist, derselbige hat nicht anders gesprochen und hat nicht bloß das schon angeführte Wort, sondern vielmal ganz so gesprochen; unsre Kinder lernen es schon im Katechismus — daß ich nur dies noch dazu gebe: Wer da glaubet und getauft wird, der wird selig werden, wer aber nicht glaubt, der wird verdammet werden. Fleisch und Blut beben vor solchem Worte zurück, Herz und Verstand kehren sich um, dahinan nicht könnend; sie müssen aber dahinan, schlechterdings, wenn Etwas, das aus seinem Munde gegangen, wahr bleiben soll, und wenn er selbst, ein über die Erde Gegangener und darnach zur Rechten Gottes Sitzender, bleiben soll. Darum, ob's auch wahr sei und ob sich's also verhalte, wie er gesagt hat, das ist keine Frage, darf's nicht sein; es finden nur die zwei Fragen Statt, die eine, die wir es vorigen Sonntag haben sein lassen: Wie kommt der Mensch zu Christo? was muß sich finden, was muß geschehen seinerseits? und haben nach Anleitung und Maßgabe des Textes geantwortet: Ein Begehren, ein Bemühen, ein Gehorchen, ein Aufnehmen, ein Geben und Wiedergeben. Die andre Frage, auf die wir heute antworten wollen, heißt: Wie kommt Christus zu dem Menschen? Hört verlesen diesen Text:

Luc. 19, 1—10. Und er zog hinein und ging durch Jericho. Und siehe, da war ein Mann, genannt Zachäus, der war ein Oberster der Zöllner und war reich, und begehrte Jesum zu sehen, wer er wäre, und konnte nicht vor dem Volk; denn er war klein von Person. Und er lief vorhin, und stieg auf einen Maulbeerbaum, auf daß er ihn sähe; denn allda sollte er durchkommen. Und als Jesus kam an dieselbige Stätte, sahe er auf, und ward seiner gewahr, und sprach zu ihm: Zachäe, steig' eilend hernieder; denn ich muß heute zu deinem Hause einkehren. Und er stieg eilend hernieder, und nahm ihn auf mit Freuden. Da sie das sahen, murreten sie Alle, daß er bei einem Sünder einkehrete. Zachäus aber trat dar, und sprach zu dem Herrn: Siehe, Herr, die Hälfte meiner Güter gebe ich den Armen, und so ich Jemanden betrogen habe, das gebe ich vierfältig wieder. Jesus aber sprach zu ihm: Heute ist diesem Hause Heil widerfahren, sintemal er auch Abrahams Sohn ist. Denn des Menschen Sohn ist gekommen, zu suchen und selig zu machen, das verloren ist.

Hat uns das vorige Mal der Text die Antwort gegeben, thut er's auch heute. Heute die Frage so gestellt:

Wie kommt Christus zu dem Menschen?

1) Christus kommt nach dem Ort,
2) siehet und ruft den Menschen,
3) ladet sich ein bei ihm,
4) verkündigt ihm und seinem Hause Heil;
5) er gedenket's auch, weß Sohn Jemand ist.

Vorbemerkt, meine Lieben, werde dies, was auch in der letzten Predigt vorbemerkt worden: Es soll nicht gesagt sein, daß der Heiland nur auf diesen Wegen und diesen Weisen zu dem Menschen komme. Nein, er hat viele Wege, viele Weisen. Bei Pauli Bekehrung z. B. ging's anders zu. Diese aber sind nach dem Terte genannt, und mit Fleiß sind auch die Ausdrücke des Tertes beibehalten, was den Zuhörern gewiß auch ganz genehm sein wird. Und noch Eins laßt mich als noch vor der Thür der Predigt sagen, dies: Ich kenne kein Christenthum und lasse keins dafür gelten, bei dessen Entstehung in dem Menschen es nicht in solcher Weise zugeht, wo kein Verhältniß wie zwischen Mann und Mann eingetreten ist zwischen Christo und dem Gläubigen d. h. Christ Gewordenen. Die ihr heute vor dem Worte sitzet, wie verschieden auch, das muß eure Aehnlichkeit und eure Gemeinschaft unter einander sein, sein oder werden, wenn ihr mit Wahrheit Alle wollet Christen geheißen werden.

1) Christus kommt nach dem Ort, da Jemand wohnet. So kam er, ging er durch Jericho, da Zachäus war. Freilich, der Mensch soll auch hingehn, da Christus ist, im Begehren nach Christum, gleichwie der Genannte; meistens ist das Christwerden eine Begegnung, der Mensch und Christus begegnen sich — habet dazu den Bibelausdruck, wie er im Gesang 419 gekommen ist: Begegnen deinem Gott — allein es gehet auch wohl zu, wie Jes. 65 steht: Ich werde gefunden von denen, die mich nicht suchen, und zu den Heiden, die meinen Namen anrufen, sag' ich: Hier bin ich, hier bin ich. Ja, so gehet's auch bei dem Kommen des Herrn zu unter uns. Er ist eben so wahr noch auf

der Erde, als er es je und je gewesen und nach seiner
Barmherzigkeit läßt er kein Land, keine Stadt, kein Dorf,
kein Haus unbetreten.   Wir reden von solchen Ländern,
da das Christenthum die Landesreligion ist, sprech' ich,
da Christus Feuer und Heerd hat. Ja, seinen Heerd
d. i. seinen Altar, auf welchen die Gläubigen ihr Bekenntniß legen, opfern, er aber zündet mit seiner Liebe
das Opfer an; da mittelst der Taufe, die sein Gebot
ist, er wie ein Kleid angezogen wird, da man singen
hört: Liebster Jesu, wir sind hier Dich und dein Wort
anzuhören, zu Pfingsten und außer dem Pfingstfest:
Komm, heil'ger Geist: daß wir nicht Meister suchen
mehr Denn Jesum Christ mit rechtem Glauben; dies
nennen wir und befassen Alles, was Christenthum heißt,
darunter und sagen dann: Wo dieses ist, daselbst ist
Christus, und wo ein solches Wort sich findet, nach dem
Ort ist er gekommen und an dem Ort ist er eben so
wahr, wie nach dem Text in Jericho. Kieler Gemeinde,
Kieler Stadt und Land, du hast bei dir, in dir den
Herrn. Ich will in seinem Gerichte dir gegenüber stehn,
sage von mir, was du willst, während ich hier unter
dir steh', und sage von mir in jenem Gerichte, was
du willst, eins fürchte ich nicht, nämlich daß du sagen
werdest: „Der Prediger hat uns Christum verschwiegen
und was er von Christo sprach, Richter, das warst du
nicht". Dagegen, Gemeinde, in vielen deiner Mitglieder
hast du mich an jenem Tage zu fürchten, daß ich mit
seinem Worte sage: Ihr habet nicht gewollt.

2) Weiter geht die Rede, nach Thema und Text, zur Antwort auf die Frage, wie Christus zu dem Menschen komme, und spricht zweitens so: Er sieht und ruft den Menschen. Das ist noch ein Anderes, als davon eben gesprochen ward. Hier handelt es sich um das Geheimniß des Evangeliums, um die Tiefen der Erwählung. Wir unterscheiden die Erwählung zwiefach. Die eine ist die geglaubte Erwählung; Gott will, daß a l l e n Menschen geholfen werde und zur Erkenntniß der Wahrheit kommen, 1. Tim. 2; und er hat uns nicht gesetzt zum Zorn, sondern die Seligkeit zu besitzen durch unsern Herrn Jesum Christum, 1. Thess. 5. Das glaubt jeder lutherische Christ. Die andre Erwählung ist die gewußte, zu verstehn, da etwas vorgegangen ist zwischen Christo und der Seele, irgend was, das eine Aehnlichkeit mit Sehen und Hören hat, gleichwie im Text hier, da Zachäus sich angesehen sah und gerufen hörte. Eben das geschieht aber zwischen Christo und der Seele jedes gläubig werdenden Menschen. Nennt's keine Schwärmerei, sich dermaßen mit und in Christo zu wissen. Wenn das Schwärmerei ist, so muß das Christenthum selbst Schwärmerei sein; denn ich habe noch mein Lebtag keinen Christen kennen gelernt, noch von einem gelesen oder gehört, der nicht hätte ein Zeugniß hierüber zu geben gehabt. Was mein' ich? Man nennt's: Angefaßt werden, eine innere Nöthigung spüren, sich wie in eine andre Welt versetzt sehen, ergriffen, erschüttert werden in seinem inwendigen

Menschen und nicht wohl anders können, als zufallen
und sich hingeben dem, von welchem eine innere Stimme
feierlich und heilig zeugt: Christus ist es, siehe, er
kommt zu dir. Es versteht sich, daß dies irgendwann
und irgendwo müsse vorgegangen sein. Christen, ob
ihr von dieser andern Erwählung etwas wisset, von
diesem Angeblicktwerden, Gerufenwerden? Zachäe und
wie Jemand heißt, Saul, Saul, Nathanael! Letzterer
sprach, Joh. 1: Woher kennest du mich? und Saulus
fragte: Wer bist du? Jes. 43. Ich habe dich bei
deinem Namen gerufen. Tiefer noch in die Sache
hinein führet uns, was Offb. 2 von dem neuen Namen
steht, was sich auch im Gesang 859 V. 5 findet: O,
dann ist ihr schon gegeben ihr neuer Nam' und ewig's
Leben. Wird's auch zu tief? Ich habe es nicht so
tief gemacht, Christus hat das gethan. Ich bezeuge bloß,
daß er so zu dem Menschen kommt,

3) so zu dem Menschen kommt, und drittens,
sich bei ihm einladet. Er lud sich bei Zachäus ein:
Ich muß heute zu deinem Hause einkehren. Lassen wir
die Rede sich auf dieses Wort als auf einen Wagen
setzen also: Ich muß. Einige hier erinnern sich wohl,
daß vorigen Winter eine ganze Zeit hindurch, die
Fastenzeit und Ostern noch mit, das Müssen uns die
Predigt gegeben habe. Hier ist wieder ein Muß. Das
ist seine Liebe, die es nicht zuließ, dich und mich un-
angeblickt, unangeredet zu lassen; zumal er auch ein
Begehren seiner bei uns wußte und unser Bemüh'n um

ihn sah, da brach sein Herz gegen uns und er mußte sich unsrer annehmen. Das ist gesprochen, wie vorigen Sonntag gesungen ist aus 495: O, solltest du sein Herz nur sehn, wie das sich nach den Sündern sehnet! und wie wir in der Passionszeit aus 250 singen: Unaussprechlich dürstet dich nach der Seligkeit der Sünder. Die Zeile vorher heißt: Solches ist zu hoch für mich. Eben fragt' ich: Wird's auch zu tief? Hier wird gesagt: Es ist zu hoch für mich. Lassen wir jenes zu tief und dieses zu hoch sein. Andre wollen, was seicht ist und was flach ist, wir nehmen dies und sagen: Die Tiefe deckt sich immer mehr vor uns auf, das Hohe kommt immer mehr zu uns herab, wenn wir nur Augen für jenes und Raum für dieses bei uns haben. Ich muß heute zu deinem Hause einkehren. So ladet sich Christus bei uns ein. Er kommt in unser Herz. Dem Zachäus kam er auch näher, als in dessen Haus. Das ist der Ort, da er sein will. Es soll die Sache nicht auf der Straße zu Jericho abgemacht werden und vor den Leuten der Stadt. Die Sache ist wichtig und ist geheim. Hast du Zeit? Zu andern Dingen hast du sie. Hast du bei dir einen Raum für ihn? Zwar bist du besetzt, aber heiße hinaustreten, was mit ihm zugleich in deinem Herzen nicht sein kann, heiße auch deine liebsten Freunde ausziehn, hinausgehen, wenn er kommt; und wenn du es nicht über sie oder über dich selbst vermagst, dann sage: O Jesu, dich will ich am allerliebsten bei mir haben! aber komme und wirf hinaus,

22*

was dir und deiner Sache mit mir hinderlich ist.
Petrus verstand die Sache nicht zu der Zeit, noch
nicht, als er sprach: Gehe von mir hinaus, ich bin
ein sündiger Mensch; er hätte sagen sollen: komme
näher zu mir heran, ich bin ein sündiger Mensch.
Heute will er einkehren. O ihr Lieben, achten wir auf
das „heute!" Er möchte morgen nicht wiederkommen,
und gar nicht wiederkommen! Denn es steht doch wahrlich bei ihm, wann er mit seiner Einkehr uns beglücken
will und seine Liebe ist gerechtfertigt vollkommen, wenn
er Einmal uns die Zeit bestimmt hat. Der Stadt
Jerusalem rückt er es auf und weissagt ihr Verderben.
Darum — es ist das bekannte Evangelium des letzten
Sonntags, das auch seine Predigt hier am Freitag ge=
habt hat — darum, spricht er, daß du nicht erkannt
hast die Zeit, darin du heimgesucht bist. Wir lassen
uns warnen. Zuhörer, laßt euch warnen!

4) Wie kommt Christus zu dem Menschen? Ja,
als ein Gast, und der sich selbst einladet, während er
allerdings zuweilen Jemanden ihm nachgehen, nach-
schreien lässet: Herr, erbarme dich meiner! Aber wohin
er kommt, da ist er nicht bloß ein Gast, welcher nimmt,
sondern ein Wirth ebenfalls, welcher giebt. Was giebt
er hier? Nennen wir frei ein Doppeltes, obschon nur
Eines als eine Gabe, die er giebt, erscheinet: die Verkündigung des Heils, in dem Worte: Heute ist diesem
Hause Heil widerfahren. Ich meine, was der Zöllner
zu dem Herrn sagt: Die Hälfte meiner Güter gebe ich

den Armen; und so ich Jemanden betrogen habe, das
gebe ich vierfältig wieder — welches Wort er gleichsam
als Speis' und Trank Christo auf den Tisch setzet: o,
das hat Christus selbst ihm gleichsam in die Hand gegeben,
also daß Zachäus es nur aufträgt. Ja, ihr Lieben, meinen
wir nicht, die Buße sei unser eignes Werk; es ist unser
eigen Werk gar nichts außer der Sünde, die ist unser
eigen, mit dem Teufel etwa in Gemeinschaft, doch die
Buße, zumal die auf Jesu Anblick, Anruf und Ein=
kehr schnell hervortretende und die Sache fest anfassende,
wie hier Zachäus Hand anfaßte, wahrlich, die ist ge=
gebne Gabe, sie ebensowohl wie die Vergebung und
das Heil mit ihr, in ihr. Letztere wird hier gegeben.
Christus Wort ist wie eine Absolutionsformel, da er spricht:
Heute ist diesem Hause Heil widerfahren. Die Juden
murreten, daß er bei einem Sünder einkehrte, wir
möchten sie fragen: Wißt ihr denn, bei wem er sonst
jemalen eingekehrt sei? Er hat ja bei Keinem etwas
zu thun, außer sie die Beichte zu lehren und daß sie dar=
nach die Absolution, die Heilsverkündigung hören.
Sein Heil, welches ist das? Alle Beschreibung fehlt
hier, da ist auch kein Wort, keine Silbe, die uns sagt:
Das ist das Heil. Oder doch? Ja, doch, der ganze
letzte Vers besagt's: Des Menschen Sohn ist kommen,
zu suchen und selig zu machen, das verloren ist.
Zachäus war verloren, der wurde gesucht und gefunden;
noch einmal: Zachäus war verloren, er wurde selig ge=
sprochen und selig gemacht, beides in Einem. Ihr

kennt wohl zum Theil die Gesangzeile aus 438: Sprich
nur Ein Wort, so werd' ich leben; Wie selig werd'
ich, wenn ich's hör, Sprich: deine Sünd' ist dir vergeben. Seht, da ist beides in Einem, und das nennen
wir das Heil, mit welchem Jesus kommt, überall, dahin er kommt. Ja, meine lieben Christen, so kommt
er, und zu wem er so nicht kommt, nicht gekommen ist,
wisse derselbe, daß Christus zu ihm noch gar nicht gekommen ist, oder wenn auch gekommen, doch eingekehrt noch
niemals. Das ist eine harte Rede. Ich nenne sie auch
keine weiche, sanfte. Will Jemand ob derselben weggehn, mag er's thun, nach Joh. 6 gesprochen; doch
rath' ich, bitt' ich, ermahne ich: bleibet, denn wie es
dort heißt, Worte des ewigen Lebens sind diese, nicht
bei mir selbst aufgegriffen, nein, von einem Zweige
dieses Baums eben für euch gepflückte und euch vor-
gesetzte. Die sie nehmen, bei denselbigen kehrt der
Herr ein.

5) Ich möchte ein Nachsehen haben, wie ich's
manchmal haben möchte, wo das Wort bleibet, heute,
wo die ganze Predigt bleibet. Ob Christus wohl in,
mit und unter diesem Worte sacramentlich bei euch ein-
kehret? Wir sollen noch einige Schritte weiter gehen
und zwar an den Rand, an den hohen Rand eines
Abgrundes, angegeben schon so: Christus gedenkt's auch,
weß Sohn Jemand ist. Er spricht im Texte von
Zachäus: sintemal er Abrahams Sohn ist. Der war

Zachäus, sein Name ist ein hebräischer, und Christus sagt's.

Ob so etwas sich auch in unsre Zeiten hereinziehe? Ich meine, daß Kinder um einer Mutter, um eines Vaters willen Gläubige werden und einst Selige? Das wird gesehn: Gläubige Eltern haben gläubige Kinder, ungläubige Eltern haben ungläubige Kinder. Doch auch wird's gesehn: Ungläubige Eltern haben gläubige Kinder und gläubige Eltern haben ungläubige Kinder. Damit sähen wir denn, daß doch eigentlich gar kein Band dieser Art von Eltern auf Kinder sich hinüber zöge. Lassen sich Alle fragen, die hier sind, insonderheit aber seien Eltern gefragt: Könnt ihr diese Vorstellung vertragen, diese, daß um euretwillen, die ihr doch das Siegel eurer Erwählung zur Seligkeit tragt und vor den Herrn kommt im Kleide seiner Gerechtigkeit, daß um eurer Gebete, Seufzen, Thränen willen der Erbarmer nichts thäte, um euer Kind zu suchen und selig zu machen, daß es nicht verloren gehe? — könnt ihr, frag' ich, diese Vorstellung vertragen? Das könnt ihr nicht, deshalb lasset ihr nicht ab, für euer Kind zu bitten — wer der unglückliche Vater, die unglückliche Mutter ist, ein Kind, ein erwachsenes Kind im Unglauben zu wissen, läßt nimmer ab, zu bitten, vor dem Herrn zu liegen mit Flehen, mit starkem Geschrei und Thränen — wie einst auch Jesus vor Gott lag in den Tagen seines Fleisches, Hebr. 5 —: Hilf meinem Kinde, rett' es vor seinem zeitlichen und

ewigen Verderben! Das sollt' umsonst sein? Sind
Monifen hier, die einen Augustinus haben in Unglauben
noch und Sünden: ich will jener Bischof sein, welcher
ihr zusprach: Sei getrost, ein Sohn, um den so viel
gebetet wird, kann nicht verloren gehn. So sprech' ich
aber aus Grund unsres Textes: Sintemal er Abrahams
Sohn ist. Wie aber, für wen keine Mutter betet,
kein Vater? der geht verloren? für ein Kind un-
gläubiger und vor dem Herrn stummer Eltern, wenn
das in Unglauben und auf dessen Wege geräth, ist keine
Rettung zu erwerben? Das ist der Rand des Ab-
grunds, davon ich sagte und sage jetzt: Die es nicht
vertragen hinabzusehen, sehen die nach oben, und Alle,
die ihrer selbst wegen in Sorgen gehn und in Zweifeln,
ob sie selig werden, weil ihnen das Christenthum
fehlete; und wir Alle miteinander, stellen wir uns auf
den Rand des Textes, stehend auf welchem wir können
nach oben blicken und sprechen: Da bist du, o
Menschensohn, und trägst alle Dinge; der du thust
fortwährend, wozu du einst gekommen bist, du wirst
kommen, zu suchen und selig zu machen, das verloren
ist, Abrahams Söhne und wessen Söhne; wir halten
dir dein eigenes Wort vor, rette, mach' selig, höre nicht
auf zu suchen, daß du selig machst, alle Getauften sind
doch von dir Erkaufte — und Bezahlte; nimm, was
dein ist und laß es in keines Andern Hand, sprich:
Es soll geschehen! lasse es dir vom Munde wegnehmen,
indem wir sprechen, aussprechen: Amen.

Am siebenzehnten Sonntag nach Trinitatis 1844.

O Gott, mein Vater, steh' mir bei,
Daß ich, weil ich hier walle,
Ein Schüler Jesu Christi sei,
Damit ich dir gefalle!
Laß mich durch ihn gerecht und rein
Und auch, wie er, demüthig sein!

Wer Christum und den Himmel sucht
Muß sich vom Stolz entfernen;
Er muß durch deines Geistes Zucht,
Auch Christi Demuth lernen.
Vom Himmel ist noch weit entfernt,
Wer sie nicht liebt, wer sie nicht lernt.

Ja, alles, was ich bin, bin ich
Durch deine freie Gnade.
Durch diese Gnade leite mich
Der Demuth stille Pfade!
Verleihe sie zum Schmucke mir;
Denn nur durch sie gefall' ich dir!

Du bist der Herr; ich bin dein Knecht.
Wie bald bin ich nicht Erde!
Gieb, daß ich allezeit gerecht
Vor dir erfunden werde;
Und zeig' im Glanze deines Lichts
Mir deine Hoheit und mein Nichts!

Dazu laßt mich noch zwei Gesangverse hinzufügen: Herr, laß mich arm im Geiste werden, Das
Nichts soll meine Wohnung sein. Bist du mein Alles
hier auf Erden, Dann ist schon hier der Himmel
mein. Das Ich verschwinde ganz und gar, Sei du
nur in mir offenbar. — Führ' mich (doch laß es mich
nicht wissen) Den Weg zu deiner Heiligkeit; Ich
leg' die Kron' zu deinen Füßen, Behalte nur die
Seligkeit, Und gäbe auch wohl diese dir; Doch die
begehrst du nicht von mir.

Ihr seht, liebe Christen, zunächst den frommen
Dichter vor seinem Werke stehen und das Werk schon
anfassen; aber wollet euch ansehen, als die sämmtlich
auch davor stehen und es anfassen zugleich mit ihm,
mit mir. Denn das ist eine richtige Vorstellung von
einer Predigt und ihren Hörern, daß die Hörer durch
die Predigt in eine Arbeit gesetzt werden und zwar in
eine Arbeit an sich selbst. Sonst arbeiten wir an Andern, für Andre, für uns selbst; dagegen was hier
gethan werden soll, ist eine Arbeit eines jeden Hörers
an sich selbst, den Prediger selbst nicht davon ausge-
schlossen. Thäter des Wortes sollen wir auf der Stelle
sein, nämlich an uns selbst arbeiten in der Stunde.
Da wird uns nun gewiesen jetzt das, dann jenes als
unsre jedesmalige Arbeit, — wenn oftmals dasselbe, so
geschieht's, weil wir immer noch nicht fertig damit sind,
oder weil wir sogar noch gar nicht daran gegangen

sind. Der jedesmalige Text, sei es ein freigewählter,
sei es die Epistel, das Evangelium des Sonntags,
nennt die Arbeit an uns, welche gethan werden will.
So nennt auch das heutige Evangelium eine, und eben
eine, die es ist für Jedermann, dieß auch bleibet bis
an unsers Lebens Ende, wenigstens in dem Sinne, daß
das Werk, wenn es gethan worden, lebenslänglich von
uns behütet werden muß. Die das Evangelium gelesen
haben vor dem öffentlichen Vorlesen, sagen es sich vielleicht schon, welches Werk gemeint werde. Nennen wir es
mit der evangelischen Benennung: die Selbsterniedrigung.
Ja, die ist das gemeinte Werk und die soll unsre
heutige Predigt werden.

Luc. 14, 1—11. Und es begab sich, daß er kam in ein Haus eines
Obersten der Pharisäer, auf einen Sabbath, das Brot zu essen; und sie
hielten auf ihn. Und siehe, da war ein Mensch vor ihm, der war wasser-
süchtig. Und Jesus antwortete, und sagte zu den Schriftgelehrten und
Pharisäern und sprach: Ist's auch recht, auf den Sabbath zu heilen?
Sie aber schwiegen still. Und er griff ihn an und heilete ihn, und ließ
ihn gehen. Und antwortete und sprach zu ihnen: Welcher ist unter euch,
dem sein Ochse oder Esel in den Brunnen fällt, und er nicht alsobald ihn
heraus ziehet am Sabbathtage? Und sie konnten ihm darauf nicht wieder
Antwort geben. Er sagte aber ein Gleichniß zu den Gästen, da er
merkte, wie sie erwählten obenan zu sitzen, und sprach zu ihnen: Wenn
du von Jemand geladen wirst zur Hochzeit, so setze dich nicht obenan,
daß nicht etwa ein Ehrlicherer, denn du, von ihm geladen sei; und so
dann kommt, der dich und ihn geladen hat, spreche zu dir: „Weiche
diesem!“ und du müssest dann mit Schaam untenan sitzen; sondern wenn
du geladen wirst, so gehe hin und setze dich untenan, auf daß, wenn da
kommt, der dich geladen hat, spreche zu dir: „Freund, rücke hinauf.“
Dann wirst du Ehre haben vor denen, die mit dir zu Tische sitzen. Denn
wer sich selbst erhöhet, der soll erniedrigt werden; und wer sich selbst
erniedriget, der soll erhöhet werden.

Ob wir denn alles Andre, was im Evangelio
steht, wollen stehen lassen und nur desselbigen Schluß
betrachten? Ich will nicht sagen: Nehmen wir ein anderes Mal ein Anderes daraus, sondern nur fragen,
ob denn nicht, mit Ausnahme des Anfangs, der ganze
Vortrag Christi sich in das Schlußwort hineinstelle:
Wer sich selbst erhöhet, der soll erniedrigt werden, und
wer sich selbst erniedriget, der soll erhöhet werden.
Wir reden also

von der Selbsterniedrigung, und zwar als von
einem Werke,

1) das seine Tiefen hat,

2) und seine Schwierigkeiten,

3) das jedoch gethan werden will,

4) dabei wir aber mehrfältige Gotteshülfen finden.

Es ist von Christo selbst schon dafür gesorgt,
daß wir bei seinem Vortrage am Gastmahl bei dem
Obenansitzen und sich nach unten Setzen nicht stehen
bleiben. Hat er auch immerhin eine Klugheitsregel
geben wollen, und eine Rüge der Eitelkeit, der Hoffart
sprechen wollen, — denn es ist ja dem Herrn doch frei
gestellt, nicht eben allezeit das Himmelreich zu verkunden
oder von sich und seinem Werke zu predigen —: im
Schluß ist Lehre des Himmelreichs, im Schluß ist
Weisung auf ihn, der gesagt hat: Ohne mich könnet
ihr nichts thun, Joh. 15. Denn was er hier im
Schlusse thun lehret, das ist ein so Tiefes und ein so
Schwieriges, das wir ohne Hülfe dabei weder darin

fortfahren, noch daran gehen, ja, es nicht einmal ver=
stehen können. Sprechen wir zuerst von den Tiefen,
welche die Selbsterniederung hat.

Wir lassen uns von der Sprache führen. Es heißt
nicht: Wer selber sich erhöhet oder erniedriget, wer
selber etwas thut, sondern es heißt: Wer sich selbst
erniedrigt d. h. wer sich nimmt, sein Selbst nimmt
und damit vornimmt, was geschehen soll. Das Selbst
also wird hier gefordert, das soll herbei=, soll herauf=
gebracht werden. Herbei, das deutet auf eine Weite,
wie auf ein Zerstreutsein. Wo haben wir uns selbst?
— Wie ist's vertheilt, verzettelt! Wir lassen den Aus=
druck „herbei" wieder fahren, — heraufgebracht soll
unser Selbst werden; das deutet auf eine Tiefe, auf
ein Untensein und Verborgen=, Be= und Verdecktsein.
Ist's nicht also mit unserm Selbst, daß es unten, daß
es bedeckt und verdeckt, daß es tief lieget? Ich meine,
bei Manchem so tief, daß er es selber noch niemals mit
Augen gesehn hat. Was er so nennt und dafür hält,
das ist sein Leib und sein Leibliches, wie der Apostel
von Menschen spricht, welche leben, als wenn sie nur
einen Leib und keine Seele hätten, — das sind solche,
bei denen die Seele wie verleiblicht ist, Fleisch geworden
ist. Denn sie sind Fleisch, heißt es von dem ganzen
Menschengeschlecht vor der Sündfluth. Ist der natür=
liche Mensch das eine Selbst, wie soll er heißen, der
Andre? Der ursprüngliche, von Gott so erschaffene
Mensch, oder wie ihn der Apostel Petrus nennt, der

verborgne Mensch des Herzens, mit stillem und sanftem
Wesen, köstlich vor Gott, 1. Petr. 3. Dieser will
erkannt und unterschieden sein von dem Andern. Wie,
und dieser soll erniedrigt werden? Soll der nicht im
Gegentheil erhöhet, heraufgebracht, hervorgezogen und
gehoben werden? Allerdings, aber der nimmer hervor-
gehoben wird, wenn er nicht erkannt wird in seinem
wirklichen Vorhandensein, Nochvorhandensein; denn ein
anderes Selbst, fälschlich gehalten für das rechte
Selbst, ist nach oben gekommen, ist vorgetreten, hat
Herrschaft gewonnen und fordert Dienste und Befriedigungen. Wissen wir davon? wir Alle? und daß es so
in uns aussieht, oder in Tagen, die Gottlob hinter uns
sind, so in uns ausgesehen hat? Dieses Selbst nun,
das falsche, sprechen wir vielleicht verständlicher so: das
eitle Herz, das verderbte und sich gut dünkende, das
befleckte und sich für rein haltende Herz, das herrische
Ich — soll erniedrigt werden. Wo geschiehet das?
Es wird nicht ergriffen auf dem Blachfelde des täglichen
Lebens; es läßt sich nicht fassen bei dessen Aeußerlichkeiten: Essen, Trinken, Kleidung, sinnlicher Lust in
ihren tausendfachen Arten. Wenn dem Baume alle
Aeste und Zweige abgehauen werden, so geht er aus;
aber das Selbst geht noch nicht aus, wenn ihm auch
gar keine Befriedigungen geboten werden, wenn alle
seine Begehrungen unerhört bleiben und unbefolgt. Es
sitzt dann doch auf einem hohen Stuhle und redet, wenn
auch von keinem Menschen angehört, bei sich selbst von

großem Unrecht, das ihm angethan würde, und von unverdienten Leiden, die es träfen, und selbst zwischen Leben und Tod stehend kann es von einer Gerechtigkeit sprechen, die ihm hier versagt worden, in der andern Welt ihm aber unfehlbar zu Theil werden müsse. So gelebt, so gestorben. Nein, wenn eine Erniedrigung geschehn soll, so muß sie anderswo vorgenommen werden, nicht auf der Oberfläche, nicht in Aeußerlichkeiten, sondern tiefer, im Grunde, da das eine Selbst und das andre Selbst sich finden, wo das falsche Selbst seine Stätte hat und sein Stuhl auf dem wahren Selbst stehet, ein Stuhl gleich einem Teppiche dies bedeckend und verbergend, — wenn's möglich wäre, es erdrückend und erstickend. Schaue, wer dies Wort höret, nur in sich hinein, hinab, so hoffe ich, wird er finden, es sei auch bei ihm also, noch so, oder so gewesen. Der wird auch wohl begreifen, daß die Selbsterniedrigung ein Werk sei in der Tiefe.

2) Wahrgenommen werde das zwiefältige Selbst in uns, und auch unterschieden das eine von dem andern, das falsche, das sich zum wahren gemacht hat, wie das wahre, das wahre, das unterdrückt und bedeckt worden ist von dem falschen.

Aber es soll nicht also bleiben. Das falsche Selbst soll erniedrigt werden. Das hat jedoch seine Schwierigkeiten; die größte ist die große Macht, die das zu erniedrigende Selbst hat, und die täuschende Vorstellung, als wäre es schon erniedrigt, und ist es

noch keineswegs. Welche Macht dem natürlichen Selbst
innewohne, ist allen denen bekannt, die sich jemals mit
ihm, ich meine, wider dasselbige zu schaffen gemacht
haben. Es hat, nenn' ich das zuvörderst, seinen Eigen-
sinn und seine Hartnäckigkeit, in welcher es keinen Vorstellungen Gehör giebt. In Kleinigkeiten oftmals. Ob
diese Speise oder jene, das Kleid oder das, die Ehre
oder die, sind doch wirklich an sich gleichgültige Sachen;
doch aber soll's darin zugehen, wie das Selbst es will
und findet sich nicht allein durch jede Versagung, sondern selbst durch eine Veränderung darin, die nicht gefordert worden, verletzt und gekränkt. Das Selbst hat
eine große Macht; denn ihm stehet ja der ganze Menschen-
leib zu Gebote mit jeder Ader und jedem Nerv. Wir
wissen ja, daß ihm alles gehorcht. Ist es nicht wahr,
daß mehr als Ein Laster nicht nur geduldet, nein, die
Beharrung in demselben gefordert wird, damit die Gesundheit nicht leide? Ja, das Selbst hat eine große
Macht; denn es hat die ganze Welt zu seiner Bundes-
genossin, die leblose ganz und einen großen Theil der
lebendigen und vernünftigen. Als ein Herr steht ja
einmal der Mensch da in der Schöpfung, zum Herr-
schen in derselben ist er geschaffen. So tritt der Mensch
auf; schon dem Knaben gehorcht das tausendmal stärkre
Pferd. Wo aber der eine Mensch mit dem andern in
Streit geräth, läßt sich Frieden stiften: Du dies, ich
das; — wir wollen uns vertragen, um zu genießen.
— Weiter geredet von der großen Macht, die das

Selbst hat: es scheinet im Recht zu sein; denn die um uns her sind Alle nicht anders; sie räuchern alle ihrem Garn, sprechen deshalb ihre Billigung aus über den Einzelnen, wenn er's thut, und wer es besser macht, dem wird Lob gespendet. Wie sollte, da die Sachen so stehen, sonderlich viel wider das Selbst auszurichten sein, daß es erniedrigt werde!

Indeß, ihr Lieben, wir sind doch einmal Alle, der Eine so, der Andre so, in den Kampf wider dieses Selbst hineingeführt. Ist doch ein Gottesgebot vorhanden, das wider dasselbe gekehrt ist. — Es sei dahingestellt, ob ein solches Gebot ursprünglich in uns liege oder ob es hineingelegt werden müsse; ich halte dafür, das letzte sei der Fall. — Es ist ein Gottesgebot, welches Gehorsam fordert und Selbstverleugnung. Es heißt Pred. Sal. 11: Thue, was deinen Augen gelüstet und deinem Herzen gefällt; aber wisse, daß dich Gott um dies alles wird vor Gericht führen. Kraft eines solchen Worts beugt sich manchmal das Selbst zum Gehorsam und beweist Gehorsam. Aber was wird erfahren? Es stellt sich nur so. Der That wird Einhalt gethan, dagegen die Lust bleibet, obschon sie eben sowohl wie die That Sünde ist. Oder gesetzt, auch die Lust wird glücklich bekämpft: es mag sein, aber dann kommt das Selbst wieder durch eine andre Thür herein, hat sich umgekleidet und weiß sich auf seine Veränderung, die Besserung und Tugend heißt, etwas, brüstet sich mit Gerechtigkeit, breitet aus seine gewonnene Heiligkeit, nennt sich erniedrigt und hat sich nur noch mehr als je selbst erhöht, täuscht nicht Andre nur, nein, auch sich selbst mit seinem neuen bessern Selbst, und ist doch das alte, schlechte noch. Das nenn' ich Schwierigkeiten, die das Werk der Selbsterniedrigung hat.

3) Ob wir denn nicht besser abstehn von diesem schwierigen Werke und lassen uns so gehen, wie wir einmal sind! Zähmen, zügeln uns, soweit es das äußerliche Leben, die Gesundheit, der Wohlstand, die Sitte will und was sonst Mäßigung fordert, und lassen es dabei bewenden? Nein, Christen, aus andern Gründen auch nicht, hier ist Einer angegeben, den brauchen wir; das Selbst soll erniedrigt werden, thut es das nicht, erhöht es sich und hält sich in der Höhe, so wird es erniedrigt werden. Das thut ein Anderer dann, welcher seine Hand darüber hat und läßt sie einmal auf das unerniedrigte Selbst fallen. Das thut er. Darum, ihr Lieben, müssen wir daran und dürfen es nicht verschieben. Wie trifft euch diese Rede? Seid ihr schon in dieser Arbeit oder noch davor? Ich habe euch nicht aufhalten wollen mit der Rede von dem gemeinen Stolz, wie er sich findet, der auf Geburt, Gestalt, Geistesgaben, Stand, Rang, Reichthum und auf dergleichen stehet. Sehet zu, welches Maaßes ihr davon frei seid. Ich habe euch tiefer blicken lassen, als in und auf das; in das Innere hinein, wo sich das zwiefältige Selbst findet: das, welches erhöhet werden soll, neben dem andern Selbst, das erniedrigt werden soll. Wer soll's thun? Jesus

sagt, wir sollen es thun. Denn da ist nichts im Wege, das Wort zu wenden so: Wer selber sich erniedriget. Damit ist uns denn die Arbeit oder der Kampf, wie wir es nennen wollen, zugewiesen, uns, Jedem von uns. Wem's nicht genug ist an der Einen Vorschrift, der höre andre; es ist kein Mangel daran. Ich nenne die Vorschrift Christi: Aergert dich dein rechtes Auge, deine rechte Hand, wirf's von dir, haue sie ab. Was mit dem Auge, der Hand gemeint sei? Deine liebste Neigung: die ist das Auge, die der Fuß, des sich der Christ berauben muß. Ich setze die Vorschriften des Apostels hinzu, Gal. 5: Kreuziget euer Fleisch sammt den Lüsten und Begierden; Col. 3: Tödtet eure Glieder, die auf Erden sind; und darnach die Anweisung, Phil. 2: Schaffet, daß ihr selig werdet. Was hier selig werden heißt, das heißt in unserm Evangelium erhöhet werden. Wir werden nimmer erhöht, es sei denn, daß wir selber uns erniedrigen. Das will gethan sein, unsre Seligkeit in der andern Welt stehet darauf. Haben wir Versuche dazu gemacht? Können wir Proben vorlegen? Sind wir in einiger Weite fortgeschritten? Ich sage: Haben wir daran gearbeitet? Denn was Natur und Zeit allein thun, das hält nur der Eigendünkel für gethan und für gut und groß; und das ist nicht gemeint. Da sind unter diesem Worte Einige, die schon die Hälfte ihrer Tage erreicht haben, und sehr Viele, die darüber sind: hofft ihr noch fertig zu werden vor der Nacht mit diesem Werke, das gethan werden will? Erwägt selbst diese

Frage weiter bei euch. Dann sollt auch ihr Jüngeren sie
an euch kommen lassen. Zu euch will ich sprechen: Noch
so jung und doch schon ein so hoch erhöhetes Selbst? Gar
Viele von euch mögen wohl der Erhöhung mehr als der
Erniedrigung beflissen sein. Christen, die wir so heißen,
sprecht, ob wir denken können, daß wir einen andern
Weg finden, als den Christus gegangen ist? Erinnern
wir uns des Wortes über ihn: Er erniedrigte sich
selbst und ward gehorsam; darum hat ihn Gott erhöhet.
Ja, wir müssen seinen Weg gehen und uns ebenfalls
erniedrigen, wir uns; oder Gott erhöhet uns nicht,
sondern erniedrigt uns also, daß wir ewig nicht wieder
in die Höhe kommen.

4) Tretet nun vor, ihr Alle, die sich nicht genügen in der Selbsterniedrigung — ich bin mitten
unter euch — und kommt ebenfalls, die ihr noch die
erste Hand an dieses Werk legen sollt. Fassen wir
Muth; denn wir haben Hülfe. O, das sind ja die
Vorstellungen, welche im alten Testamente sich schon
finden, im neuen aber nicht sowohl nebeneinander als in-
einander und verschlungen, ja verschmolzen sind. Wir
sollen's thun und Gott thut es; wir sollen Alles thun,
und Gott thut Alles; er fordert Alles von uns und
läßt uns gar nichts übrig. Ein Widerspruch, ja, aber
der sich auflöst, sowie der erste Schritt in's Christenthum gethan wird. Außerhalb desselben bleibt's ein
Widerspruch. Die wir denn als Christen in der Arbeit der Selbsterniedrigung stehen: die Arbeit ist Gottes,

er hat uns berufen, ist Gottes, er hat uns daran und
darein gestellt, ist Gottes; denn es ist so sehr seine
Ehre als unser Heil; er wird es darum auch an sich
d. h. an seinem Beistande, an seiner Hülfe nicht fehlen
lassen. Christus sagt: Wer sich selbst erniedrigt, der
soll erhöhet werden. Wer erhöhet denn? Gott, der ja
auch Christum erhöhet hat. Aber Christus hat sich
auch selbst erniedriget. Damit kann ich nicht zu Stande
kommen, nicht fertig werden; ach, darin nicht einmal
wie ich wollte fortschreiten. Sei getrost, du andres,
besseres Selbst in mir, du zur Erkenntniß und zum
Wollen gebrachtes: das in dir geweckte, gewirkte Wollen
ist ein gegebenes Pfand, daß dir auch bis zum Voll-
bringen geholfen werden soll. Ich soll ja erhöhet werden, soll nicht selbst mich erhöhen. Ach, wenn mich
Gott erhöhen will, so muß er mich auch erniedrigen,
will sagen: mich klein machen, mich schwach machen,
mich arm machen. Wie er ja auch thut. Ihr werdet
ja auch zu reden haben von solchen Zeugnissen Gottes,
wie er euch in der Selbsterniedrigung beisteht. Ist's
nicht zuweilen, als fasse er uns zu stark an, daß wir
es nicht vertragen können? Das Herz entfällt uns und
wir müssen auch für den Kopf fürchten, daß wir den
dabei verlieren. Es hat keine Noth. Wird der Ofen
zu heiß, schickt er einen Engel, der die Lohe vom Feuer
herausstößt oder doch die Hitze bis zum Aushalten
dämpft, bis eine bedeutendere Förderung geschehen ist
und wir erfreut sagen mit Dank: Das hat geholfen;

jetzt ist in Tagen mehr als vorhin in Jahren geschehn. Ihr Lieben, kennt ihr dergleichen auch in eurer Mehrzahl? Solches Kennen ist Christenthum. Hab' ich heute selten „Christus" gesagt, Christenthum ist die ganze Predigt gewesen von Anfang an bis zu diesem ihrem Schluß. Ihren Schluß aber laß ich die Ermahnung sein: Ihr, denen ich fremde Dinge geprebigt habe und wollet das Christenthum anders kennen, ihr täuscht euch. Denn wenn das Christenthum etwas ist, so ist es dieses; euer anderes ist keins, darf vielleicht nicht einmal eine Religion heißen. Den Schluß laß ich den Trost sein: Ihr um euren Seelenzustand Bekümmerte, diese Bekümmerniß ist ein gutes Zeichen: Gott ist in seinem Gnadenwerke an euch begriffen; er erniedrigt euch, auf daß er euch erhöhen könne zu seiner Zeit. Und den letzten Schluß eine Lehre: Was nicht erarbeitet wird, das wollen wir in den freien Zwischenzeiten erbeten, erflehen; und wenn die Mühle steht, so soll das Gebet ihr Wasser geben; wenn die Maschine nicht vorwärts geht, soll das Gebet ihr Wasser und Feuer geben; — wie es auch thut. Amen.

Am neunzehnten Sonntag nach Trinitatis 1845.

Ges. 503 v. 1—7. Mein Jesus liebet mich 2c.

Bin ich am Ziele denn — fährt der Prediger fort — bin ich am Ziele denn, Am Ende meiner Tage, So machet er mich frei Von aller Noth und Plage, Und ewig, ewig ist Die Wonn' und Herrlichkeit, Mit welcher Jesus mich Nach meinem Kampf erfreut. So weit der Prediger mit der Gemeinde, als auch ein Mitglied derselben, mitsingend, mitbetend; darnach soll er vortreten und vortragen. Ich glaube, darum rede ich, steht zweimal in der Bibel, selbst ein Apostel hat so gesprochen, 2. Cor. 4, und als im Namen seiner Mitapostel: Wir glauben, darum reden wir, den Geist des Glaubens habend, und spricht damit seine Berechtigung aus, vorzutreten und vorzutragen. Was immer denn auch für Zuhörer um die Kanzel sind, ob sie den Kopf schütteln zu dem, was gepredigt wird oder dazu lachen, wie es denn solche Lacher zu Zeiten hier geben soll, noch vorigen Sonntag einen solchen,

da, in der Gegend der Kanzel gegeben haben soll —
richte Gott zwischen denen und der Gemeinde, die sie
ärgern, zwischen denen und mir, den sie betrüben, wenn
er es zu hören bekommt — doch lieber will ich's hören
und mich betrüben, als in Unkenntniß bleiben, wie mein
Vortrag aufgenommen wird; denn ich soll ja das Wort
zurichten, wie es allen Hörern heilsam ist. Was immer
auch für welche um die Kanzel sind, so ist ein Glaube
zu predigen, der nicht von ihnen und nicht von mir
gemacht, sondern der für sie und mich längst gemacht
ist, vollkommen fertig, und wir sollen uns finden in
denselben und stets weiter, tiefer in denselben hinein,
wie durch Anderes, so auch durch das Wort der Predigt
erleuchtet und geleitet, wes Maßes ein schwacher,
sündiger Mensch den Geist des Glaubens hat und in
demselben Geiste redet. Daß wir es hiermit wissen
beiderseits, wie es zwischen uns stehet. —

Luc. 7, 36—50. Es bat ihn aber der Pharisäer einer, daß er mit
ihm äße. Und er ging hinein in des Pharisäers Haus, und setzte sich zu
Tische. Und siehe, ein Weib war in der Stadt, die war eine Sünderin.
Da die vernahm, daß er zu Tische saß in des Pharisäers Hause, brachte
sie ein Glas mit Salben. Und trat hinten zu seinen Füßen, und weinete,
und fing an seine Füße zu netzen mit Thränen, und mit den Haaren ihres
Haupts zu trocknen, und küssete seine Füße, und salbete sie mit Salben.
Da aber das der Pharisäer sahe, der ihn geladen hatte, sprach er bei sich
selbst und sagte: Wenn dieser ein Prophet wäre, so wüßte er, wer und
welch' ein Weib das ist, die ihn anrühret; denn sie ist eine Sünderin.
Jesus antwortete und sprach zu ihm: Simon, ich habe dir etwas zu sagen.
Er aber sprach: Meister, sage an. Es hatte ein Wucherer zween
Schuldner. Einer war schuldig fünfhundert Groschen, der andere fünfzig.
Da sie aber nicht hatten zu bezahlen, schenkte er es Beiden. Sage an,

welcher unter denen wird ihn am meisten lieben? Simon antwortete, und sprach: Ich achte, dem er am meisten geschenket hat. Er aber sprach zu ihm: Du hast recht gerichtet. Und er wandte sich zu dem Weibe, und sprach zu Simon: Siehest du dies Weib? Ich bin gekommen in dein Haus; du hast mir nicht Wasser gegeben zu meinen Füßen; diese aber hat meine Füße mit Thränen genetzet, und mit den Haaren ihres Haupts getrocknet. Du hast mir keinen Kuß gegeben; diese aber, nachdem sie herein gekommen ist, hat sie nicht abgelassen, meine Füße zu küssen. Du hast mein Haupt nicht mit Oel gesalbet; sie aber hat meine Füße mit Salben gesalbet. Derhalben sage ich dir: ihr sind viele Sünden vergeben, denn sie hat viel geliebet; welchem aber wenig vergeben wird, der liebet wenig. Und er sprach zu ihr: Dir sind deine Sünden vergeben. Da fingen an, die mit zu Tische saßen, und sprachen bei sich selbst: Wer ist dieser, der auch die Sünden vergiebt? Er aber sprach zu dem Weibe: Dein Glaube hat dir geholfen; gehe hin mit Frieden.

Gleichwie es vorigen Sonntag der Glaube an Christum, den Sohn Gottes, war nach dem damaligen Texte, so wird es denn heute sein die Liebe zu Jesu Christo nach dem heutigen Texte, die wir nach demselben in dieser Stunde betrachten:

Die Liebe zu Jesu Christo, in Betracht welcher wir sehen:

1) auf ihre äußerlichen Zeichen,

2) auf ihren innern Bestand,

3) auf ihre richtige Herkunft, und

4) was Himmlisches ihr auf ihrem Wege mitgegeben wird.

1) Da sind Zeichen der Liebe zu Jesu, von ihren Zeichen reden wir zuerst. Drei für Eins. Jesus zählt sie dem Pharisäer vor: sie hat meine Füße mit Thränen genetzt, sie hat meine Füße mit Salben gesalbet, sie hat nicht abgelassen, meine Füße zu küssen — ist

morgenländisch, jedes Land hat seine Weise in solchen Dingen; es wird aber von Christo selbst ein Zeichen der Liebe
gegen ihn genannt: sie hat viel geliebet. Lassen wir es bei
dem Ausdruck Liebe, der hier genommen ist; ein um-
fassender ist er ja auch, als der ebenfalls Verehrung, Dankbarkeit, Demuth in sich schließt. Sehen wir aber zu,
welche Zeichen, welche Aeußerungen unsrer Liebe bei uns
zu sehen sind und unter uns sich finden. Welche sind es?
Es sind ihrer eine Reihe, nennen wir nur die alleräußer-
lichste Aeußerung oder deren auf einmal zwei: das Zeichen
des heiligen Kreuzes und die Beugung bei dem feierlichen
Aussprechen des Namens Jesu. Was letzteres betrifft, so
mag das Schriftwort, Phil. 2, daß in dem Namen
Jesu sich beugen sollen aller derer Knie ꝛc., nicht äußerlich zu verstehen sein, sondern innerlich, geistig verehren,
tief verehren sollen wir ihn; jedoch ist es Sitte geworden,
sich auch äußerlich zu beugen, ich meine, durch die
ganze Christenheit, gleichwie das Zeichen des Kreuzes
machen auch bei andern Handlungen noch als bei den
vorkommenden öffentlichen Handlungen, so zu sprechen
im Privatgebrauch, Sitte geworden ist. Was immer
das sagt, das eine wie das andre, und selbst dann,
wenn nicht der Glaube, sondern der Aberglaube die
Hand führt, welche das Kreuz macht: so ist's doch, wenn
auch die Liebe selbst nicht, ihr Zeichen doch, ihr äußerliches Zeichen; eben wie dieses Zeichen, das auf Gräber,
auf Kirchen, in Kirchen gesetzt wird und wo es sonst
vorkommt, an Jesus erinnert, und als ein Bekenntniß

seiner Ehre, wir sprechen nach dem Terte: seiner Liebe gilt. Es sei nun gefragt, wie unter uns es mit diesen Zeichen steh', ob sie sich mehren oder mindern? und wie jeder Einzelne es mit denselben halte? Dann nenn' ich das Abendmahl. Dasselbe ist von ihm selbst, von ihm selbst eingesetzet zu seinem Gedächtniß, zu Anderem auch, aber dies giebt er selbst an. Was thun, die keinen Theil nehmen an diesem Mahle? Das wird doch kein Mensch sagen, daß sie den Herrn ehren, wenn sie von seinem Tische sich fern halten. Es ist nicht zu hart gesprochen, wahrlich nicht, wenn man von Diesen sagt, daß sie Christum, wo nicht verachten, doch nicht achten, ihn nicht für hoch und werth genug achten, um dies Zeichen ihrer Liebe gegen ihn vor den Menschen zu geben. Was auch dahinter, darunter, zum Grunde liegen mag bei denen, die es thun — die Herzen kennt Gott allein und richtet sie — wir aber müssen davon sagen: So erweisen sie äußerlich wenigstens ihm keine Ehre und schämen sich des Zeichens, mit welchem Gläubige ihre Liebe äußern. Dann: Wir haben einen Ort, an welchem die Rede von ihm ist, so wie zur Stunde hier, ja, wie die Frommen es achten, daß er selbst, Jesus Christus, da spreche, rufe, lehre, locke, warne, dräue, tröste und erfreue. Den Ort un-besucht, unbetreten lassen, was zeigt es an? Aber ihn suchen, oft dahin kommen, äußerliche Abhaltungen über-winden, die Zeit dazu sich schaffen, wenn sie fehlt, und Anderes liegen lassen, um Christi Wort zu hören —:

wir küssen und salben ihm damit die Füße und wer
Empfindungen dabei hat, das ist als die mit ihren
Thränen seine Füße benetzte, da wir ihn äußerlich,
leiblich nicht haben, daß wir doch auf diese Weise
lassen es äußerlich werden, was in aller Welt als
Zeichen der Verehrung gilt und als Zeichen der Liebe.
Auch hier gefragt, wie vorher: wie steht es um diese
Zeichen unter uns, in der Gemeinde? Mehren oder
mindern sich diese äußerlichen Zeichen der Liebe gegen
Jesum? —

2) Ob sie Werth haben, diese genannten, und die
andern Zeichen, die nicht genannt sind? Eine Frage,
mit welcher wir unsern Weg weiter gehen zu dem
innern Bestande der Liebeszeichen. Wir reden aus dem
Texte. Daß sie in den Augen des Herrn einen Werth
hatten, daß er sie wohl aufnahm, lehret sein Wort an
Simon, den Pharisäer. Dieser hatte ihn zu Tisch geladen, bewirthete ihn; allein das Weib that mehr, liebte
mehr als er, was der Gast, veranlaßt dazu, ihm vor-
hielt: Du hast es fehlen lassen hieran und daran, sie
aber hat das und das und das gethan. Gewiß, wenn
sie es hätte ungethan gelassen, obschon in ihrem Herzen
sich Verehrung, Dankbarkeit, Liebe gefunden, wie es ja
der Herr gewußt hätte — als welcher hörte, was Simon
bei sich selbst sprach — und sie hätte das bei sich beschlossen, wär' ihres Wegs aber gegangen, ohne es zu
thun, so würde er nicht gesagt haben, was er jetzt
sagte und ihr äußerliches Thun also nennt: Sie hat viel

geliebt, Simon wenig. Ja, die Zeichen gehören mit
dazu, sie sind nicht die Liebe selbst, können sich finden
ohne die Sache, aber die Sache kann nicht ohne sie
sein, es fehlt an der Sache etwas, es fehlt der Sache
etwas, wo ihr angemessenes Zeichen fehlt, und sie
trachtet darnach, wie der Leib nach der Kleidung, wie
das Leben nach der Luft. Werthe Zuhörer, da ist noch
viel zu lernen und zu erforschen, wie die Sache und
ihr Zeichen, wie das Innerliche und das Aeußerliche zu
einander stehn, es ist ein Band dazwischen, das in all'
seinen Fäden kein Mensch kennt. Aber schreiten wir
nicht aus unsrer Bahn. Wovon sind es Zeichen, was
wir so genannt haben? d. h. was ist die Liebe gegen
Jesum? O, Liebe ist Liebe, sie hat zu ihrer Wohnung
das Herz, da ist sie, da ist sie als Verlangen, näher
und näher verbunden zu sein, da ist sie als Arbeit
der Gedanken, nahe zu kommen, da ist sie als bereit-
liegendes Opfer, das man bringet oder zu bringen
bereit stehet, da ist sie als Freude, wenn das Darge-
brachte angenommen und gewürdigt wird, da ist sie als
Schmerz, wenn man sich abgewiesen sieht, ja als
Schmerz noch einmal, wenn etwas geschehen ist, was
nicht selten geschieht, das den Geliebten betrüben muß;
und noch einmal als Schmerz, wenn in solchem Fall
der Schmerz fehlet, und wenn überall die Empfindung fehlet, letzterer Fall gar kein seltener, ein Zeugniß sowohl vom Dasein der Liebe, als auch, daß das
ganze Herz in Liebe brennt. Ich wollte sagen, was

für einen innern Bestand die Jesusliebe hätte: dies ist
er. Und ob es gleich wenig gesagt ist, ich weiß es wohl,
so sind im Gesprochenen doch die Haupterscheinungen
aufgefaßt; d'rum noch einmal: das ist die Liebe zu
Jesu. Und nun die vorhin genannten Zeichen, wie
stehn diese dazu? Sie sind Ausstrahlungen, Ausflüsse
dieser innerlichen Liebe, sind Gefäßen gleich, darin die
Liebe gelegt wird. Das nur? Sind sie nicht mehr?
Ja, sie sind auch Gefäße, darin uns die Liebe, die
fehlende, niemals dagewesene oder wieder ausgegangene,
verschwundene Liebe zugetragen wird. Dies Letzte ist sowohl der Fall, wie das Erste. Wir sind wohl ziemlich Alle
mit unsrer Jesusliebe nicht zufrieden; darum, ergreifen wir
die Zeichen nur, die Sache wird kommen; und gethan, als
wenn wir liebeten, so werden wir wirklich lieben. Ist's
nicht Heuchelei? Mit nichten, der gute Wille ist da,
die Absicht, die redliche fromme Absicht; darum ist's
keine Heuchelei. Die Zeichen sind Mittel zum Zweck,
die wollen gebraucht werden, sind Wege zur Sache hin,
die wollen gegangen werden. O Jesu, des Weges hast
du deine meisten Liebhaber und Verehrer bekommen,
siehe hier uns Alle auf diesem Wege und komm' uns
entgegen!

3) Alle unter euch, die mit mir einen solchen
Seufzer heraus, hinauf geschickt haben, die haben es im
Glauben an Christum gethan, daß er Gottes Sohn
sei und als Gottes Sohn überall da, wo er angerufen
wird, gegenwärtig; da ist Glaube, daß er ein Werk,

welches seines ist, an uns gethan habe oder es zu thun
geneigt und bereit sei. Das aber ist sein Werk, dazu
er gekommen ist nach eigner Erklärung, sein bleibendes
Werk, von ihm und von seinen Gesandten dafür erklärt, sein einziges Werk auf der Erde, denn Blinde und
Blindgeborne, die es äußerlich sind, heilet er nicht mehr;
das war ja auch, da er sichtbar auf Erden ging, nur sein
Danebenthun. — Sein eigentliches Werk aber, von da
die Liebe ihre richtige Herkunft hat, das ist dasjenige,
was wir im Texte ihn thun sehen: er vergiebt die
Sünde. Wes Jesusliebe eine andre Herkunft als diese
hat, die ist nicht von richtiger Herkunft. Zugegeben,
daß bei Einigen die Liebe anderswoher kommt, die seine
Lehre nennen, die seine verrichteten Thaten nennen, die
seinen geführten Wandel nennen: nein, ich begreife sie
nicht und versteh' sie nicht, der ich des Falles bin, daß
mir seine Gottheit hie und da seine Menschheit decken,
vertheidigen und rechtfertigen muß. Hier stehe mein
Bekenntniß, es ist die Zeit der Bekenntnisse, in unsern
Tagen vornehmlich: Diejenigen irren, und ihre Liebe,
wenn sie wirklich Liebe gegen Jesum haben, stehet auf
dem rechten Grunde nicht, die nicht an Christum als
an den Sündenvergeber glauben, sie haben ihr eignes
Gericht und Gemächt. Mir gelten die Worte als das
ganze Evangelium: Dieser Kelch ist das neue Testament
in meinem Blute, das für euch vergossen wird zur Vergebung der Sünden. Die im Text, die Sünderin, hatt'

es gehört und hörte das aus seinem Munde, wogegen
wir das Wort mit dem gewedten Glaubensohr hören
müssen; doch war es auch bei ihr der Glaube und ihre
Liebe hatte ihn zur Herkunft. Sagt Christus auch ja
nicht: Deine Liebe hat dir geholfen, sondern: dein Glaube
hat dir geholfen. Andre Gläubige zu der Zeit hatten
zugleich andre Gutthat von ihm erfahren und andre
Hülfen, leibliche. Daher steht mir eben diese Person
in der evangelischen Geschichte unter den darin vor=
kommenden Personen so besonders hoch, daß sie, wie ge=
lesen wird, auch nichts anderes empfangen hatte, als
Vergebung von ihm. Jene Maria, Lazari Schwester,
die kurz vor seinem Tode dasselbe that, dessen so rühm=
lich in der Passionsgeschichte gedacht wird, die hatte
Lehre empfangen, zu seinen Füßen sitzend, hatte mit
Schwester und Bruder seinen Umgang gehabt, wogegen
diese hier nichts, als ihrer Sünden Vergebung auf
ihren Glauben, und der war ihrer Liebe Herkunft.
Christenheit, oder wie weit mein Wort nur geht, Ge=
meinde, Versammlung, zu diesem Glauben und seiner
Erfahrung mußt du hinan, wenn du Liebe zum Heiland
haben möchtest, deinen Heiland und Sündenvergeber
mußt du ihn werden lassen, sonst kommst du zu keiner
Liebe. Schlage, picke noch so viel an den Stein, du
bringst keinen Funken heraus, der Stein ist stumpf,
und der Stahl ist Eisen. Dies muß der Stein sein:
das sündige Herz, davon du weißt, und der Stahl der
Vergebung, daran du glaubst, die geglaubte Sünden=

vergebung. Das ist die Lehre, von der unlängst ge=
sagt worden ist, sie stoße die Gebildeten ab; sie thue
es denn, und die Ungebildeten mit den Gebildeten, ich
habe keine andre. Christenheit oder Gemeindeversamm=
lung, eurer Einige haben einen langen Weg bis dahin.
Sie sollen noch erst zur Erkenntniß kommen, was
Sünde sei, sie sollen noch erst zur Erkenntniß und Er=
fahrung kommen, was Vergebung sei, sie sollen noch
erst zur Erkenntniß und Erfahrung kommen, daß Jesus
Christus es sei, an welchem wir haben die Erlösung
durch sein Blut, nämlich die Vergebung der Sünden,
darnach und demnächst kommen sie auch zu der Liebe,
zu der Liebe von richtiger Herkunft, wie hier im Texte
die Liebe der Sünderin. Ihr Alle, die ihr auch liebet
wie Simon, nicht im Herzen und nicht mit Zeichen,
es ist begreiflich, hier steht der Grund geschrieben: euch
ist wenig vergeben, ihr laßt euch wenig vergeben; ach,
wenn ihr wolltet euch viel vergeben lassen! Das ist
über euch Alle hin von mir gesprochen — sei's so und
anders gefallen in aller Hörer Seelen.

4) Dein Glaube hat dir geholfen, gehe hin in
Frieden. Noch dieses letzte Wort, daraus wir hören,
was der Jesusliebe, wo sie ist, mit auf ihren Weg
gegeben wird.

Das muß doch wohl ein großes und bedeutunge=
reiches Wort heißen, das Wort Friede, da es zu einem
solchen Gebrauch in der Christenheit, in ihren Gottes=
diensten, bei ihren Religionshandlungen gelangt ist.

Auf den Frieden haben Aaron und alle Priester
Israels gesegnet, die christlichen segnen mit ihm: „Und
gebe euch Frieden"; „Gottes Friede sei mit dir" wird
zu dem getauften Kinde, „gehet hin in Frieden" wird
zu den absolvirten Beichtkindern gesprochen. Was ist
er? Die Beruhigung des Herzens, die Stillung des
Gewissens, das Zeugniß von der erlangten und wieder-
erlangten Gotteskindschaft, ein Zuschließen der Höllen-
thür und ein Aufschließen der Himmelsthür, dazu, während wir leben, ein Muth zu kämpfen, ein Trost, wenn
wir leiden, kurz, der ruhige Hinblick über alle Komm-
nisse und Kommlichkeiten: es ist ja eine ebenso mächtige
als gütige Hand, welche darüber schwebet. Wohin die, zu
der Christus gesprochen hat: Gehe hin in Frieden, darnach gegangen, und wie sie sich gehalten hat, wie
weit entfernt von ihren früheren Wegen, und welch' ein
Erempel der Reinheit und Heiligkeit sie in ihrem Kreise
geworden ist: das steht nicht geschrieben, allein wir
wissen, was ihr mitgegeben, und sagen davon: Das ist
ihre Bewahrung gewesen, und wenn sie vor Menschen
Augen auch ihr Lebtag als eine Befleckte hat geben
müssen, hat sie sich doch rein gewußt vor Gott und allen
Engeln durch diesen erhaltenen Frieden. Dazu ist sie
nicht wieder gekommen, daß sie Jesu mit ihren Thränen
die Füße hat benetzen können, aber wie manchmal wird
sie doch vor ihm geweint haben in ihrer Liebe. Dazu
ist sie nicht wieder gekommen, daß sie seine Füße ge-
küsset hat, aber wie manchen Senfzer mag sie ihm nach-

geschickt und zu dem im Himmel Erhöhten hinaufgeschickt haben. Dazu ist sie nicht wieder gekommen, daß sie ihn salbete aus dem Glase, aber die reinere und viel besser riechende Salbe des Danks und der Liebe, die in ihrem Herzen war, wird sie vor ihm ausgeschüttet haben.

Sie ist ihren Weg zu Ende gekommen; wir Alle sind noch auf dem Wege, stehn im Augenblick vor Jesu; unser Einige werden ihm noch näher treten, an den Altar, dahin sie mit Glauben und Liebe gehen. O Jesu, laß uns nicht weggehen, laß heute keinen Einzigen hier aus der Kirche gehen, der nicht gehört, daß du zu ihm sprichst, wie du zu Jener gesprochen hast: Gehe hin in Frieden. Amen.

Am einundzwanzigsten Sonntag nach Trinitatis 1845.

Ges. 516. Ich weiß, an wen mein Herz sich hält.

Zur Zeit des Vergangs in der äußerlichen Schöpfung — das Gras verdorret, die Blumen fallen ab, die Vögel sind mehrentheils verstummt, und so viel Leben, das sich ein halbes Jahr wies, hat sich verborgen — zu dieser Zeit ist es an der Zeit, durch ein Wort sich auf den allgemeinen Vergang hinzeigen zu lassen: Der Erde glänzend Nichts vergeht. Allein zu derselben Zeit ist es auch die rechte Zeit, sich hinzeigen zu lassen auf ein Bleibendes, Bestehendes, wie der Gesang gethan: Nur des Gerechten Ruhm besteht in allen Ewigkeiten. Fügen wir ein Schriftwort daran, 1. Joh. 2: Die Welt vergeht mit ihrer Lust, wer aber den Willen Gottes thut, der bleibet in Ewigkeit. Die Schrift steht uns Rede; wir fragen sie: Was ist Gottes Wille? Da antwortet sie, Joh. 6, 40: Das ist der Wille des, der mich gesandt hat, daß wer den Sohn siehet und glaubt an ihn habe das ewige Leben, und ich werde ihn auferwecken am jüngsten Tage.

Der alsdann alle Todten auferweckt, hat auch,
als er sichtbar auf Erden ging, den einen und andern
Todten zum leiblichen Leben auferweckt. Eine evangelische Erzählung einer solchen That ist nach unserer
Ordnung dieses Jahr der heutige Text und soll die
Predigt werden. Zwar ein Wunder ist ein Wunder,
und es genau nehmend, können wir nicht von einem
großen und kleinen Wunder sprechen; jedoch eines erscheint uns vor dem andern so; gleichwie auch eines
mehr als ein anderes den Zweifel zurückweist, ob es
wirklich ein geschehenes Wunder sei. So betrachtet,
steht die Auferweckung des Lazarus, wir verstatten uns
den Ausdruck, unter allen Wunderthaten Christi obenan.
Es wird der christlichen Versammlung angenehm sein,
wie's mir angenehm ist, daß diese Erzählung, die kein
Sonntagsevangelium geworden ist, uns einmal als
Predigttext geboten ist. Hört sie nach ihrem zweiten,
letzten Theile verlesen; der erste Theil wird von euch
gelesen werden daheim in euren Häusern.

Joh. 11, 32—46. Als nun Maria kam, da Jesus war, und sahe
ihn, fiel sie zu seinen Füßen, und sprach zu ihm: Herr, wärest du hier
gewesen, mein Bruder wäre nicht gestorben. Als Jesus sie sahe weinen,
und die Juden auch weinen, die mit ihr kamen; ergrimmete er im Geist,
und betrübte sich selbst, und sprach: Wo habt ihr ihn hingelegt? Sie
sprachen zu ihm: Herr, komm und siehe es. Und Jesu gingen die Augen
über. Da sprachen die Juden: Siehe, wie hat er ihn so lieb gehabt!
Etliche aber unter ihnen sprachen: Konnte, der dem Blinden die Augen
aufgethan hat, nicht verschaffen, daß auch dieser nicht stürbe? Jesus aber
ergrimmete abermal in ihm selbst, und kam zum Grabe. Es war aber
eine Kluft, und ein Stein darauf gelegt. Jesus sprach: Hebet den Stein

ab. Spricht zu ihm Martha, die Schwester des Verstorbenen: Herr, er
stinket schon; denn er ist vier Tage gelegen. Jesus spricht zu ihr: Habe
ich dir nicht gesagt, so du glauben würdest, du solltest die Herrlichkeit
Gottes sehen? Da hoben sie den Stein ab, da der Verstorbene lag. Jesus
aber hob seine Augen empor, und sprach: Vater, ich danke dir, daß du
mich erhöret hast; doch Ich weiß, daß du mich allezeit hörest; sondern
um des Volkes willen, das umher stehet, sage ich es, daß sie glauben,
Du habest mich gesandt. Da er das gesagt hatte, rief er mit lauter
Stimme: Lazare, komm heraus! Und der Verstorbene kam heraus, gebunden mit Grabtüchern, an Füßen und Händen, und sein Angesicht ver-
hüllet mit einem Schweißtuch. Jesus spricht zu ihnen: Löset ihn auf,
und laßt ihn gehen. Viele nun der Juden, die zu Maria gekommen
waren, und sahen, was Jesus that, glaubten an ihn. Etliche aber von
ihnen gingen hin zu den Pharisäern, und sagten ihnen, was Jesus gethan hatte.

Es ist euch, liebe Zuhörer, dann und wann gesagt worden, wie ein Prediger zu Werke gehe mit dem
Text, der es am nächsten Sonntage sein soll. Er sitzt
darüber und sinnet, thut auch wohl mehr und überlegt,
ob der Text nach seiner Länge oder nur ein Stück von
ihm, ein Satz aus ihm zu nehmen sei. Wenn Letzteres,
welcher? So ist es mit dem verlesenen Evangelium mir gegangen die vorige Woche. Christus spricht zu Martha: So
du glauben würdest, solltest du die Herrlichkeit Gottes
sehen. Das zog mich zuerst an. Darnach der Ruf
Christi: Lazare, komm' heraus! Darnach, und was mich
festgehalten hat, Christi Wort: Hebet den Stein ab.
Wir wenden es geistlich heute; wie ja Bibel und Gesangbuch und die Sprache der Erbauung vielfach die geistliche Auferstehung vorkommen lassen.

Dieses Wort ist also das Thema: Hebet den
Stein ab.

Sei auch die Predigt das; in diesem Wege:

1) Was ist er?

2) Wovor liegt er?

3) Wie wird er angefaßt?

1) Jesus hätte auch wohl selbst den Stein abheben können. Der einen Todten erwecken kann mit seinem Worte, kann auch einen Stein fortschaffen mit seinem kleinen Finger oder mit einem Worte. Aber was Menschen thun können mit ihrer Macht, dazu bedient er sich nicht der Wunderkräfte; den Stein läßt er durch Menschen aufheben. Sei das eine gegebene Weisung, wie wir auch sollen etwas thun, bevor ein Gottesthun eintritt. Zuerst müssen wir den Stein abheben, was für einer es auch sei, darnach mögen wir erwarten, was durch eine höhere Gottesmacht geschiehet. Es sind aber dreierlei Steine, die wir abheben und bei Seite schaffen sollen.

a. Es ist der Stein des eignen Anders- und Besserwissens. Wovon wir reden heute wie allezeit, welches uns auch zu reden gegeben worden — nennen wir es Evangelium oder Gesetz, dazu die Gotteszeichen, mit welchen das eine wie das andre sich eingeführt hat auf der Erde, welches sich auch in Kraft dieser Zeichen und ihrer Zeugnisse erhält — das ist der Weg der Offenbarung, gegangen mit dem Erfordern an uns Menschen: Glaubet es. Was stellet sich diesem entgegen, wehret den Eingang und, wenn tiefer zurück in des

Menschen Herzen ein Glaubenwollen und Glaubenmögen
vorhanden ist, was hindert das Aufkommen und Her-
austreten zu einem öffentlichen Bekenntnisse? Der Stein
davor ist das Selbstwissen, das eigne Anders- und Besserwissen. So hat es im allererstem Anfang sich gezeigt
bei dem Gottesgebote: „Von dem Baum sollt ihr nicht
essen; denn welches Tages ihr davon esset, sollt ihr des
Todes sterben.“ Eva meinte es anders und gab der
Schlange Beifall, welche sprach: Ihr werdet mit nichten
des Todes sterben; sondern Gott weiß, wenn ihr esset
von dem Baum, so werden eure Augen aufgethan und
werdet wie Gott sein. So gehet es bis auf den heutigen Tag, so weit auf der Erde Gottes Wort gehet
und das Licht der Offenbarung vorgetragen wird. Hiervon kann vornehmlich unsre Zeit sprechen und kann
auch unsre Gemeinde ein Lied singen, den Meisten von
uns hier, wo nicht Allen, bekannt. Ich möchte wissen,
welche Predigt, welches Maaßes sie geoffenbarte Gotteslehre enthält, eine allgemeine Zustimmung unter den
Hörern fände; ihrer Einige wissen es immer anders
und besser. Das ist der Stein, von welchem ich sage,
daß er abzuheben, bei Seite zu schaffen ist.

b. Ist's dieser nicht, so ist's ein anderer, den
wir nennen den Stein der eignen Gerechtigkeit. Das
Selbstwissen, das Anders- und Besserwissen hat Theil
daran, doch ist die eigne Gerechtigkeit auch ein Besonderes, Selbstständiges, etwas für sich. Ihre Sprache

ist das: Wir wissen selbst, was wir brauchen, und wenn wir nicht gerecht sind, können wir's in eigner Kraft noch werden. Wozu das Fremde, daß wir dasselbe uns zu eigen machen und unsre Natürlichkeit damit zu Grunde richten? Der Mensch ist gut geschaffen und ist gut geblieben, und was daran fehlt, das holt er herbei, wo ein Flecken an ihm ist, den wäscht er ab. Was soll uns ein Evangelium, das Gnade anbeut? und ein Christus, der uns bei Gott vertritt? Wir hören von ihm, daß er Wunder gethan; dem ist aber nicht so, wir wissen es besser; man preiset seinen Tod als ein Opfer, als ein Schuldopfer, für uns gebracht: das mag Gott annehmen, wir nicht; aber Gott nimmt es auch nicht an; wir haben heute mitgesungen: Des Gerechten Ruhm besteht; — gerecht ist, wer sich selbst gerecht macht, wer da thut, was er kann nach Maaß seiner Erkenntniß und Kraft; was etwa fehlt, wenn des etwas sein kann, das muß Gott verzeihn. — Das ist der andere Stein.

c. Der eine, der andere, der dritte Stein, meistens sind sie beieinander, in einander gefügt, auf einander gelegt. Den dritten nenne ich: die Gemeinschaft. Das war ehedem nicht so. Allerdings hat es Ungläubige gegeben, so lang' es Propheten und Apostel gegeben hat; aber sie waren unter den Gläubigen zerstreut, hier einer und da einer, aber zu einer Gemeinschaft, zu einer Art von Gemeinschaft sind sie erst in diesen letzten Jahren gekommen. Sie stellen sich zu Hunderten, zu

Tausenden zusammen, stiften Vereine, entwerfen Statuten, schreiben und unterschreiben neue Bekenntnisse, reichen sich die Hände aus Entfernungen, halten Zusammenkünfte. Das zieht, das lockt, das bindet und Einer lehnet sich an den Andern an. Diese Alle werden ja doch nicht irren, wenn du auch irrtest; unter ihnen sind Männer von Wissenschaft und Ansehn in der Welt, die werden es ja verstehen, wenn ich es nicht verstände und werden meine Beistände sein, wenn Jemand mich wegen meiner Abweichungen antasten will. So Ein Caiphas, der sich ja auch nach Lazari Erweckung vernehmen ließ, der gilt für Viele als der Mund der Wahrheit. Das ist der Stein der Gemeinschaft, welcher abgehoben werden muß, und auf den wir des Herrn Wort kehren, wenn er spricht: Hebet den Stein ab.

2) Wovor derselbige lieget? a. Nun, nach dem Text gesprochen, vor dem Grabe, nicht vor einem leeren Grabe, es ist etwas darin, ein Todter; unsern Text geistlich gedeutet, liegt er vor dem Grabe, darin der christliche Glaube todt lieget. Reden wir ganz bestimmt. Es wird der Glaube gemeint, daß Christus der Sohn Gottes, der eingeborne Sohn Gottes sei. Dies ist nicht etwa von den mehrern Glaubenssätzen einer, sondern ist der Inbegriff aller; die ganze christliche Religion steht und besteht darin. Ob dieser Glaube denn gestorben sei und im Grabe liege? Wir sagen: Ja, bei Vielen; und ist so todt, wie es Lazarus

war. Sie haben ihn gehabt, die Meisten, in einer
früheren Zeit als ihr damaliges Fürwahrhalten, vielleicht als noch etwas mehr; aber er ward krank an der
Zweifelsucht und starb und wurde begraben. Da liegt
er nun und verwest bei den Mythen und Fabeln des
heidnischen Alterthums. Wenn von ihm geredet wird
unter ihnen, so ist's als von einem Gestorbenen, und
wenn sie hören, zu Zeiten hören müssen, daß der Glaube
noch lebe, achten sie's für Schwärmerei, Phantasie, dem
Gespensterglauben gleich. Christen, so ist es, der Glaube
ist todt. Sie haben eine Kluft in sich, und es liegt
ein Stein davor. Aber wir sprechen von Stein und
Grab hier, unter mehrentheils, acht' ich, Gläubigen.
Hat er sein Leben in uns denn? recht das volle, frische
freudige Leben in uns, wenn auch des Maaßes nicht,
doch bis an das Paulusmaaß hinan, Gal. 2, 24:
Ich lebe, doch nun nicht ich, sondern Christus lebet in
mir; denn was ich lebe im Fleisch, das lebe ich in
dem Glauben des eingebornen Sohnes Gottes, der
mich geliebet hat und sich selbst für mich dargegeben,
— er sich für mich, ich mich wieder an ihn, — steht
es mit unserm Glauben so? Ach, daran mag bei uns
Allen noch viel fehlen! Soviel aber daran fehlt, ist
unser Glaube krank oder gar todt, wie Lazarus im
Grabe.

b. Und nicht allein hat dieser Glaube, da er
lebt, innerhalb der gläubigen Seele sein Leben, obschon
er seine eigentliche Stätte da hat, in Trost, Frieden

und manchmal Freude. Er hat sein Ausleuchten, Ausstrahlen, und giebt sich kund, wir nennen es, in einem
christlichen Wandel. Wie um den es bei uns Gläubigen
stehet? O Manche, das weiß ich und mir selbst auch ist
die Sache nicht fremd, betrüben sich darüber, daß ihr
christlicher Glaube sich so schwach und so wenig in
einem christlichen Wandel zeigt. Andre, die keinen
Christum haben, einen Gott kaum, arbeiten so viel,
dienen so viel, tragen und ertragen so viel, geben und
vergeben so viel, und sind in ihren Leiden so ruhig,
geduldig, ergeben, als der Gläubigsten einer ist. In
welcher Kraft thun sie das? Wir wollen es dahin gestellt sein lassen und sagen: Was diese treibet, das
wissen wir nicht; — allein es hilft nicht, die Vorstellung kommt wieder: Sie ohne Christum so gut,
wir mit Christum so schlecht! Was ist dieses? Das ist's,
daß der Glaub' in uns so sehr todt ist, und bei uns
als im Grabe lieget. Ach, würd' er geweckt! Und
den Stein vor dem Grabe, wer hebt ihn ab?

c. Wovor lieget der Stein? Vor dem christlichen
Glauben, vor dem christlichen Wandel und — vor dem
christlichen Sterben. Ob das ein besonderes Sterben
sei? Allerdings, ein ganz besonderes. Nicht um der
Ruhe und Kaltblütigkeit willen, in welcher man stirbt,
das kann jeder Mensch, und die an keine Fortdauer
nach dem Tode glauben, können es noch leichter, als
die eines künftigen Lebens gewiß sind, — die Rede von
den Todesschrecken, wie man sie ehedem führte, muß zu

unserer Zeit gemäßigt werden, man geht in's Grab, wie
in sein Bett. Aber das wird gemeint unter einem christlichen Sterben: Gewiß sein von einem künftigen Leben,
gewiß sein von zwei Orten in der Ewigkeit, die dahin,
die dorthin, sich einen Sünder wissen, der auf Tausend
nicht Eins antworten kann, und doch ruhig, doch getrost sein, und kennen den Grund des Trostes, der
Ruhe, wie der fest sei; selbst Lust haben, nicht um der
Schmerzen entledigt zu werden, sondern die Lust haben,
abzuscheiden und bei Christo, um bei Christo zu sein,
das nenn' ich ein christliches Sterben. Ob man es
finde bei den Gläubigen? Bei Allen nicht. Ob man es
finden werde bei uns, wenn wir in unsern letzten Zügen
liegen? Wer sagt: bei mir gewiß so? Ach, daß wir
nicht Alle so sagen, das nenn' ich Tod, geistlichen Tod,
darin bei uns der Glaube liegt als im Grabe und ist
ein Stein davor.

3) Hebet den Stein ab! spricht Christus, da er
den Todten erwecken will. Ja, das will er thun, wie
er es hier bei Lazarus that; allein den Stein ließ er
von Menschenhänden bei Seite schaffen, darnach erst
rief er: Lazare, komm heraus! Sehet da, meine Lieben,
was uns zugewiesen ist als unser Thun. Wie wird
aber der Stein angefaßt? Drittens. Was immer
auch geschrieben steht von unserm geistlichen Unvermögen,
dies steht auch geschrieben: Hebet den Stein ab! Was
immer gelehret wird, daß Christus alles thue, dies ist
auch zu lehren: Hebet den Stein ab! Seine göttliche

Macht fordert unsre menschliche Vorbereitung, Zurichtung,
so zu sprechen, Handlangung. Nicht, als wenn der
Wunderthäter nicht auch selbst das beschaffen könnte,
wir kennen einen andern Stein vor einem Grabe, den
wälzte keine Menschenhand ab. So wissen wir auch
von der Wunderthat zu Cana, das Wasser machte er
zu Wein, aber das Wasser ließ er von den Dienern
schöpfen. So hier, den Todten weckt er auf, aber den
Stein vor dem Grabe läßt er abheben, er hat's nicht
gewollt, sondern uns zugewiesen, daß wir es thun.
Wie? Hört mich antworten: mit leeren Händen, mit
betenden Händen, mit vereinten Händen. Laßt mich
noch von jedem Genannten besonders sprechen.

a. Mit leeren Händen. Wie sich's ja auch von
selbst versteht. Die auch, welche dort den Stein ab-
huben, mußten den Stock wegsetzen oder was sie sonst
in der Hand hielten, um den Stein anzufassen. Leere
Hände, sie bedeuten die Selbstverleugnung. Wissen wir
wohl, daß Christus diese so oft gefordert hat? Wer
mein Jünger sein will, der verleugne sich selbst. So
sollen wir alles Anders- und Besserwissen aufgeben mit
dem Vorsatz: Ich will einmal einen Andern hören,
als immer mich selber, will einmal mich abwenden von
denen, die nicht mehr wissen, als ich selber weiß; da
ich höre, daß Gott spricht, will ich mich wenden und
was in meine Seel' als ein Strahl aus der höhern
Welt fällt, das will ich auffangen. Ich will einmal
meine Gerechtigkeit ausziehen, von der geschrieben steht,

— laſſe mich es ſagen, wo es ſteht, du weißt es wohl
nicht, — Jeſ. 64: Unſre Gerechtigkeit iſt ein unfläthig
Kleid. Nimm dazu Br. Judä V. 23: Haſſet den
befleckten Rock des Fleiſches. — Nun, ich will dieſen
Rock und dieſes Kleid einmal ausziehn. Mit leeren
Händen. In deiner Hand liegt die eines Andern, und
ihr bildet eine Kette zu eures Unglaubens Befeſtigung.
Laß los, tritt aus dieſem Kreis heraus und ſtehe allein
für dich, ſag' ihnen: Was hab' ich von euch? Denn
ihr habt ſo wenig einen Glauben an Gott, wie ich ihn
habe, und keine Erwartung, daß ihr die Herrlichkeit
Gottes zu ſehen bekommt, wie ich keine habe; ich iſolire
mich, ob denn nicht in meine Seele ein neues, göttliches Leben einſtrömt. So wird der Stein angefaßt,
mit Selbſtverleugnung.

b. Und ferner mit Gebet oder mit betenden
Händen. Dem Wunderthäter war es leichter, den
Todten aus dem Grabe zu rufen, als es den Leuten
war, den Stein abzuheben, doch betete er. Ich enthalte mich nicht des Nachſprechens: Jeſus aber hub
ſeine Augen empor und ſprach: Vater, ich danke dir,
daß du mich erhöret haſt; doch ich weiß, daß du mich
allezeit höreſt, ſondern um des Volkes willen, das umher ſtehet, ſage ich's, daß ſie glauben, du habeſt mich
geſandt. Dann ſprach er mit lauter Stimme: Lazare,
komm' heraus! — und Lazarus kam. Wir ſollen nur
den Stein abheben; legen wir betende Hände daran und
beten ihn von ſeiner Stelle. Doch das wird geſagt von

mir nicht sowohl zu den hier etwa stehenden Ungläubigen, sondern zu uns, die wir glauben, nur so todt, — das ist ja wohl unser Aller Geständniß —: Laßt uns betende Hände daran setzen. Liegt denn etwas unter, hinter dem Stein? O gewiß, gewiß, ein Freund Christi, den er lieb gehabt. Wie Mancher weiß von einer Zeit, da der lebte in seinem Herzen und nun ist dieses Herz sein Grab. Hilf, Herr, ruf ihn auf, und wenn ich auch nicht einmal den Stein davor wegzunehmen vermag, so hilf mir auch bei diesem.

c. Da huben sie den Stein ab. Sie, ihrer Mehrere zugleich. Eben sagte ich vom Losreißen aus einer Gemeinschaft, jetzt empfehl' ich eine Gemeinschaft. Verstanden wird die, da sich ein Jeder todt weiß und möchte gern auferweckt werden, wissen von dem Stein davor und können den nicht abheben. So faßt selbander, selbdritt, komm' eine Zahl zusammen und lege Hand an, vereinigte Hand. Wo finden sich ihrer beieinander: Ich will kühn sprechen: Hier! Eine Gemeinschaft wie diese kann doch wohl etwas ausrichten. Sucht sie öfter. Findet euch Alle darin. Achtet es keine Redekünstelei, wenn ich sage: Gewiß, ihr findet euch in Gemeinschaft derer, die Alle wollen, was Einer will: den Stein abheben. Laßt die Augen gehen, sie kommen auf den und die, welche den ernsten Vorsatz den Stein abheben wollen, und ihr sehet's ihnen an. Der auch? Die auch? Ja, der auch, die auch ist im Augenblick bei dem Stein und spricht: Wenn mir Jemand hülfe! Wir helfen dir. Der Stein soll fort. Wir lieben dich, wie

Jesus Lazarum lieb hatte und ließ ihn nicht im Grabe.
Dort ging alles sichtbar zu; ach, daß man sehen könnte,
was in manchen heiligen Stunden, vielleicht auch in der
heutigen und in diesem Augenblicke in der Seele unsichtbar vorgeht, Abhebung des Steins, Auferweckung und
ein Hervorgehn des Todten: Herr Jesu, du Sohn
Gottes, zeige die Herrlichkeit Gottes in dem einen und
in dem andern Werke. Lege deine allmächtige Hand
auch an den Stein. Amen.

Am zweiundzwanzigsten Sonntag nach Trinitatis 1846.

Ges. 559. Nach einer Prüfung kurzer Tage 2c.

Halten wir mit dem Apostel Paulus Alle dafür, daß dieser Welt Leiden nicht werth seien der Herrlichkeit, die an uns soll offenbar werden, und sprechen wir Alle mit dem Apostel Petrus: Gelobet sei Gott und der Vater unsers Herrn Jesu Christi, der uns nach seiner großen Barmherzigkeit wiedergeboren hat zu einer lebendigen Hoffnung durch die Auferstehung Jesu Christi von den Todten, zu einem unvergänglichen und unbefleckten und unverwelklichen Erbe, das behalten wird im Himmel euch, die ihr aus Gottes Macht durch den Glauben bewahret werdet zur Seligkeit, welche zubereitet ist, daß sie offenbar werde zu der letzten Zeit.

Die wir denn, so schreitet die Rede fort, die wir denn durch die Reformationsfeier des letzten Sonntags gleichsam von Neuem gesetzet sind, ihr Geliebten, von Neuem gesetzet sind auf den reinen, unver-

mengten, ungefärbten Glauben unsrer evangelischen
Kirche, in welcher nichts gelehret wird, als was Jesus
befohlen hat, dies aber, alles gelehret wird: wir lassen
uns denn von dem Texte, welcher heute kommt, auffordern, anleiten in beide, in die Tiefen der Gegenwart und in die Höhen der Zukunft, zu blicken. Es
mag gefragt werden von Jemand, ob denn die Gegenwart auch Tiefen habe? Darauf sag' ich, sie muß
deren wohl haben; denn sie wird ja von so Vielen
schlecht gekannt und verstanden, weil sie sich eines-
theils von ihr bezaubern lassen in solchem Maße, daß
sie ganz von ihr umstricket und in sie so hineingezogen,
versenkt werden, daß sie nicht aus ihr herauskommen
können, anderntheils sich so ungebührlich und unnöthig
weit von ihr abschrecken lassen, daß sie sich, so viel es
möglich, aus und von ihr zurückziehen und nichts
wollen mit ihr zu schaffen haben. Freilich, dieser
Letzteren ist in unsern Landen eine kleine Zahl, wenn
auch vielleicht doch eine größere, als von den Meisten
gemeint wird. Aber die Predigt will, von ihrem Texte
geführt, weiter in diese Sache hineingehen mit ihren
Hörern; folgt, liebe Hörer, und empfanget zuerst
den Text.

2. Corinth. 4, 11—18. Denn wir, die wir leben, werden immerdar in den Tod gegeben um Jesu willen, auf daß auch das Leben Jesu
offenbar werde an unserm sterblichen Fleische. Darum, so ist nun der
Tod mächtig in uns, aber das Leben in euch. Dieweil wir aber denselbigen Geist des Glaubens haben (nachdem geschrieben stehet: „Ich
glaube, darum rede ich"), so glauben wir auch, darum so reden

wir auch; und wissen, daß der, so den Herrn Jesum hat auferwecket, wird uns auch auferwecken durch Jesum, und wird uns darstellen sammt euch. Denn es geschiehet alles um euretwillen, auf daß die überschwängliche Gnade durch Vieler Danksagen Gott reichlich preise. Darum werden wir nicht müde; sondern, ob unser äußerlicher Mensch verweset, so wird doch der innerliche von Tage zu Tage verneuert. Denn unsere Trübsal, die zeitlich und leicht ist, schaffet eine ewige und über alle Maaße wichtige Herrlichkeit uns, die wir nicht sehen auf das Sichtbare, sondern auf das Unsichtbare. Denn was sichtbar ist, das ist zeitlich; was aber unsichtbar ist, das ist ewig.

Es sind acht Verse aus einem Capitel; lest das ganze Capitel dazu noch heute, und das folgende lehrmächtige, lehrkräftige fünfte Capitel, wer noch mehr in seiner stillen oder in seiner Haus-Andacht lesen kann. Das Verlesene wollen wir gehört haben als eine Ermahnung, die uns heißt: Bringen wir mehr Zukunft in unsre Gegenwart hinein! Der Redeweg aber sei dieser:

1) Wir halten die Gegenwart ja doch nicht fest,

2) und wer möchte sie denn auch immer festhalten?

3) Eine Zukunft haben wir ja auch,

4) und eine herrliche,

5) die sich auch in unsre Gegenwart hinein bringen läßt.

6) Thun wir es, so verklärt sie die Gegenwart, die ja meistens trübe ist;

7) sie geht aber verloren, wenn wir es nicht thun.

8) Aber bei ihrem Verlust allein wird es nicht bleiben.

Das sind die Gründe, ihrer acht, warum wir die Zukunft in die Gegenwart hinein bringen sollen.

1) Wir predigen aus dem Terte. Das Erste und Zweite könnten wir allerdings auch anderswoher predigen, nämlich in dieser Jahreszeit aus der Schöpfung, die uns täglich den Unbestand alles Irdischen und den Vergang, das Ersterben dessen was eine Zeitlang unser Ergötzen war, sehen läßt und predigt. Dazu ist sie auch genommen von Alters her. Zum Propheten Jesaias schon; auf dessen Frage, was soll ich predigen? sprach eine Stimme: „Alles Fleisch ist wie Gras, und seine Güte wie eine Blume auf dem Felde, das Gras verdorret und die Blume verwelkt". Wie es ja in jedem Herbste vornehmlich gesehen wird. Wie, meine Lieben, lest ihr auch wohl die sen Text zuweilen? und laßt eine Stimme in euch einen Vortrag über diesen Text aus der Schöpfung halten, eine Feld-, Wald-, Gartenpredigt? Eins zum Andern. Naturpredigt und Bibelpredigt wollen beide gehalten und gehört werden; ja, die erstere auch. Wir aber an diesem Ort nehmen unsre Terte aus der Bibel, heute aus dem zweiten Corintherbriefe.

Da steht's auch, daß wir unsre Gegenwart nicht fest halten können. Der äußerliche Mensch verwest, unser Leib heißt ein sterblicher, wir werden immerdar in den Tod gegeben. Von unsern Freuden steht hier nichts, aber von unsrer Trübsal, die wird viel genannt; doch die Freuden sind es eben sowohl, sie und alles

Sichtbare, davon hier steht: es ist zeitlich d. h. unbeständig, nur seine Zeit während; dann ist's dahin, gleich der Zeit selber. Wir unterscheiden zwar zwischen Zeit und Zeit und reden von einer natürlichen Zeit, die hat die Blume, hat der Baum, hat der Mensch — seine Zeit währet 70 bis 80 Jahre, die aber auch vergehen, und die Allerwenigsten kommen zu dieser natürlichen Zeit — aber die unnatürliche ist, so zu sagen, ja die gewöhnliche, die natürliche. Das spreche ich in die jüngere, in die junge Welt hinein, die nur in der Gegenwart zu leben pflegt, selten an die Zukunft, die hier gemeinte, denkt: Ihr seid Alle in den Tod gegeben. Der Apostel schreibt von sich, „um Jesu willen;" alle Menschen sind's, und ihr seid's auch, in den Tod gegeben, aber um eures Lebens willen, das kein unsterbliches, sondern ein sterbliches ist; wir wissen, seit wann und woher. Oder wisset ihr es etwa nicht? so sag ich's euch nach der Schrift: Der Tod ist der Sünde Sold, und gesündigt haben wir Alle. So steht es mit unsrer Gegenwart. Ich spreche, mit unsrer; denn meine Gegenwart ist wie die deinige, und alle Menschen haben Eine d. h. dieselbe.

2) Wir können sie, die Gegenwart, nicht festhalten. Allein wer möchte sie denn auch immer fest halten? Zwar der Apostel schreibt: Wir werden nicht müde. Er hatte sonst wohl eine Gegenwart, so voller Trübsal und Arbeit, wie nur wenige Menschen; sich mit den andern Aposteln vergleichend, äußert er sich

frei: Ich habe mehr gearbeitet, denn sie Alle. Cap. 11.,
da auch von seinen Trübsalen steht, ist zu lesen,
daß er doch nicht müde sei. Das halbe Maß seiner
Trübsal könnte doch wohl jeden andern Menschen
müde und mürbe machen. Wir unterscheiden zwischen
müde und müde. Einmal heißt müde sein: nicht mehr
mögen, nicht mehr wollen, nicht mehr können; dann
heißt müde sein aber auch: bereit sein, sich schlafen zu
legen, sein Werk loszulassen. Wir wissen ja auch von
ihm, daß er es war. An die Philipper schreibt er:
Ich habe Lust abzuscheiden und bei Christo zu sein,
welches auch viel besser wäre. Was ist das? Wider-
spricht sich der Apostel? Nein, hier heißt müde in
seinem Munde, bereit sich schlafen zu legen, nicht, nicht
länger können, nicht mehr mögen, nicht mehr wollen
und aufhören. Nein, das bei ihm nicht! Im Gegentheil, er war in der Arbeit und blieb darin frisch und
freudig, wie's auch einem Knechte, der seinem Herrn
treu dienet, also gebühret, einem Knechte, der es vor
Augen hat, wie nöthig es sei um Anderer willen, daß
er bleibet. Indessen, abgesehen hiervon und gesehen auf
dasjenige, was unsre Gegenwart uns bietet. Siehe
an deine Schwachheit, die leibliche und geistige, deinen
sich schließenden äußern Sinn, deinen Mangel an
Nahrung, die Sorgen um dich und die Deinigen, die
Kümmernisse deines Herzens, dein vergebliches Arbeiten,
deine vereitelten Anstrengungen, verfliegenden Hoffnungen,
und was in dieser Art es sonst giebt: wer möchte ein

solches Leben denn gern fortsetzen und eine solche Gegenwart endlos ausspinnen! Glaubet mir's, daß nicht so viel Lust am Leben ist, als es sich darnach anläßt; und ich erwarte hier in dem Augenblick, da ich dies sage, eine stille Zustimmung von Manchem, der gar nicht das Aussehn darnach hat und bei welchem man lauter Lebenslust vermuthet. Wenn es nur bei diesen Allen das rechte Genughaben und Sattsein wäre! nämlich, da ein innerlicher Mensch, wie der Text sagt, seine Arme nach einer bessern Zukunft ausstreckt.

3) Die haben wir, eine Zukunft. Das ist nicht diejenige, höre das, junge Welt hier, welche du noch vor dir siehest, die wir Aeltern hinter uns sehen. Wisse, wir sagen dir's, wohin du gehst, da sind wir gewesen; es ist unsre Gegenwart gewesen einmal, wir geben Erfahrungszeugniß über dieselbe, daß, wie sie nicht festzuhalten ist, sie auch des Festhaltens nicht werth ist, versteht sich, wenn man dagegen etwas Anderes und etwas Besseres zu gewärtigen hat, und zwar mit guter, wohlbegründeter Zuversicht. Einmal hoffen wir also, daß es überhaupt eine Zukunft gebe, zweitens, daß diese besser sei, als alle Gegenwart, und nicht schlimmer. Wo diese Hoffnung fehlt, erträgt man lieber und duldet man alle Last und stöhnt und schwitzt man unter Lebensmüh'. So ist's zu lesen in Hamlets Monolog. — Aber ich stehe hier vor Christen, die eine Hoffnung haben, eine sichere, auf eine Zukunft. Ich will die Hoffnung nicht allen

Andern absprechen, aber die Weisen des griechischen und römischen Alterthums hatten sie doch nicht. Und die Väter des alten Testaments, hatten sie eine Unsterblichkeit oder hatten sie keine? Hatten sie eine, was schwiegen sie denn davon ihrer Einige unter Umständen, die ihnen doch müßten den Mund aufgebrochen, die Zunge gelöst haben, um diesen ihren Glauben und Trost auszusprechen? Christen haben eine Zukunft, glauben daran und reden davon, im Text: Ich glaube, darum rede ich. So glauben wir auch, darum, so reden wir auch, und wissen, daß der, so den Herrn Jesum hat auferwecket, wird uns auch auferwecken durch Jesum und wird uns darstellen sammt euch. Sammt euch, den Apostel und die Corinther, sammt euch, den Prediger und seine Gemeinde, sammt euch — ich lege das Wort in eines Vaters Mund — Mich, der ich sterbe, sammt euch, von denen ich scheiden muß, wird Jesus darstellen. Und wem vielleicht eben in dieser Zeit bei Anderm an einem Troste gelegen ist, demselben auch habe ich ihn wollen hiemit in den Mund legen. Wir sollten doch nicht so fest halten und fest hangen an der doch nicht zu haltenden und nicht haltenswerthen Gegenwart, die wir ja doch eine Zukunft ganz gewiß haben —

4) die Rede schreitet fort — und eine gar herrliche, genannt im Text: eine ewige und über alle Maßen wichtige Herrlichkeit. Eine wichtige, gewichtige, schwere nach dem Grundtext, und das nicht allein im Vergleiche

mit der zeitlichen, leichten Trübsal, sondern wahrlich auch an sich selber schwer. Wir kennen ja Freuden und Freudengefühle in der Gegenwart, in diesem Leben schon, die wir wohl schwere nennen können. Wären nicht hier Etliche unter euch, die zu sagen wüßten von solchen Stunden oder Augenblicken, wo ihnen die Freudengefühle zu mächtig gewesen? Ja, Stunden, wo der Geist sich los fühlte von dem Zeitlichen und Irdischen und vom Gefühl der Nähe seines Herrn und im Umgang mit ihm sich überwältigt fühlte? Einige Verse vor unserm Text steht: Wir tragen solchen Schatz in irdischen Gefäßen. Unsre Herzen sind die Gefäße, sind die Träger. Gewiß, wenn die Freuden unsrer Zukunft da hinein gelegt würden, sie zerbrächen davon; wir werden aber auch statt der irdischen Gefäße himmlische bekommen. Was wird's sein? Da werd' ich zu dem Throne dringen, Wo Gott sich ganz mir offenbart, Ein Heilig, Heilig, Heilig singen Dem Lamme, das erwürget ward; Und Cherubim und Seraphim Und alle Himmel jauchzen ihm.

Und selbst irdische, zeitliche Freuden können schwer, zu schwer werden für das zerbrechliche, irdische Gefäß. Von einem Tonsetzer, Haydn, erzählt man, wie er einmal bei der Aufführung eines seiner eigenen Tonstücke, die Schöpfung genannt, dermaßen von Freude daran überwältigt worden sei, daß man ihn habe wegtragen müssen. Ach, was wird's sein, wenn wir einmal den Schöpfer sehen, sich ganz offenbarend, und vor den

Stuhl des Lammes treten, da die Hundertundvierund-
vierzigtausend singen! Das ist unsre Zukunft, diese
schwere, über alle Maßen wichtige Herrlichkeit. Und
nicht etwa wird's eine Empfindung sein, die ihre Stunden
währt oder Tage, sondern eine ewige.

5) Diese Zukunft haben wir. Bringen wir sie
mehr in unsre Gegenwart herein! Sie läßt sich hereinbringen. Dieses lasset uns erwägen im folgenden
fünften Redetheil. Welches Wegs? Durch welche
Thür? O, noch nicht also gefragt, sondern zuerst gesagt: Machen wir Raum in uns für diese Zukunft.
Bedarf es dessen nicht gar sehr bei Vielen, die so ganz
erfüllt sind von der Gegenwart, nur in ihr leben und
weben? Wo alles Sinnen, alles Trachten und Denken
nur auf Erwerb, Gewinn, Sinnenlust, höhere und
niedere gerichtet ist, auf das, was der Eitelkeit
schmeichelt und dienet, auf das, was Ruhm und Ehre
bringt bei Menschen — da muß erst Raum gemacht
werden für die Zukunft, von der wir hier reden; denn
die Zukunft, für welche die Meisten, besonders die
jüngere Welt, sich mit so viel Mühe und Sorge be-
schäftigen, gehört mit zur Gegenwart. Dies angerathene
Raummachen für die Zukunft geschieht, wenn wir die
Macht der Gegenwart dämpfen. Und dies Dämpfen geschieht durch Betrachtungen über die Gegenwart und
ihre Trübsale, wie wir sie vorhin machten. Sehen wir
sie und alles, was sie beut, darauf an, wie vorüber-
gehend, wie flüchtig es doch Alles ist, da findet sich ja

nichts Beständiges als die Unbeständigkeit. „Nur Ver-
gängliches haben wir, selbst vergängliche Menschen,
Alles fliehet von uns oder wir fliehen davon". Und
zu dem Uebelstand kommt das Ungenügen; ja, es ist
doch etwas in uns, das durch Alles seine Befriedigung
nicht erhält, und wenn, so ist's doch für keine Länge,
auf keine Dauer; es muß noch ein Andres, ein Neues,
ein Nimmergesehenes, Nimmergehörtes, Nimmergehabtes,
Nimmergeschmecktes geben. Wo soll's aber herkommen?
Soviel ist in der ganzen Welt nicht, wenigstens hat
König Salomon es nicht in der Welt finden und sich
verschaffen können. Solche Vorstellungen von der
Gegenwart machen für die Zukunft Raum in uns.
Thun sie das? Ich predige den Text, der giebt einen
andern Weg an: Das Sterben Jesu Christi an unserm
Leibe tragen, sich immerdar in den Tod geben, den
Tod mächtig in uns werden lassen, die Trübsal schaffen
lassen. Das heißt mit andern Worten, mit Einem:
Christ werden. Sind wir dabei? haben wir angefangen? stehn wir in dieser Arbeit? Das ist ja das
Christenthum, sich verloren und Christum gefunden zu
haben, von seiner Herrlichkeit, als einer Herrlichkeit des
eingebornen Sohnes vom Vater, gesehen zu haben und
des Weges aus einem Leben in ein anderes, neues
hineinversetzt worden sein, uns vorgehalten, dies andre,
neue, durch eine himmlische Berufung, eine neue Creatur
geworden sein, davon Cap. 5 stehet, auf welches ich
vorhin wies. Das will geschehen sein und es giebt keinen

Weg nebenher. Wie Israel Aegypten verließ, so hat
die Christenheit, die es ist, nicht nur so heißt, das an-
geborne, natürliche, sündliche Leben verlassen und ist
durch einen geistlichen Tod zu diesem Leben gelangt,
das eine solche Zukunft hat, hat und sie in ihre noch
während Gegenwart des Weges hereinbringt. Und es
ist die Arbeit ohn' einen Abend, d. h. es wird nicht
Abend, ehe der eine, der letzte kommt, der uns in die
geglaubte Zukunft selber hineinführt.

6) Bis dahin denn nur Arbeit? Bis dahin denn
nur Trübsal? unsre ganze Gegenwart nur voll davon?
O, mit Nichten, es giebt nicht fröhlichere Menschen in
der Welt als Christen, die es wirklich sind. Ihre
Gegenwart, die meistens trübe ist, wird verklärt, weß
Maßes sie die Zukunft dahinein zu bringen beflissen
sind. Häusliche Dürftigkeit offenbart das Genügen der
Gottseligkeit. Leibliche Schwachheit tröstet sich mit
diesen beiden: Ich habe einen Gott, der auch vom
Tode erretten kann, oder damit: Sterbe ich, so sterbe
ich dem Herrn, einem lieben Herrn. Bin ich von
Feindschaft umsponnen, bin ich von wilden Farren umgeben — ein Ausdruck in einem Psalm — ich weiß
mich in des Allmächtigen Schutz. Wird mir Böses
nachgeredet, daran sie lügen, so habe ich den Allwissenden
zu meinem Zeugen. Muß ich in geringer Arbeit stehen
und in schwerer, ich weiß, daß ich zu Besserem, Höherem
berufen bin und trete diesen neuen, schönen Dienst bald

an, das empfangene Gottesgeld habe ich in meiner
Tasche, ein höheres Amt, meine Bestallung ist schon
ausgefertigt. So spricht der Christ, wenn er in Trüb=
sal ist, das hat er von seiner Zukunft, wenn er sie in
seine trübe Gegenwart bringt. Und doch ist es ja auch
nicht immer Trübsal, lauter Trübsal. O, nein, ihm
fällt auch zu, was man Glück nennt. Aber auch seine
Freuden über solche angenehme Erlebungen, wie sie
vorkommen, werden erhöhet, verklärt durch sein Wissen,
woher? durch sein Wissen, wozu? Sie kommen vom
Vater, deß Kind er ist, und führen weiter auf dem Wege
der Dankbarkeit, die, wie sie vom Munde kommt, auch
aus den Augen strahlt, in die noch nähere Gottesnähe.
Als Moses die vierzig Tage bei Gott auf dem Berge ge=
weilt hatte und darnach herunter kam, da glänzte sein An=
gesicht; mit dem Christen ist es ebenso, er weilt bei Gott
in Bitten und Danken, in frommen Betrachtungen,
daran nicht sein Geist allein, sondern sein sterblicher
Leib auch Theil hat, wenn selbst über dessen Verwelken
und Verwesen sich der Schimmer, der Glanz des sich
erneuernden innerlichen Menschen, legt, der den Geist
des Glaubens hat, wie der Text sagt, und mit dem=
selben das Hoffen der einstigen Darstellung, die zu
keiner Zeit mehr fern ist.

7) Wieviel die haben, die eine solche Zukunft
haben und sie in ihre Gegenwart hereinbringen, das
diene Jedermann zu einer Lehre, an seinem Theil dies

Hereinbringen nicht zu versäumen, nicht ungethan zu lassen. Ihr seid still gewesen, meine Lieben, bei meiner Beschreibung der Zukunft, der herrlichen, allein, wenn es laut geworden wäre, was still geblieben, dann würden Viele gesprochen haben, gerufen haben: Aber ich bin kein solcher Christ — du nicht, du nicht, ich bin es auch nicht. Wer unter uns wäre wohl derjenige, der zufrieden wäre mit dem Maß seines Glaubens, mit seinem Christenthum? Euch ist's wohl bei dem Gesange gegangen, wie manchmal mir. Wenn es heißt: Da werd' ich — da werd' ich — fragt's in uns: Was bin ich für ein Ich? Ich bin nicht, was ich sein sollte, sein möchte — der Apostel schreibt auch von sich: Nicht, daß ich's schon ergriffen hätte — er streckt sich aber nach dem, was vor ihm ist. — Der Christ ist immer im Werden, ist nimmer fertig, und je mehr Zukunft er in seine Gegenwart hereinbringt, desto mehr fühlt er dies. Wenn wir das nicht thun, so geht uns die Zukunft verloren. Darf ich nicht rechnen auf eure Zustimmung, wenn ich sage: Wer nur für die Gegenwart lebt, erfüllt ist von der, kann der hoffen auf eine Zukunft, wie die vorher von uns beschriebene, herrliche? Wer nur auf das Sichtbare, das Zeitliche sieht, kann für den eine solche Zukunft erfreulich, wünschenswerth sein? Gottes Nähe, Gottes Anschaun ist es, was die Zukunft herrlich, selig macht; wer aber in der Gegenwart verstrickt ist, hat kein Ver-

langen nach Gott, nach dem beständigen Umgange mit
ihm, keine Liebe zu Gott, keinen Glauben, keinen Gehorsam, keine Freudigkeit, Gottes Willen zu thun —
also auch kein Recht auf die Verheißung, noch die herrliche
Aussicht, die der Christ hat unter der Einen Bedingung, dem Glauben. Bringen wir daher die Zukunft in unsre Gegenwart; wir — sagt der Apostel —
sehen auf das Unsichtbare, was aber unsichtbar ist, das
ist ewig. Gedenken wir häufig der Ewigkeit, stellen
wir uns oft vor den Vergang dieses Lebens und alles
dessen, was die Welt bietet, und erinnern uns, daß
unsre Tage gezählt sind und was darnach uns bevor
steht: Es ist dem Menschen gesetzt einmal zu sterben
und darnach das Gericht. Wenn wir nicht die Zukunft
in unsre Gegenwart hereinbringen, so geht sie uns
verloren, und

8) bei diesem Verlust allein wird's nicht bleiben.
Zwar sagt unser Text nichts von diesem achten Theile,
aber andre Blätter der heiligen Schrift enthalten viel
Rede davon, viel Lehre darüber, so, mein' ich, darf ich
es auch nicht vorenthalten. Giebt es eine herrliche
Zukunft, wie unser Text spricht, einen Himmel, so muß
es auch eine schreckliche geben, eine Hölle. Ich geb'
euch den Rath, euch das Kommen vor Christi Richter-
stuhl, vor dem Alle und Alles wird offenbar werden,
oft vorzustellen. Da wird es entweder heißen: Gehet
ein, ihr Gesegneten, zu meines Vaters Freude! oder:

Weichet von mir, ihr Verfluchten, ich habe euch nie erkannt! — O, ein schreckliches Oder! „Zwei Ort', o
Mensch, hast du vor dir, So lang du lebst auf Erden,
Die nach dem Tod hier stehen für, Und Einer muß dir
werden". Dann werden wir erkennen, daß es eine Zukunft, eine über die Maßen wichtige, schwere Zukunft
giebt, die hier an solche gar nicht dachten, die nur der
Gegenwart, dem Sichtbaren, Zeitlichen lebten, denen
der Bauch ihr Gott war, die auf ihr Fleisch säeten
und ernten nun das Verderben. Da wird nicht mehr
die Rede sein von Glauben und Annehmen-Wollen
oder Nichtwollen, da werden den hier Verblendeten die
Augen schrecklich aufgehen, sie werden sehen, in welchen
sie gestochen, den sie hier verwarfen, an den sie hier
nicht glauben wollten oder vorgaben, nicht glauben zu
können; sie werden erkennen, anbeten müssen die Herrlichkeit, die Majestät dessen, den sie hier zu ihres
Gleichen herabwürdigen wollten, aber zu spät. Ein
schreckliches „Zu spät!" Da werden sie rufen: Ihr
Berge, decket uns, ihr Hügel, fallet über uns.

Stellen wir eine solche, diese schreckliche Zukunft
uns vor, um, weil es noch Zeit ist, weil noch die
Gnadenfrist nicht abgelaufen, zu thun, was uns schützen
kann vor solcher Zukunft. Im zweiten Psalm heißt
es: Küsset den Sohn, daß er nicht zürne und ihr nicht
umkommet auf dem Wege, denn sein Zorn wird bald
anbrennen. Aber wohl Allen, die ihm vertrauen, auf

ihn bauen. Nach wenigen Wochen feiern wir das Weihnachtsfest, da singen wir ihm Lob und Dank, der Tod und Hölle besieget, wie es heißt in 219: Lob sei dir, o Jesu Christ, Daß du Mensch geboren bist! Behüt uns vor der Hölle! O, wende von uns jeden Wahn, Der unsre Seelen blenden kann, Damit er uns nicht schade. Dies, Erbarmer, bitten wir, Vater, Sohn und Geist, von dir, Erhalt uns deine Gnade! Amen.

Inhalt.

— —

— —